DER GROSSE GU KOMPASS

Dipl.-Psych. Anneliese Buchta

300 Fragen zu Sex & Partnerschaft

- Antworten aus der Beratungspraxis
- Rat und Hilfe für den Alltag

Wichtiger Hinweis

Alle Informationen und Ratschläge in diesem Buch wurden von Autorin und Verlag sorgfältig und nach bestem Wissen zusammengestellt und geprüft. Dennoch kann in keiner Hinsicht eine Garantie übernommen werden – eine Haftung der Autorin oder des Verlages ist ausgeschlossen. Sie selbst entscheiden, ob und wie weit Sie die in diesem Buch dargestellten Methoden einsetzen möchten. Es versteht sich von selbst, dass Sie in Fragen, die Ihren Körper und Ihre Gesundheit betreffen, sich immer auch an einen Arzt Ihres Vertrauens wenden müssen.

Über die Autorin

Anneliese Buchta, Diplom-Psychologin, ist Eheberaterin und Sexualtherapeutin. Sie hat langjährige Erfahrung in der Beratung und Therapie mit Einzelnen und Paaren. Frau Buchta ist verheiratet und hat zwei erwachsene Kinder.

Inhalt

Ein Wort zuvor

Fragen zu Liebe und Sexualität bewegen alle Menschen zutiefst. Sie wissen bestimmt schon eine Menge zu diesen Themen. Das, was Sie vielleicht noch nicht wissen, können Sie hier nachlesen. Egal an welchem Punkt in seinem Leben ein Mensch sich gerade befindet, immer wieder tauchen Fragen zu Liebe, Sex und Beziehung auf: Vielleicht haben Sie sich gerade verliebt und Ihr Gefühlsleben fährt mit Ihnen Achterbahn. Es ist für Sie wahrscheinlich nicht das erste Mal, aber Sie wollen, dass es dieses Mal »klappt«. Sie hätten gern eine feste Beziehung, in welcher Liebe, Lust und Leidenschaft die ganz normalen Phasen einer Partnerschaft überdauern. Das ist für Paare aber leichter gesagt als getan – in einer Zeit, in der Sexualität offensichtlich überall und dauernd präsent ist. In der wir von Informationen und Statistiken – auch zum Thema Sex und Beziehungsleben – geradezu überflutet werden, was eher mehr Unsicherheit als Orientierung schaffen kann. Eine Zeit, in der scheinbar viel zu wenig Zeit zum Reden und für große Gefühle bleibt.

In jeder Phase einer Beziehung stellen sich viele Fragen rund um die Gefühle und um die Sexualität: Bin ich verliebt oder ist es schon Liebe? Wie schaffen wir es von der Phase der »Verzauberung« in eine glückliche Alltagsbeziehung? Was passiert mit unserem Liebesleben, wenn Kinder kommen? Wie verhüten wir, ohne dass die Lust wegbleibt und das Liebesspiel unerotisch wird? Wie retten wir unsere in die Jahre gekommene Paarbeziehung? Was tun, wenn der Super-Gau – ein Seitensprung – in unsere Beziehung einbricht? Funktioniert mein Körper noch richtig oder habe ich schon eine Störung? Probieren wir gerade eine neue Liebestechnik aus oder ist das schon »pervers«? Fragen über Fragen, die so intim sind, dass Sie sie erst einmal ungern mit Ihrer besten Freundin oder Ihrem besten Freund besprechen wollen. Fragen, auf die Sie sich aber eine kompetente Antwort wünschen.

Aus meiner langjährigen Praxis als Eheberaterin und Sexualtherapeutin sind mir all diese Fragen moderner Paare gut bekannt. Keine Frage ist zu einfach oder zu banal, als dass sie nicht gestellt werden dürfte. Um sich keinen Peinlichkeiten auszusetzen, suchen viele Menschen nur Rat über das Internet. Aber auch hier ist es so wie in den meisten Büchern über Sexualität: Es geht nur um Sex – die Beziehung wird völlig ausgeklammert. Wohingegen Informationsquellen und Bücher über Beziehung und Kommunikation dann nur auf emotionale oder geistige Bedürfnisse, auf die Sexualität aber wenig oder gar nicht eingehen.

Dieser GU-Kompass will diese Lücke schließen und Sie wirklich umfassend informieren. Deshalb geht es im ersten Teil hauptsächlich um Sexualität und Partnerschaft, und darum, wie es Paaren gelingen kann, Beziehung und Sexualität auch durch all die ganz »normalen« Entwicklungskrisen einer Paarbeziehung hinweg nicht aus den Augen zu verlieren und weiterzuentwickeln. Außerdem werden Fragen zum eigenen Körper, zu seinen Reaktionen, aber auch zu sexuellen Störungen beantwortet – selbstverständlich mit Tipps und Informationen, die helfen, sie auch wieder zu beheben. Darüber hinaus finden Sie viele Fragen und Antworten, über sexuelle Techniken und Praktiken, aber auch zu Geschlechtskrankheiten und zu Sex bei oder nach Krankheiten.

Dieser GU-Kompass will Ihnen Partnerschaft und Sexualität erleichtern. Ich wünsche Ihnen gutes Gelingen und viel Freude aneinander in Ihrer Partnerschaft.

Anneliese Buchta

SEX IN DER ZWEIERBEZIEHUNG

Ob sexuell offene Beziehung, Single-Leben mit wechselnden Partnern, absolute Freiheit – auch wenn heute vieles möglich ist, so möchten doch die meisten Menschen ihre Sexualität lieber in einer festen Beziehung leben. Das hat zum einen ganz unromantische Gründe wie die Gefahren, die wechselnde sexuelle Kontakte mit sich bringen, etwa das Risiko, Aids oder andere Geschlechtskrankheiten zu bekommen. Aber der Wunsch nach einer glücklichen Zweierbeziehung ist auch das, was unseren menschlichen Bedürfnissen nach Liebe, Sicherheit und Geborgenheit entspricht. Eine partnerschaftliche Beziehung zu leben, ist in unserer schnelllebigen, modernen, globalisierten Welt gar nicht so einfach. Aber diese Schwierigkeiten sind kein Grund zu verzagen, sondern nur Grund, Energie in die Beziehung zu stecken: Die meisten Paare gehen recht unvorbereitet in diese Phase ihres Lebens und so ist es nicht erstaunlich, dass viele scheitern. Moderne Paare finden oft nur fünf Minuten täglich Zeit, miteinander zu kommunizieren. Das ist zu wenig. Dabei wissen Paartherapeuten – und diese Zusammenhänge sind auch erforscht – dass ohne eine ausreichend gute, konstruktive Kommunikation, die auch Konflikte anspricht, jede Liebe erstirbt. Liebe und Lust sind wechselseitig aufeinander bezogen: Stirbt die Liebe, stirbt also auch die Lust. Und Paarbeziehungen überdauern nur, wenn auch die Sexualität lebendig bleibt.
Wie kann es Ihnen gelingen, den Zauber der ersten Zeit zu erhalten – und trotzdem auch den Alltag in der Beziehung zu leben? Was ändert sich, wenn Kinder kommen? Wie beleben Sie eine langjährige Ehe wieder? Was können Sie tun, wenn es nicht mehr klappt in der Beziehung, vielleicht sogar ein Seitensprung das Vertrauen erschüttert hat? Auf all diese Fragen finden Sie in diesem Kapitel Antworten.

Jedem Anfang wohnt ein Zauber inne: Die erste Begegnung

? *Woran erkenne ich, dass sie an mir interessiert ist?*

Das ist oft gar nicht so einfach. Denn trotz aller Emanzipation gibt es immer noch das erotische Spiel zwischen den Geschlechtern: Inszenierungen, verbunden mit entsprechenden Rollenzuweisungen. Wenn nun etwa die Frau, die Sie begehren, die »Spröde« spielt, und erst mal nicht zu erkennen gibt, dass sie an Ihnen Interesse findet, könnte sie zu den Frauen gehören, die »erobert« werden möchten. Aber das müssen Sie nun natürlich herausfinden, und schon das allein lässt Ihr Herz höher schlagen und Sie beginnen zu schwitzen. An einigen Signalen können Sie erkennen, ob sie es auch ernst meint: Sucht sie Ihre Nähe oder sogar Augenkontakt? Kann es sein, dass sie Sie anschaut, wenn sie sich selbst unbeobachtet wähnt? Wenn Sie dann den Mut aufbringen, sie einzuladen, können Sie die Probe aufs Exempel machen: Wenn sie abschlägt mit dem Argument, sie habe keine Zeit, ohne einen Gegenvorschlag zu machen, müssen Sie wohl die Hoffnungen auf diese Frau aufgeben.

? *Ich fühle mich zu einem Mann hingezogen, aber er tut so »cool«. Habe ich Chancen?*

Jedes Mal, wenn Sie diesem Mann begegnen, bekommen Sie wahrscheinlich Herzklopfen und weiche Knie. Ihren Zustand können Sie ihm gegenüber unmöglich völlig verbergen. Er wird Ihre Blicke spüren. Wagen Sie es doch, ihn zu umschwärmen. Vielleicht mag er Sie und Ihre zaghaften Annäherungsversuche. Es kann durchaus sein, dass er innerlich platzt vor Freude, aber äußerlich »cool« bleibt. Vielleicht will er wissen, ob sie es wirklich ernst meinen. Geben Sie also nicht vorschnell auf!

? *Im Bekanntenkreis lernte ich meinen Traummann kennen. Wird er mich aufdringlich finden, wenn ich auf ihn zugehe?*

Zum Glück beginnt sich geschlechtstypisches Rollenverhalten in unserer Gesellschaft zu verändern, auch wenn es um Sexualität, Liebe und Leidenschaft geht. Eine Frau darf mit einem Mann flirten und muss nicht verschämt die Augen niederschlagen, wenn dieser sie anschaut, wie es noch bei unseren Großmüttern üblich war. Heute dürfen Frauen ihr sexuelles Begehren zeigen, ohne als »leichtes Mädchen« verurteilt zu werden. Viele Frauen leben ihre sexuellen Empfindungen aus und trauen sich, auf einen Mann zuzugehen, wenn er sie wirklich interessiert.
Also signalisieren Sie Ihrem Traummann ruhig, dass Sie ihn attraktiv finden. Womöglich ermuntert ihn Ihr positives Feedback zu einem Schritt auf Sie zu. In modernen Partnerschaften ist es oft eine Frage des Temperaments, wer den ersten Schritt der Annäherung tut.

? *Aufgrund negativer Erfahrungen in früheren Partnerschaften möchte ich mich gern von einem Mann erobern lassen. Bin ich zu altmodisch?*

Ich kann gut verstehen, dass Sie die Wertschätzung des Partners spüren möchten und ganz sicher gehen wollen, dass er Sie wirklich mag. Sehr wichtig ist auf jeden Fall, dass Sie einem potenziellen Partner auf seine nonverbalen Zeichen (zum Beispiel Anlächeln) sowie auf verbale Annäherungsversuche sofort eine positive Rückmeldung geben, sonst wird er es entmutigt wieder bleiben lassen. Jedes Verhalten, das nicht »verstärkt« wird, so sagen Psychologen, wird nicht wieder gezeigt. Auf »Misserfolg« folgt dann eher Rückzug und die Angst, beim anderen nicht anzukommen, wird geschürt.

? ***Von mir als Mann wird Draufgängertum erwartet. Das macht mich unsicher beim ersten Kontakt mit einer Frau, die mir gefällt. Wie fange ich es am besten an?***

In unserer modernen Gesellschaft werden über die Medien immer noch alte Klischees über Partnerschaft und Sexualität vermittelt. Dass Männer immer Draufgänger à la James Bond sein müssen, wäre solch ein Klischee. Das dazu passende »weibliche« Klischee würde lauten: Frauen müssen immer zurückhaltend sein und sich erobern lassen. Klischees engen Menschen ein und verhindern, dass sie alle Teile ihrer Persönlichkeit leben und entwickeln können. Seien Sie also lieber einfach authentisch. Leben Sie als Mann all Ihre Fähigkeiten und Eigenschaften, auch die sogenannten »weiblichen«, wie Empathie, Einfühlungsvermögen in den Partner, Rücksichtnahme und ähnliches. Ihre Partnerin wird es zu schätzen wissen. Optimal wäre natürlich, wenn gesunde Selbstbehauptung und Durchsetzungsvermögen mit Einfühlungsvermögen und Rücksichtnahme in einem gesunden Verhältnis zueinander stehen. Sprechen Sie mit der Frau, die Sie begehren, über Ihr momentanes Gefühl, besonders auch über Ihre Unsicherheit. Das ist ein »Trick«, den auch Redner anwenden, die vor großem Publikum sprechen müssen und sehr aufgeregt sind: Sie sprechen von ihrer Unsicherheit und Angst mit einem Schuss Humor, und schon ist beides weg.

? ***Was beinhaltet ein Flirt? Bin ich moralisch zu mehr verpflichtet?***

Das Wort »Flirt« wurde aus dem Englischen in die deutsche Umgangssprache übernommen. Es stammt aber wohl ursprünglich aus dem Französischen und leitet sich von »fleurette« ab, was so viel bedeutet wie Schmeichelei. Im Deutschen sagt man dazu auch Schäkern. Damit ist eine

nonverbale oder verbale erotische Kommunikation gemeint, deren Absicht zunächst nicht festgelegt ist.
Sie können also unbesorgt flirten. Sie sind damit zu nichts verpflichtet. Im Vordergrund steht weniger das gezielte Werben, als vielmehr ein Spiel mit sexuellen Signalen. Man teilt sich unverbindlich mit, dass man sich gegenseitig attraktiv findet.
Wenn dann zwischen Mann und Frau die Funken fliegen, laufen die menschlichen Balzrituale nach ähnlich festen Mustern ab wie die der Pinguine: Der Mann schaut zuerst auf ihre Brust, dann wandern seine Blicke zu ihrem Po. Danach starrt er sie ziemlich unverhohlen an. Es genügen Ihnen 30 Sekunden, denn die entscheiden, ob aus einer zufälligen Begegnung ein Flirt wird.

? *Mein Urlaubsflirt lässt mich nicht mehr los. Aber hat solch eine Beziehung überhaupt eine Chance?*

Der Urlaubsflirt ist zunächst nur als Flirt angelegt, entwickelt sich jedoch gern mal zu einer kurzzeitigen sexuellen Beziehung. Die äußeren Bedingungen geben den Rahmen vor: Man trifft sich vielleicht zu Beginn des Urlaubs und verbringt dann zwei bis drei Wochen miteinander in schöner und entspannter Umgebung. Deshalb sollten Sie sich vor allem fragen: Ist der Mensch, mit dem Sie einen Urlaubsflirt im romantischen »Ausnahmezustand« erlebt haben, überhaupt jemand, mit dem Sie im Alltag etwas gemeinsam haben? Hätten Sie sich auch in ihn verlieben können, wenn Sie ihm zu Hause auf dem Weg zur Arbeit begegnet wären? Oft verfälscht nämlich die schöne Urlaubsstimmung den Blick auf den anderen und auf die entstehende Beziehung sehr stark – und das Erwachen kann sehr schmerzhaft sein. Wenn Sie diese Fragen bedacht haben, hängt das Fortbestehen einer Urlaubsbekanntschaft auch von äußeren Umständen ab: Manchmal fügt es sich glück-

lich, weil beide Partner zu Hause nicht allzu weit weg voneinander wohnen, und die Beziehung lässt sich problemlos weiterführen.
Aber auch diese Beziehung muss den Übergang in eine Alltagsbeziehung erst einmal schaffen. Liegen dann noch 1000 Kilometer oder mehr zwischen den Liebenden, ist eine Beziehung schon eine echte Herausforderung.

? *Was genau ist eigentlich ein Date?*

Ein Date beinhaltet in der Regel mehr als ein Flirt. Der Begriff stammt aus dem Amerikanischen – hier wird auch vom »Dating« gesprochen –, und meint die Verabredung zweier Verliebter oder aneinander interessierter Menschen. Beide wollen sich dabei näher kennen lernen und ihren zuvor unverbindlichen Kontakt intensivieren. In unserer modernen Gesellschaft ist es der klassische erste Schritt des »Paarungsverhaltens«.

? *Das erste Date macht mich richtig panisch. Hätten Sie ein paar Tipps wie ich damit umgehen kann?*

Zunächst geht es darum, dass Sie Ihre Angst überwinden. Vielen Menschen hilft es, sich die angsterzeugende Situation in der Fantasie in allen Einzelheiten vorzustellen und in Gedanken durchzuspielen, um Sicherheit zu gewinnen. Sollte Ihnen Verschiedenes Angst machen, ist es oft sinnvoll, sich eine Angsthierarchie aufzustellen. Das passiert übrigens auch beim Angstbewältigungstraining in einer Psychotherapie (siehe Seite 72 ff.). Wenn Sie dabei beispielsweise feststellen: »Das mit der Begrüßung krieg ich recht gut hin (also »0« auf der Angstskala), aber es ängstigt mich am meisten, dann ein weitergehendes Gespräch zu führen«, so sollten Sie diesen Angstschwerpunkt gezielt angehen und sich vorbereiten. Sie könnten sich

zum Beispiel überlegen: Was würde ich denn gern mitteilen? Was möchte ich denn von meinem Gegenüber wissen? Was könnte ich Nettes erzählen?
Anschließend können Sie ein kleines Rollenspiel ausprobieren: Einmal spielen Sie sich selbst und setzen – imaginär – den anderen auf einen leeren Stuhl Ihnen gegenüber. Im Dialog setzen Sie sich jeweils auf den leeren Stuhl, wenn Sie Ihren potenziellen Gesprächspartner antworten lassen. Sie werden merken: Sobald Sie Spaß an der Sache bekommen, verfliegt die Angst! Es könnte sogar sein, dass Sie anfangen, sich auf Ihr Date zu freuen.
Ihr Selbstbewusstsein wird außerdem wachsen, wenn Sie sich dafür loben, dass Sie es immerhin geschafft haben, dieses Date zustande zu bringen. Das bringt nicht jeder fertig! Weitere Tipps finden Sie im Kasten auf der rechten Seite.

Wenn der Funke überspringt: Verliebt!

? *Wie äußert sich Verliebtheit?*

Verliebt zu sein, ist ein starkes erotisches Gefühl, ein Gefühlszustand, den jeder anders beschreibt, weil er sich auch bei jedem anders ausdrückt. Es ist auf jeden Fall ein Gefühl, das Sie ganz in Beschlag nimmt und vor Sehnsucht nach dem geliebten Menschen halb krank machen kann. Verliebtsein stellt sich am Anfang einer Beziehung ein, wenn Sie in der Lage sind, Ihren Gefühlen freien Lauf zu lassen – und wenn Sie auf einen Menschen treffen, der Ihr Ideal verkörpert. Dieses Gefühl des Verliebtseins kann geradezu euphorische Zustände auslösen, wenn Sie erkennen, dass Ihr Gefühl erwidert wird. Verliebt zu sein aktiviert in einem Menschen ein ungeheueres Veränderungspotenzial: Sie sind plötzlich wie verwandelt – nicht nur für sich selbst, sondern auch für andere sichtbar. Sie sehen sich und alles um sich herum mit anderen Augen. Zugleich spüren Sie viel Energie und Kraft, sind aber auch emp-

TIPP

So starten Sie gut ins erste Date

- Trotz aller Angst und Aufgeregtheit beherzigen Sie den Grundsatz: »Freundlich gucken hat noch nie geschadet«.
- Bemühen Sie sich, »Smalltalk« zu machen: Je entspannter sie selbst dabei werden – weil sie sich von Ihrer eigenen Angst ablenken können statt darin zu versinken – desto wohler wird auch der andere sich fühlen. Sie stecken einander sozusagen mit Ihrer guten Laune an.
- Kleine Unsicherheiten oder Missgeschicke, die Ihnen passieren, kommentieren Sie am besten humorvoll, ohne sie zu übergehen.
- Nachdem Sie beide Stunden vor dem Spiegel verbracht haben, um einander zu gefallen, kommt es sicher gut an, ein Kompliment über das Aussehen des Gegenüber zu machen. Das signalisiert: Du gefällst mir.
- Es ist auch nichts dabei zuzugeben, dass man den anderen mag und ehrlich sagt: »Ich habe mich gefreut, dass du meine Einladung angenommen hast« oder »dass du mich angerufen hast«.
- Wenn Sie den Treffpunkt gemeinsam ausgesucht haben, wird es Ihnen dort sicher beiden gefallen. Dem Erfolg Ihres ersten Rendezvous steht so nichts mehr im Weg.
- Eher ungünstig: Wenn Sie ständig über Ihre/n Ex herziehen oder vorwiegend von Problemen in der Arbeit und im Freundeskreis berichten.

findsamer und verletzlicher. Die Verliebtheit kann sich positiv auswirken, wenn jeder der Partner bei sich selbst etwas von dem aktivieren kann, was der andere an tollen Eigenschaften in ihm sieht.

?

Ich hatte schon mehrere Beziehungen, aber so richtig verliebt war ich noch nie: Doch jetzt ist alles anders! Ich bin glücklich – habe aber auch Angst, enttäuscht zu werden.

Wie zur Romanze die Desillusionierung gehört, gehört zum Verlieben auch sich zu ent-lieben, und das ist absolut notwendig und unumgänglich, wenn Sie Ihre Beziehung weiterentwickeln wollen. Denn sobald Sie Nähe zulassen, beginnt automatisch die Illusion (das Bild, das Sie sich vom Partner im Zustand der Verliebtheit machen) zu schwinden, ganz einfach deshalb, weil Sie noch andere Seiten Ihres Partners kennen lernen.

Dieses intensive Gefühl der Verliebtheit kann Ihnen natürlich den Blick für die Realität und für tatsächliche Möglichkeiten auch ein Stück weit verstellen. Das passiert, wenn Sie dem anderen ein Wunschbild überstülpen, das der wirklichen Person mit allen ihren Ecken und Kanten nicht entspricht. Viele Menschen können schwer zulassen, dass auch andere – irritierende, unbekannte – Facetten des Partners deutlich werden dürfen. Auf diese Art werden sie eines Tages wahrscheinlich wirklich sehr »enttäuscht«, weil das Idealbild nicht mehr aufrecht zu erhalten ist.

?

Verliebtheit ist für mich beängstigend: Ich habe das Gefühl, ich verliere mich. Außerdem wächst mir in dem Zustand mein Alltag über den Kopf. Bin ich nicht normal?

So wie Ihnen geht es auch anderen Menschen, denen zu große Nähe und auch die Intensität einer Beziehung Angst machen. Nachdem Sie selbst bereits wissen, wo Ihr Problem liegt, hilft eigentlich vorerst nur, mit dem neuen Partner über Ihre Bedürfnisse und Ängste zu reden. Vielleicht

geht es ihm ähnlich oder er hat ganz andere Probleme mit dem Zusammenleben, die er auch noch nicht anzusprechen gewagt hat. Dann ist er sicher sogar sehr dankbar, wenn Sie das Gespräch in Gang bringen.
Jedes Paar muss die Balance zwischen Nähe und Distanz erst finden und es lohnt sich folgende Fragen mit einander zu diskutieren: Wie viel Nähe brauche ich (also emotionale Zuwendung, Beieinandersein, Kuscheln …) und wie viel vertrage ich (ab wann wird es mir zuviel)? Ebenso wichtig: Wie viel Distanz brauche ich (wie viele Abende, Stunden, Zeiten sind für mich reserviert, in denen ich für niemand anderen da bin)? Aber auch: Wie viel Distanz vertrage ich (wie viel an Abwesenheit, eigenen Interessen des Partners kann ich aushalten)?
Wenn Ihnen das Aushandeln allein nicht gelingt, sind Sie als Paar mit Ihren Problemen auch richtig in einer Partnerberatung (Seite 68 ff.). Sollte das auch nichts helfen oder vielleicht Ihre Verwirrtheit noch vergrößern, könnte Ihnen eventuell auch eine Psychotherapie (Seite 67 ff.) dabei helfen, Ihr Nähe-Distanz-Problem zu bearbeiten.

? ***Verliebt zu sein führt bei mir nicht unbedingt zu einer sexuellen Handlung. Habe ich einen schwächeren Sexualtrieb oder gibt es andere Gründe?***

Sexuelles Verlangen ist immer ein subjektiver Zustand von Erregung, der sowohl durch interne als auch durch externe Reize ausgelöst werden kann. Dies führt dann zu einer sexuellen Handlung – oder auch nicht. Dazu bedarf es sicherlich angemessener körperlicher wie hormoneller Abläufe sowie sexueller Stimuli, die entweder aus Ihrem Inneren kommen (also erotische Fantasien, Gefühle für den anderen, aber auch andere Faktoren wie Erregbarkeit und Stressempfinden) oder aus der Umgebung. Die Situation, der Ort – all das spielt eine Rolle.

Da ist das Zusammensein mit Ihrem Partner, in den Sie verliebt sind, ein sehr wirkungsvoller Reiz. In diesem Fall kommen äußere (der Partner) und innere Reize (Ihre Gefühle) zusammen, und lassen sexuelles Verlangen entstehen. Wichtig ist aber auch, was in diesem Moment in Ihnen selbst vorgeht: Vielleicht lehnen Sie bestimmte sexuelle Reize und Verhaltensweisen ab. Auch, wie Sie beide in der Beziehung mit der erotischen Situation umgehen, nimmt auf das Einfluss, was zwischen Ihnen weiterhin erotisch passieren wird.
Letztlich können Sie sich Ihre Frage nur selbst beantworten, indem Sie Ihre Gedanken und Gefühle in Bezug auf Lust und Sex genauer erforschen.

? *Mein neuer Freund ist sehr lieb und verständnisvoll. Trotzdem habe ich aufgrund schlechter früherer Erfahrungen Angst vor dem ersten Mal mit ihm.*

Alles was man zum ersten Mal macht, erzeugt oft zwei gegensätzliche Tendenzen: Einerseits möchte man es wahnsinnig gern. Es »muss« sozusagen einfach sein. Andererseits können sich auch leicht Angst und Beklemmungsgefühle einstellen, verbunden mit der Frage: Wie wird es denn wohl werden?
Ich kann Sie aber beruhigen. Das »erste Mal« mit Ihrem neuen Partner wird zumindest körperlich dem Erleben sehr ähnlich sein, das Sie zuvor mit ihm hatten, etwa beim intensiven Petting. Es kommt nur etwas hinzu, nämlich – wenn Sie es beide wollen –, dass Ihr Partner seinen Penis in Ihre Scheide einführt. Wenn Sie Vertrauen zueinander haben, und wirklich warten, bis beide es möchten, wird dieses Erlebnis Sie emotional noch tiefer und inniger miteinander verbinden.

Tipp

Der große Moment: Das »erste Mal« miteinander

- Planen Sie das »erste Mal« nicht zwanghaft, sondern lassen Sie es passieren, wenn es soweit ist – erzwingen Sie es nicht eher. Auch in der weiteren Beziehung endet ja nicht jeder sexuelle Kontakt mit dem Koitus. Sexuelles Reagieren ist äußerst vielfältig, und das gilt es miteinander zu entdecken. Zärtlichkeit und Liebe sind mindestens ebenso wichtig.
- Genießen Sie es, erotisch miteinander zu spielen: Es geht nicht darum, ein bestimmtes Ergebnis zu erreichen, sondern der Weg ist das Ziel. So gelingt es Ihnen, gegenseitig Ihre Körper intensiv zu erforschen und deren Lustmöglichkeiten ausfindig zu machen.
- Irgendwann beziehen Sie Scheide und Penis in Ihre Spielereien mit ein. Sie werden merken, der Penis ist nicht immer gleich steif. Das ist ganz normal und hängt auch vom Zustand der Erregung ab, die kommt und wieder zurückgeht. Auch die Gefühle, die erotische Spielereien mit Klitoris und Schamlippen und Scheideneingang auslösen, verändern sich. Sie werden merken, dass die Scheide immer feuchter wird, so dass der Penis im Spiel ganz von allein hineinrutschen kann. Auch damit können Sie spielen: Rein und raus, ganz wenig oder tief hinein. Sie dürfen auch den Penis mit Ihrer Hand führen, ganz so wie Sie es haben wollen.
- Ihrer Fantasie im Spiel miteinander sind keine Grenzen gesetzt. Nur eines müssen Sie beachten: Gehen Sie nur immer so weit, wie es beiden Lust bereitet. Darüber muss man sich auch mit dem neuen Partner verständigen.

TIPP

Wissen für den Mann – aus dem Tao der Liebe

Das »Tao der Liebe« empfiehlt dem »Anfänger mit einer erfahrenen Partnerin« Folgendes:

- Versuchen Sie nicht nur ekstatisch zu lieben, sondern auch, Ihre Gedanken von der Beschäftigung mit der Ejakulation abzulenken. Sie werden Ihrer Partnerin und sich selbst damit sehr viel Freude bereiten.
- Dazu gehört, Ihre Sinne zu schärfen und Ihre Fähigkeiten zu entfalten: zu berühren, zu schmecken, zu sehen, zu hören, zu reden und zu fühlen, und so ausgiebig wie möglich davon Gebrauch zu machen – das heißt, dass Sie für das ausgiebige Liebesspiel alle Sinne einsetzen und miteinander verbal und nonverbal kommunizieren. Außerdem empfiehlt das »Tao der Liebe«, Ihre Partnerin zu loben und anzuerkennen, besonders auch während des Liebesaktes.
- Kommt es zum Koitus, ist es für den »Anfänger« ratsam, sacht und langsam zu stoßen, und nach einer Reihe von Stößen aufzuhören, um sich wieder zu beruhigen – und ein paar Augenblicke später von neuem zu beginnen. So können Sie den Samenerguss hinauszögern. Sie können auch die sogenannte Verschlussmethode (siehe Seite 111 ff.) anwenden, damit Ihnen das gelingt.

? *Bin ich zu prüde, wenn ich meinen neuen Partner erst näher kennen lernen möchte, bevor ich mit ihm ins Bett gehe?*

Manchmal scheint es das Natürlichste der Welt zu sein, den ersten Abend gleich mit Sex zu beenden, wenn man sich unglaublich stark voneinander angezogen fühlt und sich gut versteht. Aber warum sollten Sie die Dinge überstürzen? Es ist doch auch wunderschön, sich vom Partner

»verzaubern« zu lassen, sich so richtig heftig zu verlieben und einander Zeit zu geben, sich besser kennen zu lernen. Außerdem können sich manchmal leichte Zweifel einstellen. Nehmen Sie sich Zeit, diese auszuräumen. Auf jeden Fall ist es wichtig, dass Sie sich mit Ihrem neuen Partner auf nichts einlassen, wozu Sie innerlich nicht wirklich bereit sind – auch wenn Sie zunächst nicht wissen, was Sie zurückhält. Das gilt es zu klären, weil es sich sonst unerkannt auf Ihre sexuelle Reaktion auswirken könnte.

? *Als Mann fühle ich mich unsicher im Bett mit einer neuen Partnerin, die erfahrener ist als ich. Wie kann ich damit umgehen?*

Ihre Unsicherheit ist verständlich: Mit jedem neuen Partner fangen Sie ganz neu an, sich gegenseitig kennen zu lernen und sich aufeinander einzustellen. Sie wissen ja gar nicht, was Ihrer neuen Partnerin besonders gefällt. Und sie kennt Sie ebenso wenig. Sie fängt – trotz der Erfahrung, die Sie bei ihr vermuten – in der Beziehung mit Ihnen ja auch wieder ganz von vorn an. Wenn sich dann sexuelle Lust einstellt und ein Paar sich aufeinander einlässt, entwickelt sich meist alles ganz spontan. Das Gute dabei ist: Man tut einfach das, was Spaß macht, und dabei gibt es kein Richtig oder Falsch, kein Besser oder Schlechter. Wenn Sie sich Ihrer Liebe, Lust und Leidenschaft hingeben und an gar nichts sonst denken, lässt Ihre Unsicherheit sehr wahrscheinlich bald nach.

? *Mit meinem ersten Freund habe ich sexuell keine guten Erfahrungen gemacht. Ich habe nun Angst, dass mir das auch mit meinem jetzigen Partner passiert.*

Viele junge Paare machen ganz ähnliche Erfahrungen: Man mag sich, die Atmosphäre stimmt, jeder hat Lust auf

Zärtlichkeit und darauf, miteinander zu schlafen. Und dann kommt alles ganz anders, als man sich das vorgestellt hat. Man ist enttäuscht, vielleicht sogar verletzt. Sexualität ist etwas sehr Schönes, aber manchmal auch komplizierter als man denkt. Sie entwickelt sich langsam. Mit jeder Erfahrung wächst das Wissen darüber, was einem gefällt und wie man gemeinsam schöne Gefühle entwickeln kann. Wenn Ihr »erstes Mal« nichts Besonderes oder gar eine negative Erfahrung war, dann ist das nicht so ungewöhnlich. Vieles erfährt man in der Sexualität durch Ausprobieren – und das erste war ganz bestimmt nicht Ihr letztes Mal. Wenn Ihre ersten sexuellen Erfahrungen mit Ihrem vorherigen Freund für Sie traumatisch waren, ist es wichtig, dass Sie Ihren neuen Partner einweihen, damit er Ihre Angst verstehen und Ihnen helfen kann, diese zu überwinden. Sollte Ihnen beiden das nicht gelingen, wäre es ratsam, eine Sexualtherapie (Seite 69 ff.) aufzusuchen, damit Ihre sexuellen Ängste oder Schwierigkeiten nicht chronisch werden.

? *Wir hatten bisher intensives Petting und möchten mit dem ersten Geschlechtsverkehr bis zur Hochzeitsnacht warten, um uns ein unvergessliches und schönes Erlebnis zu bereiten.*

Das »erste Mal« soll für Sie beide etwas ganz Besonderes werden. Sie möchte es zelebrieren und gleichzeitig ganz bewusst planen. Das kann gelingen – aber es muss nicht. Die Umstände, die eine Hochzeitsfeier mit sich bringt, sprechen eher dagegen: Hat man den Polterabend mit kurzer Nacht hinter sich gebracht und auch noch den stressigen, aufregenden Hochzeitstag gut überstanden, sitzt man vielleicht endlich müde im Flugzeug, um seine Flitterwochen an einem märchenhaften Ort zu verbringen. Wenn Sie sich nun, dort angekommen, daranmachen, den ehelichen Akt zu vollziehen – so wie sich das für eine Hoch-

zeitsnacht geziemt –, kann das nur eine Bauchlandung werden. Besser: Erst einmal ausschlafen, den Stress abschütteln, Liebe und Lust anwachsen lassen und die Dinge in Ruhe angehen. Setzen Sie sich und Ihren Partner auf keinen Fall unter Druck. Wann das erste Mal passiert, ist vollkommen gleich. Sie haben ja die ganzen Flitterwochen Zeit.
Aus sexualtherapeutischer Sicht möchte ich Ihnen jedoch von diesem Unterfangen grundsätzlich abraten. Auch Sexualität ist etwas, was man erfahren und erlernen muss. Es ist wichtig zu erproben, ob man überhaupt »zusammenpasst«, bevor man heiratet. Wenn man sich körperlich so nahe kommt, sollte man unbedingt vorher feststellen, ob man sich überhaupt »riechen« und »schmecken« kann – am besten, bevor man heiratet. Sonst ist die Enttäuschung allzu groß und manchmal irreparabel.

? *Wie kann ich eine sogenannte Flitterwochenimpotenz vermeiden?*

Als Flitterwochenimpotenz bezeichnet man Erektionsstörungen, die situativ – in den Flitterwochen, also in den ersten Wochen nach der Hochzeit – auftreten und vor allem bei Männern, die bis zur Hochzeit sexuell abstinent gelebt haben. Da die meisten Männer vor ihrer Hochzeitsnacht bereits sexuelle Erfahrungen gesammelt haben, ist dies heutzutage sehr selten. Männer, für die die Hochzeitsnacht die sexuelle Premiere in der Beziehung ist, leiden nachvollziehbar unter besonders großer Nervosität und Versagensangst. Das kann zum Problem werden, wenn Sie sich als Mann selbst unter Druck setzen. Reagiert dann auch noch die Partnerin ungünstig (»Du Versager!«), können die ganz normalen Anfangsschwierigkeiten aus Mangel an Erfahrung erst so richtig problematisch werden.
Es ist oft besser, vorher miteinander sexuell vertraut zu werden, als sich vermeidbarem Stress in der Hochzeitsnacht auszusetzen.

Nach dem ersten Urlaub mit meinem Partner bekam ich eine Blasenentzündung. Was muss ich in Zukunft beachten?

In Ihrem Fall spricht man von einer Flitterwochen-Zystitis. Intensive mechanische Reizung der Harnröhre und Blase durch häufigen Sex sowie die mögliche Übertragung von Bakterien beim Verkehr führen zu einer solchen Blasenentzündung.
Frauen haben eine relativ kurze Harnröhre, so dass von außen eindringende Bakterien schnell zu bakteriellen Infektionen führen können. Das muss aber nicht bei jedem Geschlechtsverkehr passieren.
Generell hilft es, sich vor dem sexuellen Kontakt zu waschen, viel zu trinken und nach dem Geschlechtsverkehr sofort Wasser zu lassen, um eventuell eingedrungene Bakterien gleich wieder auszuspülen.

Wieso war ich nach der Trennung von meinem Ex-Partner und dem »ersten Mal« mit meinem neuen Partner so traurig?

Für viele Frauen bedeutet das »Miteinander-Schlafen« mit einem neuen Freund erst das wirkliche Ende einer vorangegangenen Beziehung. Daher ist es gar nicht so überraschend, dass Sie nach dem ersten Sex mit Ihrem neuen Partner niedergeschlagen und vielleicht sogar so richtig traurig waren. Es wäre in einer solchen Situation ganz verkehrt, diese Traurigkeit zu verdrängen.
Weinen Sie ruhig, wenn Ihnen danach ist, aber teilen Sie Ihre Gefühle mit Ihrem neuen Partner. Er wird Sie verstehen. Einem neuen Anfang geht immer auch ein Ende voraus, das betrauert werden muss. Vielleicht gelang es Ihnen noch nicht – etwa, wenn die Scheidung oder Trennung vom Ex-Partner sehr turbulent verlief –, ausreichend Zeit für die notwendige Trauerarbeit zu finden.

? *Uns erging es beim ersten Mal fast wie Teenagern, so aufgeregt waren wir. Ich habe Angst, mich vor ihr blamiert zu haben.*

Es ist keine Katastrophe, wenn Sie beide bei Ihrem ersten Mal etwas nervös waren. Vielleicht wurde die Scheide Ihrer Partnerin nicht feucht genug oder sie hat nicht den Höhepunkt erreicht. Oder Sie ejakulierten zu früh.
Es war ja miteinander das allererste Mal, auch wenn Sie beide mit anderen Partnern schon Erfahrung haben. Diese Erfahrung heißt noch lange nicht, dass Sie im Bett nicht zusammenpassen. Es bedeutet einfach, dass Sie beide bisher noch nicht den Körper, die Wünsche und Bedürfnisse des anderen kennen können. Und darüber hinaus: Die Aufregung und die kleinen Missgeschicke der Anfangszeit sind auch durchaus romantisch und einzigartig. Und sie zeigen, dass diese Begegnung für Sie außerordentlich wichtig und besonders aufregend war.

? *In meiner Beziehung gelingt es mir nicht, so richtig leidenschaftlich zu sein. Woran mag das liegen?*

Die Liebe lädt uns ein, die Kontrolle zu verlieren und uns Gefühlswallungen hinzugeben. Sie bekommen die Gewissheit: »Der ist es und kein anderer.« Im Banne dieser Gefühle lassen Sie jede Vernunft sausen. Die Leidenschaft ist ein Kind dieser Liebe. Wenn die Leidenschaft Sie erfasst, können Sie auch so richtig blind werden.
Die wahre Freude des Liebens, so sagen die Taoisten, ist die Ekstase zweier Körper und Seelen, die sich in einem seligen Gefühl vereinigen. Es geht darum, den Partner zugleich ekstatisch, also leidenschaftlich, und innig zu lieben. Deshalb sollten Liebe und Sexualität nicht voneinander getrennt werden.

Für vernunftgesteuerte Menschen ist es oft nicht einfach, sich diesen unberechenbaren Gefühlen hinzugeben, die die Gefahr bergen, die Kontrolle über sich zu verlieren und Dinge zu tun, die man sonst noch nie getan hat. Entweder Sie gehören zu diesem Typ Mensch, dann fällt es Ihnen generell nicht leicht, Gefühle zuzulassen. Ist das der Fall, könnte Ihnen eine Psychotherapie (Seite 67 ff.) weiterhelfen, oder Bioenergetik, eine körperbetonte Art der Therapie, die Spannungen und Blockaden im Körper sowie auf emotionaler Ebene lösen kann. Vielleicht lieben Sie aber im Moment auch nicht, weil Sie den »richtigen« Menschen einfach noch nicht gefunden haben. In diesem Fall müssen Sie geduldig abwarten und die Gelegenheiten suchen, sich in einen passenden Partner zu verlieben.

Liebe ohne Sex

? *Kann ich einen Menschen lieben, ohne mit ihm »ins Bett zu gehen«?*

Liebe und Sexualität haben viel miteinander zu tun, sind aber nicht deckungsgleich miteinander. Liebe erfasst sie ganz, also auch Ihren Körper. Und Sexualität hat viele Ausdrucksformen. Sie können erregt sein, ohne Körperkontakt zu haben. Sie können auch zärtlich sein, streicheln, schmusen, sich anlehnen. Wenn Sie heftig erregt sind, kann auch der Wunsch entstehen, mit dem anderen zu schlafen. Und so wie es sein kann, dass Sie einen Menschen sexuell begehren, ohne ihn zu lieben, kann es sein, dass Sie einen Menschen lieben, ohne mit ihm ins Bett zu gehen. Das kann ganz unterschiedliche legitime Gründe haben. Vielleicht wollen Sie einfach damit noch ein bisschen warten, weil Ihnen andere Dinge zur Zeit wichtiger sind. Vielleicht möchten Sie den anderen noch ein bisschen besser kennen lernen, um herauszufinden, ob es wirklich Liebe ist, was Sie verbindet. Vielleicht haben Sie auch über

die Frage der Verhütung noch nicht ausreichend nachgedacht. Vielleicht möchten Sie auch grundsätzlich mit Sex warten, bis Sie eine eigene Familie gründen wollen.
All diese Gründe sollten in einer Liebesbeziehung respektiert werden und können sich ändern. Doch wichtig ist, in der konkreten Situation zu den eigenen Empfindungen und Überzeugungen zu stehen.

? *Mein neuer Freund erfüllt alle Wünsche, die ich an einen zukünftigen Mann hätte, aber leider zieht er mich sexuell gar nicht an.*

Eine Beziehung ohne sexuelle Anziehung ist eine Freundschaft. Wenn Sie Ihren Freund nicht begehren, dann ist er Ihr bester Freund, aber kein zukünftiger Ehemann. Erfahrungsgemäß sind solche Ehen, in denen man sich gegenseitig nie so richtig begehrte, irgendwann sehr gefährdet, spätestens dann, wenn Ihnen ein anderer Mann über den Weg läuft, der nun all das bei Ihnen auslöst, was Sie bei Ihrem Mann vermissen: Gefühle der Leidenschaft und des Begehrens. Vielleicht besprechen Sie dieses Problem mit Ihrem Freund. Wenn Sie es mit sehr viel Fingerspitzengefühl tun, haben Sie die Chance, weiterhin die besten Freunde zu bleiben. Sie müssen allerdings auch damit rechnen, dass die Beziehung auseinandergeht.

Sex ohne Liebe

? *Bin ich den Frauen gegenüber gemein, wenn ich nur an »das Eine« denke?*

Besonders in jungen Jahren ist oft die körperliche Neugierde größer als der Wunsch nach festen Beziehungen. Ihre Körperlichkeit, Ihre Erregung, Ihre Lust können Sie auch ohne intensive Zuneigung spüren. Vielleicht sind Sie manchmal sogar selbst erstaunt und erschrocken, was Ihr Körper alles zulässt. Vielleicht sind Sie neugierig darauf, wie viel Lust Ihnen möglich ist und wie es Ihnen dabei geht. Aber immer sind Sie für sich und für andere verantwortlich, also dafür, dass Sie weder Ihre eigenen Gefühle noch die anderer verletzen. Seien Sie deshalb ehrlich zu sich selbst und Ihrer jeweiligen Sexualpartnerin.

? *Ich merke, dass ich sehr stark zwischen Liebe und Sexualität trenne. Geht mir etwas ab?*

Vielleicht gehören Sie zu den Menschen, die gelernt haben, körperliche Lust ohne die vielen anderen Gefühle zu leben, die mit Liebe verbunden sind. So laufen Sie Gefahr, Sexualität zu haben, ohne darauf zu achten, ob diese Ihnen oder anderen gut tut.
Sexuelle Erregung, sexuelle Erfahrungen mit sich selbst und anderen können sehr lustvoll sein, und auch Lust hat einen Sinn. Aber durch Zärtlichkeit und andere Formen des sexuellen Kontakts können Sie noch viel mehr erfahren: Sie können Geborgenheit geben und empfangen, sich anvertrauen, Lebensmut gewinnen und schenken. Liebe kann Sexualität sinnreicher und erfüllter machen, sie »adelt« sozusagen die Sexualität.
Sex und Orgasmus sind selbstverständlich Freuden, die für sich stehen. Verbindet sich jedoch die Liebe mit dem Sex, werden aus diesen Freuden ekstatische Freuden. Das ist der große Unterschied. Die Entscheidung liegt bei Ihnen, ob Sie sich auf diesem Gebiet weiterentwickeln wollen.

? *Welche Gründe kann es für einen One-Night-Stand geben?*

Bei einem One-Night-Stand handelt es sich um Sex ohne alles romantische Drumherum mit jemandem, den Sie

zwar sexuell begehren, mit dem Sie aber keine richtige Beziehung haben wollen. Wie alles im Leben hat natürlich auch ein One-Night-Stand seine Vor- und Nachteile. One-Night-Stands können nur Menschen genießen, die vor allem sexuelle Begierden befriedigen möchten. Wenn Sie aber auch mal in den Arm genommen werden wollen, sind Sie da an der falschen Adresse. Auch wenn Sie ein Mensch sind, der zu Schuldgefühlen neigt, sollten Sie sich einen One-Night-Stand besser nicht antun. Dann überwiegen für Sie nämlich sicher die Nachteile. Auf jeden Fall müssen Sie bei einem One-Night-Stand immer für einen zusätzlichen Verhütungsschutz sorgen (verwenden Sie unbedingt ein Kondom, siehe Seite 77 ff.!).
Aus all diesen Gründen besinnen sich immer mehr Menschen auf die alte Tugend der Treue in einer Partnerschaft und versuchen ihr Sexualleben mit dem festen Partner befriedigend zu gestalten.

?

Ich habe einen guten Freund, der wie ich Single ist. Neulich haben wir beide im Scherz festgestellt, dass wir ja Sex miteinander haben könnten, da wir beide Sex vermissen. Kann das funktionieren?

Es gibt Paare, die Sex und Liebe trennen können – aber die sind eher die Ausnahme. Es ist natürlich möglich, dass Sie Ihre Freundschaft, wenn Sie auch noch guten Sex zusammen haben, zu einer Paarbeziehung entwickeln.
Es ist jedoch schwierig miteinander regelmäßig zu schlafen und keine entsprechende emotionale Bindung aufzubauen. Ein weiteres Risiko: Verliebt sich nur einer der Partner in den anderen, oder steigt einer der Partner aus der sexuellen Beziehung wieder aus, ist es oft schwierig, die Freundschaft zu erhalten. Sie sollten sich daher vorher sehr gut überlegen, ob Sie Ihre Freundschaft diesem Risiko aussetzen wollen.

? *Wenn ich mit einem Mann schlafe, in den ich nicht verliebt bin, fühle ich mich hinterher oft furchtbar – egal wie schön es war. Woher kommt das nur?*

Sie leiden offensichtlich nach einem One-Night-Stand unter Schuldgefühlen und merken vielleicht auch, dass diese Art Sex nicht das ist, was Ihren wirklichen Bedürfnissen entspricht.
In einer richtigen Liebesbeziehung spüren Sie, dass Sie für den anderen auch als Mensch wichtig sind. Er ruft an und fragt, wie es Ihnen geht. Er schenkt Ihnen auch mal Blumen und will Ihnen einen Gefallen tun. Ihnen geht es ebenso. Vielleicht ist es das, was Sie vermissen und wonach Sie sich sehnen.
Vielleicht plagt Sie auch ein schlechtes Gewissen, weil Sie merken, dass Sie mit einem One-Night-Stand auch ein gewisses Risiko eingehen, das ohne zusätzlichen Schutz (Kondom, siehe Seite 77 ff.) ins Unkalkulierbare steigt.

Wenn aus Verliebtheit Liebe wird

? *Was unterscheidet die Liebe von der Verliebtheit?*

Im Verliebtsein bekommen wir einen ersten flüchtigen Eindruck, wie die Welt durch die Augen des Herzens aussehen könnte. Wir erahnen unser menschliches Potenzial. Verliebt zu sein kann auch regelrecht »blind« für die Schwächen des umschwärmten Menschen machen. Leidenschaft, intensive Gefühle und Euphorie beherrschen einen verliebten Menschen völlig.
Liebe ist das umfassendere, reifere Gefühl, und beinhaltet sehr viel mehr als Verliebtsein. In der Liebe sind wir geborgen. Wir fühlen uns zugehörig. Liebe hebt die Isolation auf. In der Liebe sind wir vom anderen fasziniert, so

wie er wirklich ist. Reife Liebe versucht, den anderen nicht umzumodeln, sondern ihn so zu akzeptieren, wie er ist. Um die Liebe aufrechterhalten zu können, muss das Paar in die Lage kommen, sich immer wieder aufs Neue zu trennen und sich wieder zu verbinden. Trennen heißt für die Paarbeziehung, sich weiterzuentwickeln, das heißt, der einzelne darf sich auch ein Stück weit vom Partner weg oder über ihn hinaus entwickeln. Wenn das nicht möglich ist, wird Liebe ein schwaches Gefühl, das bestenfalls den »Status quo« erhält.

? *Verliebt war ich schon mehrmals. Woran erkenne ich, dass es dieses Mal wirklich Liebe ist, die andauern wird?*

Es gibt natürlich keine Liste von Merkmalen, die man nur abzuhaken braucht und die für alle gelten können, um in einer Beziehung die »Liebe« zu definieren. Menschen, die über ihre geglückte Liebesbeziehung erzählen, berichten, dass sie Liebe als ein Gefühl intensiver Zuwendung erleben, welches sie ganz ergreift. Ein Gefühl, das man sich letztlich nicht erklären und auch gar nicht steuern kann. Es schließt die Bereitschaft ein, für den anderen da zu sein. Es regt an zu Hilfe und Unterstützung. Liebe ist deshalb mehr als ein leidenschaftliches Gefühl und verbindet sich mit allerlei Motiven für eine intime Beziehung. Die Sehnsucht nach einer solchen Beziehung kennt jeder Mensch: Wir möchten alle geliebt werden und lieben.
Liebe entwickelt sich auch weiter. In einer »reifen« Liebesbeziehung kann ich den geliebten Partner oder die Partnerin so sehen, wie er/sie wirklich ist. Und ich selbst kann mich ansehen, so wie ich bin: mit meinen liebenswerten und auch mit den weniger liebenswerten Seiten. Außerdem bin ich auch fähig, meine Liebesbeziehung mit den ihr zugrunde liegenden Motiven, der momentanen Situation und ihrer Zukunft, richtig wahrzunehmen.

? *Wie können wir unsere leidenschaftliche Liebe über den Alltag hinweg retten?*

Es ist verständlich, dass Sie sich diesen Gefühlszustand erhalten wollen. Aber diese verliebte, große und umfassende Gefühlsaufwallung am Anfang einer Beziehung kann nicht ohne immense Anstrengung in gleichbleibender Intensität aufrechterhalten werden.
Gefühle sind eher etwas Flüchtiges und bergen die Tendenz der Veränderung in sich. Die seelische Hochgestimmtheit der Verzauberung lässt sich nicht durchhalten und verfällt oft in dem Moment, in dem der geliebte Mensch für Sekunden als der Fremde erscheint, den man eigentlich noch gar nicht kennt. Wenn Sie Ihre Liebe über den Alltag hinweg retten wollen, müssen Sie zulassen, dass sie sich wandelt – in eine Beziehung. Es ist dann auch noch Liebe, aber sie fühlt sich anders an als am Anfang. Dazu gehört, dass Sie es zulassen können, Ihren Partner neu zu entdecken mit all seinen Eigenschaften und Möglichkeiten, die Sie vorher noch gar nicht so gesehen haben. Das gelingt am besten im Zusammenleben und in gemeinsamen Gesprächen.

? *Wenn ich Liebesfilme ansehe, bin ich ganz traurig, weil ich mir denke, in unserer Beziehung fehlt etwas.*

Liebesfilme im Kino oder Fernsehen widmen sich oft der ersten Phase der Verliebtheit mit ihren überschwänglichen Gefühlen – und weniger der Zeit, wenn der Zauber langsam verblasst und der gemeinsame Weg der Liebesbeziehung auch mal mühseliger wird. Möglicherweise sind Sie mit Ihrem Partner bereits in die zweite Phase einer Beziehung eingetreten. Es ist die für eine Beziehung wichtige und entscheidende »Phase des Diskurses«, meint die Verhaltenstherapeutin und Psychoanalytikerin Eva Jaeggi.

Jetzt dominiert die Andersartigkeit des Partners, die man kennen- und verstehen lernen muss. Es müssen viele Bereiche des Alltags abgestimmt werden: banale Kleinigkeiten ebenso wie wesentliche Entscheidungen. Das Nachlassen der Verliebtheit ähnelt oft den Entzugserscheinungen nach Absetzen einer Droge: Es entsteht eine innere Leere, ein unruhiges Suchen, vielleicht sogar eine Depression. Bleibt man bei der resignierten Enttäuschung stehen, dann haben beide Partner das Spiel verloren. Meist fehlt der Austausch zwischen den Partnern. Der bekannte Paartherapeut Michael Lukas Moeller empfiehlt »partnerschaftliche Zwiegespräche«, um den kommunikativen Teufelskreis zu durchbrechen (siehe Kasten Seite 34).

? ***Seit mein Freund und ich zusammengezogen sind, verweigert er körperliche Nähe und Sex. Ich bin total irritiert. Er schiebt dauernd einen anderen Grund vor. Warum?***

Mit dem Übergang in den Alltag verändert sich die Paarbeziehung. Viele Paare schweißt das gemeinsame Leben weiter zusammen, weil sie nun auch mehr Zeit miteinander verbringen können und viele Dinge gemeinsam besprechen und erledigen müssen.
Für manche Menschen ist es aber ein Schock, weil sie den Partner plötzlich auch ganz anders erleben. Das muss nicht auf Sie beide zutreffen. Es könnte auch eine ganz einfache Erklärung für das Verhalten Ihres Partners geben: Vielleicht ist mit dem Zusammenziehen für ihn sehr viel Stress verbunden. Ein Umzug muss bewältigt werden, dann noch der Job und vieles andere mehr … Vielleicht benötigt er nur Erholung und Rückzug, um sich wieder zu regenerieren und sich auf die Beziehung zu freuen. Über all dies müssen Sie jetzt sprechen, um nicht allzu sehr voneinander irritiert zu werden. Also: Mit dem Zusammenziehen steigt der Kommunikationsbedarf für Sie beide!

Etablieren Sie eine gemeinsame Gesprächskultur

- Paartherapeuten empfehlen, einmal pro Woche im Alltag eine feste Zeit für ein partnerschaftliches Gespräch von $1\,^1/_2$ bis 2 Stunden einzuräumen.
- Gestalten Sie den Gesprächsrahmen angenehm.
- Grundsätzlich gilt: Dein Thema ist auch meines. Jedes Thema, das einem von Ihnen wichtig ist, sollte miteinander besprochen werden.
- Greifen Sie ganz bewusst auch positive Themen auf.
- Für Problemgespräche gilt: Wenn einer von Ihnen heute nicht dazu bereit ist, weil er zu überrascht oder verärgert ist, übernimmt er die Verantwortung, dass dieses Thema bei nächster Gelegenheit – etwa am nächsten Tag – noch einmal angesprochen wird oder er macht ein anderes Angebot.
- Sprechen Sie in der Ich-Form (eigene Gefühle, Gedanken, Meinungen ausdrücken), und das möglichst konkret (die Situation beschreiben). Hören Sie zu, wenn der andere spricht. Geben Sie ein Feedback, was Sie verstanden haben (»Habe ich dich da richtig verstanden, dass du meintest, du fühlst dich ...«).

In einem solchen Gespräch müssen Sie Grundregeln partnerschaftlicher Kommunikation beachten. Sie finden im Anhang Literaturempfehlungen oder Sie können diese Regeln in Kommunikationskursen für Paare erlernen (siehe Seite 240ff.). Folgende Fertigkeiten sind nötig:

Wichtige Fertigkeiten in der Sprecherrolle

- **Sich öffnen**

Beschreiben Sie was in Ihnen vorgeht. Vermeiden Sie Anklagen, Vorwürfe und »negatives Gedankenlesen« à la: »Ich weiß genau, was du gerade denkst und fühlst«.

- **Ich-Botschaften senden**

Sprechen Sie von Ihren eigenen Gedanken und Gefühlen.

➤ **Die konkrete Situation ansprechen**
Sprechen Sie konkretes Verhalten in einer bestimmten Situation an. Das kann der Partner besser nachvollziehen. Also nicht in Verallgemeinerungen reden: »... nie machst du ...«, »Immer willst du ...«, sondern konkret werden: »Es hat mich genervt, dass du heute ...«

➤ **Beim Thema bleiben**
Gehen Sie nur auf solche Inhalte ein, die zum gewählten Thema gehören.

Wichtige Fertigkeiten in der Zuhörerrolle

➤ **Aufnehmendes Zuhören**
Ein Gespräch besteht zum großen Teil aus nonverbalen (nicht-sprachlichen) Elementen. Positive nonverbale Signale sind eine zugewandte Körperhaltung oder unterstützende Gesten, wie Nicken. Zeigen Sie Ihrem Partner nonverbal und mit kurzen Einwürfen, wie »hm« oder »aha«, dass Sie Interesse an seinen Äußerungen haben.

➤ **Zusammenfassen**
Melden Sie die wesentlichen Äußerungen Ihres Partners knapp mit eigenen Worten zurück, so dass er sich verstanden fühlen kann.

➤ **Offene Fragen helfen zum besseren Verständnis**
Gut sind Formulierungen wie: »Wie ging es dir dabei?«

➤ **Lob für das Gesprächsverhalten**
Geben Sie Ihrem Partner ein positives Feedback: »Ich verstehe jetzt alles viel besser, weil du es mir so klar und offen gesagt hast.«

➤ **Rückmeldung der ausgelösten Gefühle:**
Sagen Sie, welche Gefühle das Gehörte bei Ihnen auslöst. Das können positive Gefühle sein (»Mich freut es, dass Du das auch so siehst/das mit mir tun magst.«). Manchmal fällt es schwer, mit Verständnis auf den Sprecher zu reagieren, weil Sie aufgebracht sind. Dann könnten Sie sagen: »Ich bin sehr überrascht, dass du das so siehst.«

? ***Es erschreckt mich immer mehr, wie verschieden wir in unseren sexuellen Vorlieben, Abneigungen und Empfindungen sind. Wie können wir damit umgehen?***

Zwei Menschen sind und bleiben immer sexuelle Individuen mit einem eigenen sexuellen Profil, und erst in zweiter Linie Partner, auch wenn sie sich in Liebe vereinen und vereint bleiben wollen. Persönlich profitieren können Sie von den Unterschieden zwischen einander, wenn Sie Ihre Angst vor der Andersartigkeit, vor dem für Sie Fremden, aushalten, falls Sie damit in Kontakt kommen wollen. Dann können Sie mit dem Partner über unterschiedliche Wünsche und Verhaltensweisen reden, sich vielleicht auch einmal zu etwas inspirieren lassen.
Auch für die Partnerschaft wird es sich als wichtig erweisen, wie Sie mit den Unterschieden in Ihrem sexuellen Begehren umgehen können. Wenn Sie nämlich diese Ungleichheiten aus der Kommunikation ausschließen und nur die Gemeinsamkeiten betonen, so werden sexuelle Wünsche, die sich aus der Differenz beider Partner ergeben, nicht mehr geäußert – und schließlich aus Rücksichtnahme nicht mehr gewünscht. Sie können später im erotischen Kontext lähmende Wirkungen entfalten, und so auch zur Lustlosigkeit eines Paares führen.
Dagegen hilft vor allem eine bewusste, gute Kommunikation: Diese entsteht, indem jeder von sich selbst spricht – und dem anderen zuhört (siehe Kasten Seite 34 f.). Dabei wird ein innerer Klärungsprozess eingeleitet: Jeder nimmt sich selbst besser wahr und entdeckt nach und nach seine eigenen, wirklichen Bedürfnisse – gleichzeitig erfährt dadurch auch jeder die wesentlichen Wünsche des anderen. So kommt es zu einem Konflikt, das heißt: Die Unterschiedlichkeit der Partner wird sichtbar. Die Differenz, der Konflikt, muss nun ruhig getragen, also ausgehalten werden, ohne dass man sofort versucht, ihn wegzureden.

Beide streben so gemeinsam einen lebendigen Kompromiss an: Es geht darum, zusammen eine Vielfalt an Lösungsmöglichkeiten zu finden, ohne auf Biegen und Brechen gleich eine Entscheidung zu fällen, das heißt, einen »faulen Kompromiss« zu erzielen.
Es gilt die Gleichwertigkeit eigener Bedürfnisse und der des Partners zu beachten. Beide Seiten sollen zu gleichen Teilen verwirklicht werden. Dann geht es um die gemeinsame Verwirklichung der gleichgewichteten Wünsche.

? *Meine Freundin will viel kuscheln. Passiert das nicht, verweigert sie den Sex. Ich möchte oft lieber mal nur einen Quickie. Bin ich mit der falschen Frau zusammen?*

Menschen sind unterschiedlich in ihren Wünschen, und die Bedürfnisse Ihrer Freundin und Ihre eigenen kommen nun in Ihrer Paarbeziehung zusammen. Ihre Beziehung wird nur Bestand haben, wenn Sie es schaffen, Ihrer beider Bedürfnisse zu befriedigen und wenn Sie voneinander lernen können. »Erotische Zwiegespräche« (siehe Seite 39) können Ihnen beiden helfen, das Gespräch über sinnliche Themen (Erfahrungen, Bedürfnisse, Erwartungen) in Fluss zu bringen. Sie regen an zu experimentieren (Ihrer beider Bedürfnisse auch auszuprobieren) und bringen generell mehr Lust auf Sexualität in die Paarbeziehung. Vielleicht ist Ihnen beiden damit gedient.

? *Normalerweise kann ich in Beziehung und Beruf sehr gut für mich eintreten, nur das Äußern sexueller Bedürfnisse fällt mir schwer. Wie könnte ich vorgehen?*

Am Anfang einer Beziehung kann im Überschwang der leidenschaftlichen Gefühle zueinander der Eindruck entstehen, man müsse sich eigentlich gar nicht mitteilen, weil

der andere einen wortlos versteht. Auch wenn Sie anfangs auf Wolken schweben: Versuchen Sie trotzdem gleich zu Beginn, eine gemeinsame »Gesprächskultur« (siehe Seite 34 f.) zu entwickeln, um sie auch in späteren Zeiten beizubehalten und zu pflegen.
Sie werden merken, wie sehr sich Ihre Beziehung dadurch festigt und intensiver wird. Auch das Reden über sexuelle Empfindungen und Bedürfnisse fällt leichter, weil mit Hilfe dieser Gesprächskultur die Basis für ein nichtwertendes, einander annehmendes Gespräch bereits gelegt wurde. Im Kasten auf Seite 39 finden Sie einige Tipps und Regeln, wie Sie sich Ihrem Partner in der konkreten Situation mitteilen können.

? ***Mein jetziger Partner vergleicht mich im Streit mit seiner Ex-Freundin. Ich liebe ihn noch, bin aber völlig verunsichert und frustriert. Ich trau mir sexuell mit ihm nichts mehr zu.***

Schweigend zu leiden, ist in Beziehungen immer fatal: Nur wer die Augen öffnet, ist auch in der Lage, die Verhältnisse in der Beziehung günstig zu verändern. Viele Paare lassen die Dinge einfach liegen und geben einer resignierten Passivität nach. Das ist der sichere Weg in die lebenslängliche Unzufriedenheit zu zweit. Wenn Sie also etwas stört oder verletzt: Gehen Sie es an.
Dazu müssen Sie die Initiative ergreifen: Falsch wäre es, mit stillem Vorwurf auf einen ersten Schritt vom anderen zu warten. Manchmal bemerkt der andere so gar nicht, was Sie stört. Fordern Sie Ihren Partner auf, mit Ihnen über das zu sprechen, was Sie belastet und bedrückt. Am besten in einem partnerschaftlichen Gespräch (siehe Kasten Seite 34 f.). Sollte Ihnen das allein nicht gelingen, können Sie sich auch an Partnerberatungsstellen wenden (Adressen siehe Seite 245 ff.).

Sexuelle Wünsche und Bedürfnisse mitteilen – aber wie?

Der Psychotherapeut und Autor Michael Lukas Moeller schlägt »erotische Zwiegespräche« vor. Dabei geht es um das erotische Erleben in der Paarbeziehung: Jeder spricht über die eigenen Liebeserfahrungen und befreit sich nach und nach von der gewohnten Scheu, über seine wirklichen sexuellen Bedürfnisse, seine Lüste und Ängste zu sprechen.

Dadurch lernt jeder seine eigenen erotischen Bedürfnisse überhaupt erst kennen, und gestaltet sie bereits, indem sie angesprochen werden.

Ebenso lernt man das oft unbekannte Land des erotischen Verlangens seines Partners kennen. Jetzt liegen beide Wunschfelder offen und die Unterschiedlichkeit wird richtig sichtbar.

Dieses Spannungsfeld unterschiedlichen Verlangens muss ausgehalten werden, ohne sich sofort Abhilfe zu schaffen (etwa sich eine neue Stellung auszudenken) oder den Teppich der Leidenschaft resigniert einzufalten – und das gemeinsame Ausprobieren aufzugeben. Es geht sozusagen um das »Entdecken der Vielfalt der Liebe im eigenen Haus«. Das heißt vor allem, sich auf die Wünsche des anderen im Gespräch einzulassen und die Bereitschaft zu zeigen, Unbekanntes auszuprobieren).

Es kommt die Selbstrelativierung der eigenen erotischen Welt in Gang. Offenere Fantasien und Wünsche zeichnen sich ab.

Sie als Paar kommen in die Lage, auch im Liebesbereich einen lebendigen Kompromiss zu finden, der nicht klammheimlich eine Seite unterschlägt und bestimmte Lüste nicht zum Zug kommen lässt. So finden Sie zu einer Liebesbeziehung, die für beide lustvoll ist.

? *Ich bin zum ersten Mal mit einem Mann zusammen, mit dem ich mir auch vorstellen kann, ein Kind zu bekommen. Was sollte ich alles bedenken?*

Auf jeden Fall sollten Sie Ihren Wunsch mit dem Partner besprechen, bevor Sie beginnen, ihn in die Tat umzusetzen. Vor so wichtigen gemeinsamen Entscheidungen ist es gut, dass jeder Partner erst einmal in sich geht und einige wichtige Fragen beantwortet: Wie steht es mit meinem eigenen Kinderwunsch? Was spricht dafür und was dagegen? Bin ich vielleicht doch noch ambivalent? Welche Mindestvoraussetzungen halte ich für wichtig, um ein Kind zu bekommen? Kinder benötigen einen Schon- und Förderraum: Was kann ich dazu beitragen? Was erwarte ich von meinem Partner? So vorbereitet, können Sie mit Ihrem Partner all die »Für« und »Wider« miteinander besprechen und zu einem gemeinsamen Entschluss kommen.

? *Unsere Ehe läuft so dahin. Kann ein gemeinsames Kind ihr wieder Auftrieb geben?*

Es gibt viele Gründe, sich ein Kind zu wünschen. Manche sind einem nicht unbedingt bewusst. Alle Gründe müssen sorgfältig abgewogen und mit dem Partner besprochen werden. Ein Kind zu zeugen, als Versuch, Ihre gefährdete Beziehung zu stabilisieren, schiebt die Problemlösung nur auf und belastet womöglich lebenslang Ihr Kind mit der Aufgabe, die Beziehung der Eltern aufrechtzuerhalten. Die Beratungspraxis zeigt: Das geht selten gut. Denn ein Kind zu bekommen, ist für eine Beziehung eine schöne Bestätigung – aber auch eine große Herausforderung. Statt die Problemlösung an das noch ungeborene Kind zu delegieren, wäre es besser vor der Verwirklichung des Kindeswunsches an der Krise in Ihrer Beziehung zu arbeiten, zu klären, was Sie so unzufrieden macht – und für diese Probleme eine Lösung zu finden.

? *Unsere Beziehung und die gemeinsame Sexualität leiden inzwischen unter der »Arbeit« an unserem Kinderwunsch. Meine Frau denkt an nichts anderes mehr.*

Wenn Paare sich sehnsüchtig ein Kind wünschen, spielen viele bewusste wie unbewusste Vorstellungen eine Rolle. Viele hoffen auf die Reproduktionsmedizin. Und in dem unbedingten Wunsch nach einem Kind sind sie dann oft zu fast allem bereit – vor allem die Frauen.
Das wirkt sich natürlich auf das gemeinsame Leben und die Sexualität aus. Wo vorher Lust, Leidenschaft und Hingabe an den Partner im Mittelpunkt standen, ist es nun die Hingabe an die gemeinsame Aufgabe, die bald statt Lust immer mehr Frust erzeugt, je länger die Bemühungen andauern. Spätestens dann, wenn die Frau jeden Monat weint, weil die Periode kommt, ist die persönliche Krise da. Wenn Ihre Beziehung derart belastet ist, könnte Ihnen eine psychologische Beratung (Seite 67 ff.) helfen, Ihren unerfüllten Kinderwunsch mit all seinen Aspekten noch einmal zu überprüfen, um wieder Entspannung in Ihre Beziehung und das Sexualleben zu bringen.

Beziehung und Sex in der Schwangerschaft

? *Wir haben uns beide über das positive Ergebnis des Schwangerschaftstests gefreut. Aber kann Sex dem Kind schaden?*

Das ist eine Sorge aller werdenden Mütter. Manchmal haben auch Väter Angst, dass sie mit ihrem stoßenden Penis das Ungeborene unangenehm treffen könnten. Diese Angst ist völlig unbegründet. Um Ihren Ängsten jedoch besser begegnen zu können, holen Sie sich ruhig zu allen Fragen professionellen Rat bei Ihrer Gynäkologin oder Ihrem Gynäkologen.

? *Welcher Stellung sollten wir während der Schwangerschaft den Vorzug geben?*

Eigentlich können Sie alles tun, was Ihnen Spaß macht und was Ihre körperliche Beweglichkeit zulässt. Wie Sie in jedem guten Ratgeber nachlesen können, liegt das Kind gut geschützt im Fruchtwasser und in der Fruchtblase. So lange der Gebärmutterhals noch fest verschlossen ist (das erfahren Sie von Ihrem Arzt oder Ihrer Ärztin bei den Vorsorgeuntersuchungen), Sie während des Geschlechtsverkehrs keine Schmerzen haben, kein Fruchtwasser verlieren und keine Blutungen auftreten, gibt es keinen Grund, warum Sie Ihr Liebesleben nicht wie bisher fortsetzen sollten.

? *Beeinträchtigt mein Orgasmus das Kind?*

In der Schwangerschaft kann Ihre Libido so richtig angekurbelt werden. Manche Frauen berichten, dass sie sogar leichter zum Orgasmus kommen als vorher. Das kommt daher, weil der gesamte Beckenbereich jetzt stärker durchblutet wird, der weibliche Schwellkörper praller, größer und empfänglicher für Reize ist. Die Scheide fühlt sich wärmer an und reagiert sensibler auf Berührung.
Die Kontraktionen der Gebärmutter beim Orgasmus sind spätestens nach ein paar Minuten vorbei, und das Ungeborene wird dadurch nicht gestört.

? *Kann Sex vorzeitige Wehen auslösen?*

Auch diese Angst ist häufig unbegründet, es sei denn, die Gebärmutter ist sowieso schon wehenbereit. Das ist in der Regel vor der Geburt der Fall. Ansonsten kann dies bei einem verkürzten Gebärmutterhals vorkommen und bei Frühgeburtsbestrebungen. Diese Probleme sollten Sie mit Ihrem Arzt oder Ihrer Ärztin besprechen.

? *Meine Frau hat überhaupt keine Lust mehr auf Sex, seit sie weiß, dass sie schwanger ist. Bleibt das so?*

Auch eine gewisse Lustlosigkeit ist während der ersten Wochen einer Schwangerschaft ganz normal. Durch die Hormonumstellung kommt es zu Übelkeit, die Brüste sind sehr berührungsempfindlich, die Frau ist häufig müde – all das lässt die Lust vorübergehend schwinden.
Das muss aber keinesfalls so bleiben. Sprechen Sie mit Ihrer Partnerin darüber. Ihr Verständnis und Ihre Unterstützung werden ihr helfen, diese Zeit zu überstehen. Die Libido kann schon im weiteren Verlauf der Schwangerschaft wieder einen ungeheuren Auftrieb bekommen.

? *Mein Partner lässt mich links liegen, seit ich schwanger bin. Was soll ich tun?*

Sprechen Sie mit Ihrem Partner darüber. Lassen Sie ihn an Ihren Veränderungen teilhaben, damit das Kinderkriegen zu einer gemeinsamen Sache werden kann, und die Beziehung, auch die sexuelle, dabei nicht auf der Strecke bleibt. Versuchen Sie auch im Gespräch gemeinsam zu ergründen, was es für Sie bedeutet, Mutter zu werden, Vater zu werden. Was heißt es für Sie beide, wenn ein »Dritter« dazukommt? Bin ich dann eifersüchtig? Fühle ich mich vielleicht vom Partner vernachlässigt?
Wichtig ist es, sich bewusst zu machen, Sie bleiben beide trotzdem ein Paar, das sich mag und zärtlich zueinander ist. Das eine muss das andere nicht ausschließen, braucht aber ganz individuelle Lösungen, wenn es soweit ist (siehe Tipps auf den folgenden Seiten).

? *Auf welche ganz »normalen« sexuellen Schwierigkeiten müssen wir uns nach der Geburt unseres Kindes einstellen?*

Fachleute sind sich einig: Die Zeit nach der Geburt des Kindes ist keine Hoch-Zeit des Liebespaares, sondern eine Zeit der tiefen, fürsorglichen Liebe für das Kind. Es bleibt wenig Zeit für das Paar, und nichts geht mehr spontan. Einstellen müssen Sie sich auch darauf, dass es zum sexuellen Rückzug des Partners kommen kann. Vor allem ist es bei den Frauen so, die nun ihre ganze Energie (sinnvollerweise) auf die aktuelle Hauptaufgabe – die Versorgung des Kindes – richten.
Eine begrenzte sexuelle Lustlosigkeit der Frau im ersten Jahr nach der Geburt des Kindes ist deshalb durchaus normal und eine verständliche Reaktion von Körper und Seele.

? *Unser Baby ist da – und eigentlich sollten wir gerade jetzt viel miteinander reden: Aber wie und wann?*

Es geht vielen Paaren so wie Ihnen. Alles verläuft jetzt hektisch. Es dreht sich permanent um Ihr Kind und um die Organisation des Alltagslebens, und wenig um persönliche Dinge wie Nähe, Zärtlichkeit und Intimität. Paartherapeuten empfehlen, eine Stunde pro Woche fest für Gespräche miteinander einzuplanen. So können Sie Ihrem Willen Ausdruck verleihen, der Liebes- und Paarbeziehung Raum und Zeit zu gönnen (siehe Kasten rechts).
In dieser Stunde darf es dann nicht um die Alltagsplanung gehen, sondern um gegenseitige Zuwendung, damit Sie den Kontakt zueinander nicht verlieren. Es geht darum, wo der andere gerade steht, was ihn bewegt, was er befürchtet und was seine Ziele und Bedürfnisse sind.

Eine Stunde miteinander reden

Bleiben Sie im Gespräch – gerade auch als junge Eltern! Nehmen Sie sich einmal pro Woche eine Stunde Zeit zum Reden.

- Stellen Sie Ihrem Partner/Ihrer Partnerin eine »offene« Frage, etwa: Wie geht es dir? Wie fühlst du dich?
- Achten Sie darauf, dass Sie die Zeit und Aufmerksamkeit haben, der Antwort Ihres Gegenübers zuzuhören. Hören Sie einfach zu. Fragen Sie nach und versuchen Sie zu verstehen. Wenn Sie dabei etwas darüber erfahren haben, wie es Ihrer Partnerin/Ihrem Partner geht, war es eine gute halbe Stunde!
- Wenn dann Sie an der Reihe sind, von sich zu erzählen, nutzen Sie das Interesse und die Aufmerksamkeit Ihrer Partnerin oder Ihres Partners, um wirklich von sich zu erzählen, indem Sie ganz bei sich bleiben. Dazu sprechen Sie am besten in der Ich-Form (»Ich freue mich, ich ärgere mich, es belastet mich ...«). Vermeiden Sie das beschuldigende »du« (also nicht: »weil Du immer so schlampig bist ...«), ebenso jede Form von Entwertung.
- Seien Sie möglichst großzügig und offen mit Ihren Gefühlen, und sehr sparsam mit Vorwürfen.

? *Wir haben seit der Geburt unseres Babys die größte Krise unseres Lebens. Mein Mann sagt, er wollte das alles so nicht.*

Das Leben mit einem Säugling wird von Eltern gern als Ausnahmesituation beschrieben, in der viel geregelt werden muss. Deshalb gibt es auch so manchen guten Grund, um zu streiten. Diese Situation lässt offensichtlich Ihren Mann verzweifeln – so hat er sich sein Leben nicht vorgestellt!

Wichtig ist in Ihrer aktuellen Lage, dass Sie keine abschließenden Urteile über Ihre Liebesbeziehung fällen. Sie brauchen wieder etwas gemeinsame Zeit, um sich als Paar nicht zu verlieren. Etwa ab dem 3. oder 4. Monat des Babys ist es für die meisten Paare wieder möglich, einmal in der Woche auszugehen. Vielleicht findet sich eine Freundin oder ein Babysitter, der ab und an auf das Baby aufpasst, so dass Sie auch Zeit füreinander haben.

? *Seit der Geburt unserer Tochter weint meine Frau nur noch. Wie kann ich ihr helfen?*

Schwangerschaft und Geburt sind intensive und auch belastende Erfahrungen. Der Körper Ihrer Frau ist einem einzigartigen Veränderungsprozess unterworfen und auch die Seele arbeitet auf Hochtouren. Die körperliche Ablösung vom Kind muss auch gefühlsmäßig verarbeitet werden und provoziert innere Konflikte. Man spricht vom »Baby-Blues«, wenn Frauen nach der Geburt von depressiven Stimmungen heimgesucht werden.
Ihre Frau benötigt jetzt sehr viel Zuwendung, Verständnis und Unterstützung. Sollten sich ihre depressiven Stimmungen in eine postnatale Depression hinein entwickeln, benötigt Ihre Frau fachärztliche und psychotherapeutische Hilfe (siehe Seite 67 ff.).

? *Ich stille unser Kind sehr gern. Müssen wir in den Monaten der Stillzeit verhüten?*

Stillen allein schützt nur unter bestimmten Voraussetzungen vor einer erneuten Schwangerschaft. Wenn Frauen ihr Baby in sehr kurzen Abständen voll stillen, ist ein hoher Empfängnisschutz gegeben. Allerdings sind die Bedingungen, unter denen man einen Empfängnisschutz erreicht, sehr komplex: Das Baby wird rund um die Uhr gestillt,

mindestens sechsmal innerhalb von 24 Stunden und mindestens täglich 80 Minuten lang, die Pausen zwischen den Stillmahlzeiten dürfen nicht länger als 4 Stunden sein. Außerdem wird nicht zugefüttert und die junge Mutter darf noch keine Monatsblutung haben (der Wochenfluss zählt nicht).
Der Schutz unter diesen Bedingungen entsteht, weil bei jedem Stillen das milchgebende Hormon Prolaktin ausgeschüttet wird, das die Eierstockaktivität bremst.
Aber schon durch längere Stillpausen (bereits ab 4 Stunden!) oder Zufüttern sinkt der Empfängnisschutz. Er reicht zur Verhütung nicht aus. Sie müssen zusätzlich Verhütungsmittel benutzen.

? *Was ist bei der Verhütung nach der Geburt zu beachten?*

Ihnen stehen während dieser Zeit mehrere Möglichkeiten zur Verfügung. Kondom und Diaphragma eignen sich in der Stillzeit besonders gut, weil sie keine negativen Wirkungen auf die Milchproduktion und auf den Säugling haben. Das Diaphragma muss jedoch von Ihrer Ärztin oder Ihrem Arzt neu angepasst werden, weil das alte, das Sie vor der Schwangerschaft benutzt haben, wahrscheinlich nicht mehr passen wird. Durch die nötige Rückbildung der Gebärmutter nach der Entbindung kann ein neues Diaphragma erst etwa drei Monate nach der Geburt angepasst werden. Spiralen – auch Hormonspiralen – und bestimmte Pillenpräparate (mit Östrogen) sind in dieser Zeit nicht zur Verhütung geeignet (siehe auch nächste Frage).
Am besten beraten Sie sich mit Ihrer Frauenärztin oder Ihrem Frauenarzt über die Vor- und Nachteile der einzelnen Verhütungsmethoden, um für sich nach der Geburt und während der Stillzeit die passende zu finden.

? *Beeinträchtigen Hormone mein Kind?*

Durch die Hormone kann die Menge und die Zusammensetzung der Muttermilch verändert werden. Deshalb gilt für die Verhütung während der Stillzeit: Die Kombinationspille gilt als ungeeignet, weil die darin enthaltenen Östrogene die Milchmenge reduzieren können und Ihr Baby mit der Muttermilch zu viel Hormone aufnehmen kann. Die Minipille (enthält das Hormon Gestagen) darf genommen werden, ebenso Spiralen (Anpassung frühestens 6 bis 8 Wochen nach der Geburt), während Sie auf Vaginalringe und Verhütungspflaster verzichten sollten.

? *Für mich als Mann ist es unerklärlich, warum ich nach der Geburt unseres Kindes mein Interesse an Sex verloren habe.*

Die sexuelle Lustlosigkeit in Zeiten großer Belastung betrifft nicht nur Frauen. Für alle Menschen gilt: In Zeiten beruflichen oder schöpferischen Stresses führt die Sexualität ein Schattendasein, denn die Energie wird auf die jeweilige Hauptaufgabe konzentriert. Das kann auch nach der Geburt Ihres Kindes von Ihnen so erlebt werden. Manche Männer geraten durch die neuen Anforderungen, eine Familie ernähren zu müssen, so unter Druck, dass sie vorübergehend keine Lust auf Sex haben. Das ist völlig normal und ändert sich in der Regel nach einiger Zeit wieder.

? *Unsere bisher gewohnte Sexualität hat durch die Geburt eine Irritation erfahren. Wie können wir wieder zurückfinden?*

Mit Ihrem Baby ist so vieles in Ihrem Leben in Bewegung geraten und muss eine neue Form finden. Warum nicht auch die Sexualität? Bereits vor dem Kind blieben so manche Wünsche offen, die oft nicht mal gedacht, geschweige

denn gesagt und so auch nicht erfüllt wurden. Nutzen Sie die Chance sich in gemeinsamen Gesprächen neu zu orientieren und einander mitzuteilen (siehe Seite 39).
Sie können jetzt die Weichen neu stellen. Lernen Sie, die Wünsche des anderen zu hören und zu respektieren. Stehen Sie selbst zu dem, was Sie wirklich zur Zeit fühlen und möchten. Teilen Sie es Ihrem Partner mit. Auf diese Art kann Ihre gemeinsame Sexualität sogar vertieft werden.

?

Nach unserem ersten Kind bin ich noch etwas unsicher, was mir körperlich gut tut. Wie könnten wir unsere Sexualität vorsichtig wieder aufbauen?

Vielleicht schmerzt eine Kaiserschnitt- oder Dammschnittnarbe noch. Die Geburtswege sind gereizt und empfindlich. Daher ist es sehr verständlich, wenn Sie noch etwas ängstlich und vorsichtig sind. Überfordern Sie sich nicht, bedenken Sie aber, dass Sexualität mehr ist als Geschlechtsverkehr. Sie ist auch Streicheln, Kuscheln, Küssen und das Genießen körperlicher Nähe zueinander. Fangen Sie also behutsam wieder an – und gehen Sie immer nur so weit, wie es für Sie schön ist.

TIPP

Die Romantik wieder entdecken

In der Zeit nach der Geburt lassen sich sehr gut die erotischen Vorstufen der Sexualität leben und kultivieren: Essen, Tanzen, Gespräche, Zeit miteinander. Damit sichern Sie dem Partner seinen Platz neben dem Kind.
Eltern tut auch all das gut, was sie dem Kind an sinnlichem Vergnügen gönnen: Also darf es nach der Babymassage noch eine Partnermassage geben – und im Schaumbad dürfen auch mal Mama und Papa liegen und nicht nur das Kind.

? ***Seit der Geburt unseres Kindes kümmern wir uns beide fast nur noch um das Baby. Gefährdet das auf Dauer unsere Ehe?***

Wir Menschen müssen lebenslang immer wieder neu ein Gleichgewicht finden zwischen zwei grundlegenden Bestrebungen: der nach Bindung und der nach persönlicher Entwicklung. Das Bedürfnis nach sicherer Bindung drückt sich in dem Wunsch aus, emotionale Sicherheit und Geborgenheit in Beziehungen zu finden. Das Streben nach Entwicklung zeigt sich darin, dass wir die Welt entdecken, spielen, lernen, arbeiten, reisen wollen – und auch Lust auf sexuelle Erlebnisse haben.
Das Ausleben dieser beiden Bedürfnisse ist nie konfliktfrei. Abhängig von Alter, Geschlecht und Lebensphase kann es durchaus angemessen sein für einen kürzeren oder längeren Zeitraum den Erhalt und die Pflege von Bindungen in den Vordergrund zu rücken und die eigenen Neigungen wie auch die sexuelle Lust zurückzustellen – eben so, wie Sie beide es jetzt als junge Eltern mit Ihrem Baby leben. Wichtig ist aber, dass Sie hellhörig sind, wenn sich die »Gegenseite« wieder meldet – und dieser dann wieder ihren Platz einräumen.

? ***Unser gemeinsamer Alltag ist seit der Geburt unseres Kindes schon in Ordnung, aber im Bett läuft gar nichts mehr.***

Die Geburt des ersten Kindes verändert die gesamte Lebenssituation – vor allem der Frau. An diesem lebensverändernden Schnittpunkt können besondere Verunsicherungen und Ängste auftreten, die sich dann auch auf die Sexualität auswirken.
Bleibt die Frau berufstätig, muss sie damit rechnen, dass sich ihr Zuständigkeitsbereich schleichend in Richtung Dreifachbelastung – Beruf, Hausfrau und Mutter – ver-

schiebt. Gibt sie ihren Beruf auf, verliert sie eine Quelle der Bestätigung und Selbstsicherheit.
Als besonders beeinträchtigend wird von den meisten Paaren erlebt, dass Sexualität nicht mehr spontan möglich ist, sondern stets das Kind im Vordergrund steht. Am besten kommen junge Eltern damit zurecht, wenn sie die Familie, als gemeinsames Projekt betrachten, so dass all die Lasten auch aufgeteilt werden können und die junge Mutter mit der emotionalen Unterstützung des Vaters rechnen kann. Wichtig ist jetzt auch, trotz Zeitmangels, Ihre partnerschaftlichen Zwiegespräche (Seite 34 f.) wieder anzukurbeln, um das aus dem Weg zu räumen, was einer gemeinsamen Sexualität im Wege steht.

? *Mit unserer Sexualität wird es, ein Jahr nachdem das Kind da ist, immer schlimmer. Was kann die Ursache sein?*

Schwangerschaft, Geburt des Kindes und das erste Lebensjahr sind stressige Zeiten in jeder Beziehung und wirken sich auch auf die Sexualität eines Paares aus. Sollte die sexuelle Lust auch nach einer längeren Pause nicht wiederkehren, ist es an der Zeit, sich ganz ehrlich zu fragen, welche Vorteile Ihnen das Ausklammern der Sexualität bringt: Verschafft mir die sexuelle Lustlosigkeit den Freiraum, den ich brauche, um all das Neue seelisch zu verarbeiten? Bezieht sich die Lustlosigkeit auf meinen Partner/meine Partnerin? Verschafft sie mir den gewünschten Abstand? Hatte ich vorher ohnehin nur wenig Spaß an Sexualität – und bin jetzt frei von einer ungeliebten Pflicht? Hat sich mit der Erfüllung des Kinderwunsches für mich im Grunde die Sexualität »erledigt«?
Falls es über längere Zeit in Ihrer Partnerschaft zu sexuellen Problemen kommt, können Sie sich an Beratungsstellen wenden, wo man Ihnen in Einzel- und Paarberatung helfen kann (Seite 67 ff.).

? *Wenn mein Mann mich umarmt, drängt sich unser 4-jähriger Sohn dazwischen und will mich drücken. Sollten wir Zärtlichkeiten vor dem Kind unterlassen, um es nicht eifersüchtig zu machen?*

Das würde ich nicht tun. Kinder sollen ruhig merken, dass Mama und Papa ein Paar sind und eine spezielle Beziehung zu einander haben, die anders ist als die zwischen Eltern und Kind. Aus dieser Beziehung sind sie auch ab und an einmal ausgeschlossen, etwa dann, wenn die Eltern ihr Schlafzimmer für sich allein beanspruchen. Dann dürfen die Kinder einmal nicht zum Kuscheln kommen. Kinder sollten auch erleben, dass die Eltern miteinander ausgehen und etwas nur für sich als Paar tun.
Natürlich lassen Sie Ihre Kinder nicht an Ihren sexuellen Intimitäten teilhaben, aber trotzdem werden die Kinder an vielen Gesten zwischen Mama und Papa, zärtlichen Worten, Berührungen, Streicheln, merken, dass Mama und Papa auch ein sexuelles Paar sind. Später werden sie immer mehr davon verstehen. Und das ist gut so, weil Kinder dann eine Ahnung davon bekommen, was es heißt als Paar Sexualität zu leben.

? *Wir hatten bisher als Familie einen freizügigen Umgang miteinander: So durfte jeder ins Bad, während der andere nackt dastand. Jetzt will unsere heranwachsende Tochter das alles nicht mehr und sperrt sich ein.*

Kleine Kinder finden es in der Regel noch interessant, Mama und Papa nackt zu sehen und sich mit ihnen zu vergleichen. Dadurch, aber natürlich auch durch den Umgang von Mama und Papa mit dem Kind, wächst die Gewissheit: Ich bin so wie Papa und werde später ein

Mann. Und das Mädchen denkt sich: Ich bin wie Mama und werde später eine Frau.
Aber im Laufe der Entwicklung entwickelt sich auch die Scham. Das kleine Mädchen mag sich dann nicht mehr nackt zeigen, sondern sich »bedeckt halten«. Die Heranwachsende muss sich auch von der Mutter und den Eltern differenzieren und ihren eigenen Weg finden, sich als junge Frau zu entwickeln. Sie als Eltern sollten die Intimitätsgrenzen der heranwachsenden Tochter und ihr Bemühen um Differenzierung respektieren, um die Entwicklung Ihrer Tochter nicht zu stören. Das gilt natürlich ebenso für Jungen, die auch mit der Zeit ihre persönlichen Grenzen setzen.

Sex in langjährigen Beziehungen

? *Wir arbeiten als Ehepaar auch beruflich seit vielen Jahren zusammen und sind ein super Team. Aber Liebe: Ich weiß nicht, ob die zwischen uns noch existiert.*

Ihnen geht es so wie vielen anderen modernen Paaren: Unter dem Druck aller Erledigungen und der chronischen Ängste um die eigene Existenz haben Sie sich als Liebespaar verloren. Ihre Partnerschaft ist zu einer Beziehung geworden, in der Liebe nicht mehr für den Zusammenhalt nötig ist. Um der drohenden Leere in Ihrer Beziehung zu entkommen, müssen Sie es zuerst wieder schaffen, mehr miteinander zu sprechen, und zwar über Ihre Gefühle, Sehnsüchte und Bedürfnisse. Planen Sie Zeit ein, in der Sie über alles sprechen, nur nicht über die Arbeit!
So können Sie Ihre Partnerschaft wieder als lebendiger empfinden. Das könnte eine qualitative Wende in Ihrer Beziehung bedeuten, die eine Entwicklungsdynamik in Gang setzt – hin zu mehr Lebendigkeit, Vitalität und letztendlich auch wieder zu erotischen Gefühlen.

? *Wir haben uns im Laufe der Jahre sehr viel Freiheit voneinander eingeräumt. Der negative Effekt: Sind wir doch mal zusammen, sitzen wir vor dem Fernseher und haben uns nichts zu sagen.*

Die heute häufig auftretende Paarproblematik der Unverbindlichkeit in länger dauernden Beziehungen, die Sie beschreiben, ist zu einem großen Teil von den modernen Lebensverhältnissen mitbedingt.
Leistung geht in unserer Kultur eindeutig vor Lebendigkeit. Massenmedien wie Fernseher und Computer tragen zur »Sprachlosigkeit« in der Paarbeziehung bei. Auch die Freizeit belebt die Gesprächskultur nicht mehr, weil sie oft zur Selbstverwirklichung genutzt wird, so dass sich die Paare hier ebenso aus den Augen verlieren.
Es hilft, sich dieser Entwicklungen bewusst zu werden und sich mittels der »Zwiegespräche« (siehe Kasten auf Seite 34f.) gegen diesen Trend zu stellen, so dass es in der Paarbeziehung wieder intensive erotische und innige Momente geben kann.

? *In unserer langjährigen Beziehung fehlen mir Lust und Erotik. Ansonsten verstehen wir uns sehr gut. Sollte ich einen anderen Partner suchen?*

Mit dieser Entwicklung geht es Ihnen wie vielen anderen Paaren, wie zunehmende Klagen über sexuelle Lustlosigkeit belegen. Aber die sexuelle Lust ist, wie ein bekannter Sexualtherapeut einmal meinte, »wenn man sie lässt, eine Vagabundin, die manchmal Heimweh nach einem festen Wohnsitz hat – und eine Sesshafte, die manchmal vom Fernweh geplagt ist«.
Das heißt: Lust kommt und geht und sucht sich ihren Platz. Nur wer auch einmal Lustlosigkeit zulassen kann,

kann sich über die Lust, die sich dann plötzlich wieder einstellt, freuen. Das alles ist normal, und durch einen Partnerwechsel nicht zu beheben – in einer neuen Beziehung hätten Sie das gleiche Problem bald wieder –, sondern eher durch ein partnerschaftliches Gespräch, indem Sie gemeinsam nach den Ursachen der Lustlosigkeit suchen. Es hilft auch, Neues gemeinsam auszuprobieren: Ein Tantrakurs, gegenseitige Massagen, zusammen etwas Neues lernen – all das kann Ihre Beziehung auch erotisch neu beleben!

? ***Wir haben inzwischen eine recht routinierte Alltagssexualität. Mit dem Wunsch nach sexueller Selbstverwirklichung möchte ich jedoch nicht unsere Beziehung gefährden.***

Das müssen Sie auch nicht. Sexuelle Selbstverwirklichung kann auch in einer Paarbeziehung passieren und meint das Ausmaß, in dem jeder Partner dem anderen gegenüber seine individuellen sexuellen Interessen, sein sexuelles Profil, kommuniziert.
Auf dieser Basis kann man dann miteinander besprechen, welche Wünsche und Ideen man gemeinsam in die Tat umsetzen will. Das ist zwar auch mit emotionalen Risiken verbunden, da die Reaktion des Partners auf die eigenen Wünsche nicht immer vorhersehbar ist. Aber noch größer ist das Risiko für Ihre Paarbeziehung, wenn Sie als Partner gemeinsam keine Perspektive entwickeln, um Ihre verlorene Erotik wieder zu aktivieren. Ein »Stillhalten« bringt zwar erst einmal das Gefühl von Sicherheit. Langfristig kann die erotische Stagnation jedoch ernste Konsequenzen haben: Trennung, Fremdgehen oder innere Kündigung der Beziehung.

? *Ich vermisse sehr, dass Sex bei uns nicht mehr spontan möglich ist wie früher in unserer Beziehung und bin deshalb frustriert. Wie können wir das ändern?*

Der Alltag holt viele Paare ein. Was in jungen Beziehungen und auch ohne Kinder möglich war, lässt sich später oft nicht mehr verwirklichen. In langjährigen Beziehungen melden sich dann auch sexuelle Wünsche nicht mehr so spontan. Erhebt dann auch noch einer der Partner die Spontaneität zum Kriterium, das zum Sex einfach dazugehört, kann es richtig problematisch werden. Sex findet dann überhaupt nicht mehr statt.
Aber der sexuelle Wunsch muss nicht immer der sexuellen Handlung vorausgehen. Auch zeitliche Rituale und Verabredungen können helfen, Sexualität und Erotik in der Partnerschaft lebendig zu erhalten (siehe auch Kasten Seite 58). Warum zum Beispiel nicht immer Sonntagfrüh, wenn beide Partner ausgeschlafen und entspannt sind?

? *Wir waren 15 Jahre lang ein Vorzeigepaar: Wir stritten nie, unternahmen alles gemeinsam. Nun bin ich bestürzt, denn plötzlich wünscht sich mein Partner eigene Hobbys und Freizeit ohne mich!*

Wenn Partner emotional zu stark miteinander verschmolzen sind, vermeiden sie aus Angst und Unsicherheit jeden Streit, jegliche Differenz zueinander. Trotzdem meldet sich irgendwann umso vehementer die andere Seite – eben der Wunsch nach Abgrenzung und Selbstverwirklichung. Und gerade deshalb gerät nun Ihre Beziehung in eine besonders tiefe und existenzielle Krise, die es durchzustehen gilt, notfalls mit beraterischer oder auch therapeutischer Hilfe. Denn nur in einer Krise besteht die Chance zur Weiterentwicklung. Sie sollten sich fragen: Was muss denn bei mir und in der Partnerschaft wachsen und sich entwickeln, wenn die Beziehung überleben soll? Ohne Veränderung kann auf Dauer keine Beziehung bestehen. Der Preis des harmonischen Stillstands ist emotionale Verflachung und sexuelle Langeweile. Das Risiko für Ihre Beziehung wäre eine Entfremdung, ja vielleicht gar das Ende der Parnterschaft.

? *Lange waren wir eine gut funktionierende Familie. Jetzt gehen unsere erwachsenen Kinder aus dem Haus. Was geschieht mit uns als Paar?*

In den traditionellen Familien ist die Frau eine gute Mutter, der Mann ein guter Ernährer und freundlicher Vater, und beide gehen höflich miteinander um. Die Paarbeziehung tritt in solch einer Konstellation immer mehr hinter der Familie zurück, bis sie schließlich gar nicht mehr vorhanden ist. Denn beide Partner opfern ihre Autonomiewünsche und ihre Sexualität einem harmonischen Familienleben. Das bietet den Kindern – jedenfalls so lange sie klein sind – ein gutes und stabiles Umfeld. Zum Problem wird diese Lebensform aber spätestens dann, wenn die Kinder aus dem Haus gehen und die Eltern ohne funktionierende Paarbeziehung zurückbleiben.
In dieser Situation erwachen dann häufig die lang und tief verdrängten Autonomieimpulse der Partner, die nun zum Sprengsatz für die Paarbeziehung werden können. Aber es ist nie zu spät, auch aus dieser nun anstehenden Beziehungskrise das beste zu machen und die Paarbeziehung erneut zu etablieren. Eine Möglichkeit ist es, gemeinsam neue Projekte anzugehen, etwa einen Kurs, ein neues Hobby, Reisen oder Sport. Auch die Rückbesinnung auf die ursprüngliche Faszination voneinander, die am Anfang der Beziehung stand, ist hilfreich.

Tipp

Das Feuer neu entfachen

So kommt wieder erotische Spannung in langjährige Beziehungen:

Erotik lässt sich weder erzwingen noch herbeireden, aber sie braucht in langjährigen Beziehungen Einladungen. Statt auf den spontanen Sex zu warten, schaffen Sie sich eine erotische Kultur, etwa in Form von einzelnen Höhepunkten oder als etabliertes Element in der Art einer partnerschaftlichen »Nische«, zum Beispiel regelmäßige Verabredungen zum erotischen Miteinander jeweils an einem Vormittag am Wochenende oder an einem Abend, der exklusiv für die Beziehung reserviert ist.

Auch ein gewisser Mut zum Risiko und die Bereitschaft, sich auf Neues einzulassen, belebt die erotische Beziehung: Machen Sie Ihrem Partner ruhig auch ab und an unerwartete Vorschläge, probieren Sie Ungewohntes miteinander aus!

? *Wir sind als Ehepaar schon in die Jahre gekommen. Immer wenn ich beim Sex oben liege, habe ich danach Rückenbeschwerden. Müssen wir jetzt im Alter auf manche Stellungen verzichten?*

Sexualität bis ins hohe Alter hängt selbstverständlich auch von Ihrer körperlichen Beweglichkeit ab, die Sie sich mit entsprechendem Training, Gymnastik und Sport erhalten können. Wenn Sie merken, dass Ihr Rücken nach bestimmten Bewegungen schmerzt, würde ich Ihnen raten, möglichst rasch eine Rückenschule, geleitet von ausgebildetem Fachpersonal, aufzusuchen, um Ihre Muskulatur zu dehnen und zu stärken, und Sie insgesamt beweglicher zu machen. Auch eine sanfte Art von Yoga kann Sie diesem Ziel näher bringen.

Späte neue Liebe

? *Nach dem Tod meiner Frau habe ich endlich eine neue Partnerin gefunden. Ich habe nicht erwartet, dass ich sexuell solche Schwierigkeiten haben werde.*

Es ist gar nicht ungewöhnlich, dass in einer neuen Beziehung – nach dem Tode des langjährigen Partners – sexuelle Probleme auftreten. Die Ursache können Schuldgefühle gegenüber Ihrer verstorbenen Partnerin sein, von der Sie sich noch nicht ganz gelöst haben. In diesem Fall sollten Sie geduldig mit sich sein und die wieder angestoßene Trauerarbeit zu beenden versuchen.
Manchmal können auch unterschiedliche Erwartungen an die neue Beziehung zu sexuellen Störungen führen – vielleicht wollen Sie zum Beispiel einfach Ihren Lebensabend nicht allein verbringen. Dann muss die wahre Motivation besprochen werden, um sich mit der neuen Partnerin über die Art des partnerschaftlichen Verhältnisses einig zu werden.

? *Mein Mann war in seiner früheren Ehe ein Frauenheld. Als wir uns kennen lernten, bekam er Potenzprobleme. Ich fürchte, ihm nicht zu genügen.*

Die Potenzprobleme können zwei Gründe haben: Einmal wäre es möglich, dass Ihrem Partner eventuell Seitensprünge während seiner vorhergehenden Ehe geholfen haben, seine nachlassende Potenz durch das Setzen immer neuer erotischer Reize zu kaschieren, was ihm jetzt in seiner Beziehung zu Ihnen nicht möglich ist, weil er Sie liebt. Zum anderen können es auch Schuldgefühle sein, falls er zum Beispiel seine frühere Frau wegen Ihnen verlassen hat. Wichtig ist, dass Sie nicht schweigend ausharren: Reden Sie miteinander darüber.

? *In meiner neuen, späten Liebe bin ich sehr glücklich, weil meine Sexualität wieder zum Leben erweckt wurde. Hält das an?*

Liebe ist das beste Aphrodisiakum. Eine neue Beziehung unterscheidet sich von der alten, da sie noch frisch und lebendig ist und das sexuelle Verlangen neu geweckt wurde, während in langjährigen Partnerschaften das Verlangen langsam versiegt, wenn die erotische Beziehung nicht weiterentwickelt wurde. Auch eine »späte« Liebe ist den Entwicklungsphasen einer Beziehung unterworfen, wird sich verändern und bedarf der Pflege durch Gespräche (siehe Seite 34 f. und Seite 39), Mut und Offenheit.

Hoffnung auf ein erfülltes Alter

Ältere Paare haben länger Spaß an der Liebe als junge Liebende – das ergab sich aus einer Online-Studie der Uni Göttingen: 60 300 Personen zwischen 20 und 59 Jahren wurden dafür nach ihrer sexuellen Zufriedenheit befragt. De Antworten ergaben, dass die 50- bis 59-Jährigen die sexuelle Spannung und Zufriedenheit in ihrer Beziehung fast doppelt so lange genießen können wie die 20- bis 29-Jährigen.

? *Seit ich in einer Beziehung mit einer sehr viel jüngeren Partnerin bin, habe ich Erektionsprobleme.*

Hat ein älterer Mann sexuelle Schwierigkeiten in einer neuen Beziehung zu einer wesentlich jüngeren Frau, dann oft aus Angst vor der »jüngeren Konkurrenz«. Das kann eine Art Leistungsdruck verursachen, dieser jüngeren Frau zu genügen. Das führt vielleicht zu der fixen Idee, die Partnerschaft nur erhalten zu können, wenn das Sexualleben für die Frau besonders befriedigend gestaltet wird.

In dieser Situation stellen Sie sich in jeder Begegnung mit der Partnerin unter Erfüllungszwang. Die dadurch auftretenden Leistungsängste können dann Erektionsprobleme verursachen. In diesem Falle hilft es nur, den Leistungsdruck abzubauen. Das gelingt, indem Sie sich auf eine ganzheitliche Liebe mit viel Zärtlichkeit und intensivem Vorspiel rückbesinnen, um von der Fixierung auf die Erektion wegzukommen. Ihre Partnerin wird das sicher sehr genießen.

? *Welche altersbedingten Veränderungen kommen auf uns als Paar zu?*

Sowohl das Sexualverhalten als auch die physiologischen Reaktionen auf sexuelle Stimulation und die Einstellung zur Sexualität verändern sich mit zunehmendem Lebensalter. Männer bemerken das an körperlichen Reaktionen wie der Erektion: Etwa ab dem 50. Lebensjahr wird das Glied erst nach längerer Stimulation steif und ist dann meist auch weniger stark. Der größte Unterschied besteht während der Orgasmusphase. Der jüngere Mann kann die beiden Stufen dieser Phase sehr deutlich unterscheiden: Er spürt sehr differenziert zuerst, dass er kurz vor der Ejakulation ist und dann – deutlich davon zu unterscheiden – wenn sie geschieht. Diese Phasen sind im höheren Lebensalter kaum mehr voneinander zu trennen. Auch das Bedürfnis, einen Samenerguss zu erreichen, lässt nach.
Auch für die Frau ändern sich mit den Jahren die Empfindungen und körperlichen Reaktionen: So wird die Scheide während der Erregungsphase wesentlich später feucht als in jungen Jahren, da sie einfach insgesamt trockener wird. Der Koitus hat für Sie als Paar im höheren Lebensalter längst nicht mehr eine solch zentrale Bedeutung wie in jüngeren Jahren, während Aspekte wie Zärtlichkeit und allgemeine Zufriedenheit sehr viel wichtiger werden. Die Qualität der Partnerschaft, also die Liebe zueinander, wird immer wichtiger.

Seitensprung, Fremdgehen, Betrug

? *Mein Mann hat sich in eine andere Frau verliebt. Ich liebe ihn noch, und auch er will bei mir bleiben. Was sollen wir tun?*

Das ist, besonders für Sie, eine sehr schmerzliche Situation. Ihren Mann plagen vermutlich Schuldgefühle, die auch nicht einfach auszuhalten sind. Dieser Zustand ist aber für alle Beteiligten nicht einfach schnell zu beenden, und das sollten Sie auch nicht. Damit tun Sie sich nichts Gutes, da die Ursachen sonst schnell unter den Teppich gekehrt, aber nicht aufgelöst werden.
Die einzige Chance für die Beziehung besteht darin, die Situation auszuhalten, offen mit ihr umzugehen und miteinander im Gespräch zu bleiben. Dieses Gespräch sollte zum Ziel haben, zu verstehen, wie es zum Fremdgehen kommen konnte. Ein Seitensprung hat immer eine bestimmte Funktion in einer Paarbeziehung, auch wenn sie den Partnern oft nicht bewusst ist. Meist steckt ein unbewusster Wunsch nach Emanzipation dahinter, der nicht anders gelebt werden konnte, und nun anerkannt werden muss. Gelingt es Ihnen, miteinander die Situation in der Paarbeziehung auszuhalten und zu bearbeiten, entwickeln Sie sich persönlich weiter – und ebenso Ihre Beziehung.

? *Mein Mann schlägt eine »offene« Ehe vor, um unser Sexualleben zu beleben. Ich fühle mich verletzt und zurückgewiesen. Wie finden wir wieder eine gemeinsame Basis?*

Ihnen geht es wie vielen anderen Menschen, die dem Modell einer monogamen Liebesehe den Vorzug geben. In dieser wird der Anspruch erhoben, Liebe und Sexualität ausschließlich mit einer Person zu erleben – und in letzter Konsequenz die Beziehung abzubrechen, wenn dies nicht gelingt.

Es fragt sich, warum Ihr Partner etwas ändern möchte, was einmal zwischen Ihnen gepasst hat. Um das zu ergründen, braucht es den Mut für ein offenes Gespräch zwischen Ihnen beiden.

? *Meine Frau ist ziemlich angetan von einem Arbeitskollegen – ich bin sehr eifersüchtig auf ihn. Wie können wir konstruktiv damit umgehen?*

Als eifersüchtiger Partner müssen Sie versuchen, im Gespräch mit Ihrer Frau herauszufinden, was der Rivale hat, was Sie nicht haben. Das ist genau der Punkt, der Sie quält, wenn Sie über diesen Mann nachdenken. Dabei kommt es nicht darauf an, ob diese Bedrohung real ist, sondern auf Ihre eigene Vorstellung.

In einem zweiten Schritt versucht Ihre Frau herauszufinden, was sie an diesem Mann besonders fasziniert. Es gehört auf beiden Seiten sehr viel Mut und Offenheit dazu, miteinander darüber zu reden.

Als dritten Schritt müssen Sie als Paar Ihr gemeinsames Thema oder Problem finden. Denn wenn Ihre Frau so angetan von diesem Mann ist und Sie es als so beängstigend empfinden, gibt es wahrscheinlich einen Punkt, der ein »heißes Eisen« in Ihrer Paarbeziehung darstellt.

Dieses Thema ist oft nicht gleich zu entdecken, weil es unbewusst ist: Aber in Gesprächen miteinander haben Sie die Chance, es nach und nach sichtbar werden zu lassen. So könnte es zum Beispiel sein, dass Ihre Frau diesen Mann als sehr zugänglich erlebt. Und das könnte ein Aspekt sein, der Ihnen beiden miteinander momentan fehlt und im Außen gesucht wird. Wenn Sie das miteinander erkennen können, kann Ihre Eifersucht zu einem Anstoß Ihrer beider Entwicklung werden. Denn Sie können dann bewusst versuchen, das fehlende Element wieder in Ihre Beziehung zu integrieren.

Ist es möglich, eine Dreiecksbeziehung auf Dauer aufrechtzuerhalten?

Durch eine sexuelle Außenbeziehung entsteht in einer Ehe ein massives Ungleichgewicht. Dauerhafte sexuelle Untreue wird in einer ganzheitlich gelebten Liebesbeziehung von der oder dem »Betrogenen« nicht über längere Zeit ertragen und hingenommen.

Auch die oder der Geliebte drängt wahrscheinlich irgendwann auf mehr Verbindlichkeit und will den Status des heimlichen Geliebten in eine feste Beziehung überführen – will also auch eine »Entscheidung«.

Spätestens dann, und wenn die betrogene Ehefrau oder der betrogene Ehemann das Verhältnis entdeckt, wird es ungemütlich. In wissenschaftlichen Studien, die Gründe einer Trennung erfragten, stehen sexuelle Außenbeziehungen als Trennungsgrund an erster Stelle, unabhängig von Geschlecht, Alter und Ehedauer.

Nach langjähriger Ehe habe ich mich leidenschaftlich in einen Mann verliebt, zu dem ich nun ein heimliches Verhältnis habe. Bin ich verrückt, weil ich dafür alles aufgeben würde?

Nach so vielen Jahren routinierter Beziehung bricht eine vitale, frische, intensive Liebe in Ihr Leben ein. Sie kehren an den Anfang zurück. Es ist, als wenn Sie – wieder oder erstmals – Ihre erste Liebe erlebten.

Aber jetzt erleben Sie diesen Anfang mit der Erfahrung und Differenziertheit Ihres Erwachsenenalters, was ungeheuer intensiv wirken kann. Wie kann man das, was mit Ihnen jetzt passiert, auf einer psychologischen Ebene noch verstehen? Vielleicht kommen darin reale Möglichkeiten zum Ausdruck, die Sie in Ihrem Zusammenleben mit Ihrem Mann – ja: vielleicht sogar bisher immer in Ihrem

Leben – ausgeschaltet, unterdrückt oder vermieden haben. Es kann auch sein, dass das, was da als Liebesbeziehung in Ihr Leben einbricht, eine Illusion und Projektion unerfüllter Kindheitswünsche ist. Ich würde an Ihrer Stelle erst einmal nichts überstürzen: Sie sollten die Zeit nutzen, sich über Ihre Gefühle klar zu werden.

? *Ich bin von der Untreue meiner Frau sehr betroffen. Wie kann ich wieder Vertrauen zu ihr fassen?*

Partner schaffen sich in verbindlichen Beziehungen eine gemeinsame innere und äußere Welt. Es ist wie ein Pakt, in dessen Realisierung beide ihre Lebenskraft oft über Jahrzehnte investiert haben. Sexuelle Außenbeziehungen sind ein Verrat am Vertrauen, das die Basis für diese Investitionen bildete. Es ist daher verständlich, dass die Ihnen zugefügte Verletzung sehr tief sitzt und das Vertrauen in Ihre Partnerin erst einmal weg ist. Es kann nur in einem mühevollen Prozess des gegenseitigen Verstehens und der Auseinandersetzung eine neue Form finden – in einem gemeinsamen Wachstums- und Reifeprozess, der durch diese Krise angestoßen wird.

? *Was müssen wir tun, um nach einem Seitensprung wieder zueinander zu finden?*

An diesem Punkt – der »Seitensprung« wird publik – begeben sich viele Paare in eine Paartherapie. Sie benötigen dringend Hilfe. Denn nach dem Schock der Eröffnung müssen die massiven Gefühle auf beiden Seiten bewältigt werden, bevor man darangehen kann, die Gründe und Hintergründe des »Fremdgehens« zu untersuchen. Da zeigt es sich häufig, dass »Untreue« als Lösungsversuch für Paarprobleme herhalten muss. Dazu braucht es erst einmal

Zeit und Geduld. Wenn dann beide die Untreue als heilsamen Schock verstehen können, kann sie zum Bahnbrecher für Veränderungen in der Beziehung werden, indem man aus der Affäre »lernt«. Dies alles ist grundsätzlich möglich – es ist jedoch nicht so einfach, sich wieder zu verstehen und zusammen zu bleiben.

? ***Beim Seitensprung zeugte mein Mann ein Kind. Er möchte bei mir bleiben, aber auch Vater dieses neuen Kindes sein. Ich komme damit nicht zurecht.***

Das ist eine äußerst schwierige Situation, denn im Grunde, so sagen Familientherapeuten, hat Ihr Mann ein neues Familiensystem gegründet. Er kann sich weder aus der Paarbeziehung mit Ihnen noch von der neuen Familie lösen. Für Sie kommt dazu noch die Auseinandersetzung mit Ihrer eigenen Situation und mit den Gefühlen, die in Ihnen ausgelöst wurden. Dazu brauchen Sie sehr wahrscheinlich psychologische Hilfe.

? ***Sollte ich selbst auch fremdgehen, nachdem meine Frau mich betrogen hat?***

Ihr Versuch, aus Rache selbst eine Außenbeziehung einzugehen, kann das Selbstwertgefühl vorübergehend aufwerten, macht aber Ihre tiefe Kränkung und Ihren Schmerz nicht wieder gut, sondern droht die notwendige Auseinandersetzung in Ihrer Beziehung nur zu erschweren. Besser: Melden Sie sich sofort zu einer Paartherapie an.

? ***Muss ich meinem Partner meinen Seitensprung beichten?***

Wenn es nur ein einmaliger »Ausrutscher« war, würde ich es mir gut überlegen, was Sie damit bezwecken. Wollen Sie nur Ihr Gewissen erleichtern und eine Absolution bekommen, sollten Sie es besser mit sich selbst ausmachen. Das Gegenteil von Erleichterung und Vergebung kann nämlich eintreten: Sie treten eine Riesenkrise los, die zu einem grundsätzlichen Vertrauensverlust führt.

? ***Ich habe mich ein halbes Jahr mit dem Seitensprung meines Partners arrangiert, nun kann ich das nicht mehr. Sollten wir eine kameradschaftliche Beziehung haben, damit wir uns nicht trennen müssen?***

Der Versuch, sich zu arrangieren und Verletzung und Kränkung zu ertragen, hat letztendlich eine zerstörerische Wirkung auf alle Beteiligten. Ihre tiefe Verletzung rumort weiter in Ihrer Psyche und wirkt sich bestimmt auch nicht gut auf die Paarbeziehung aus. Wenn Sie zu einer kameradschaftlichen Beziehung übergehen wollen, kommt eine weitere tiefe Verletzung hinzu, nämlich, dass es nicht gelingt, die Sexualität als körperliche Verbundenheit zu leben. Wagen Sie statt dessen die Auseinandersetzung miteinander – kämpfen Sie um Ihre Beziehung zu Ihrem Mann.

Hilfe von aussen: Beratung und Therapie

? ***Was muss ich tun, um eine Psychotherapie von der Krankenkasse finanziert zu bekommen? Und worauf muss ich achten, um den richtigen Therapeuten zu finden?***

Sie können sich zur Sicherheit noch einmal bei Ihrer Krankenkasse erkundigen, aber in der Regel werden Psychotherapien von allen gesetzlichen Krankenkassen, Ersatzkassen und Betriebskrankenkassen finanziert. Mit Privatkassen gibt es oft Sondervereinbarungen, die der Kunde als »Baustein« seines Vertrages dazuerwerben kann.

Um eine Psychotherapie finanziert zu bekommen, benötigen Sie auf jeden Fall ein Symptom mit Krankheitswert, wie beispielsweise eine depressive Episode oder Panikattacken, andere Angststörungen, psychosomatische Beschwerden – auch vieles andere mehr kann es sein. Sie dürfen sich für Ihre Therapie einen Psychotherapeuten Ihrer Wahl suchen, der bei der Krankenversicherung zugelassen ist. Es lohnt sich, wirklich so lange zu suchen, bis Sie das Gefühl des Vertrauens zu diesem Menschen entwickeln, dem Sie ja intimste Details aus Ihrem Leben mitteilen werden. Auch der Therapeut muss der Meinung sein, es »passt« zwischen Ihnen. Sie haben das Recht, pro Quartal mehrere Therapeuten auszuprobieren. Erkundigen Sie sich am besten bei Ihrer Krankenkasse, wie viele es sein dürfen. Ausprobieren heißt: ein bis zwei Gespräche mit jedem zu führen, bis Sie sich für einen entschieden haben. In der Regel finden dann »probatorische Sitzungen« statt, denn der Therapeut benötigt »Material«, um festzustellen, welche Therapieart dem Patienten am meisten bringt. Dann wird er den Antrag an den Gutachter der Krankenkasse formulieren. Keine Angst, der Antrag wird anonymisiert und die Krankenkasse erfährt nur das Ergebnis (also Therapieform und Häufigkeit, keine Inhalte des Antrags). Dann kann die Therapie beginnen. In ganz dringenden Fällen kann auf die Schnelle eine Kurztherapie beantragt werden, die dann gegebenenfalls später in eine länger dauernde Maßnahme umgewandelt wird.

? *Partnerberatung oder Paartherapie? Wann reicht eine Partnerberatung aus?*

Die Entscheidung für eine therapeutische Intervention kann in Richtung einer Beratung oder einer Therapie gehen. Es gibt fließende Übergänge zwischen Beratung und Therapie. Jede Beratung ist gleichzeitig auch Therapie, denn ein einziges Gespräch mit beiden Partnern kann bereits erhebliche therapeutische Wirkung haben. Grundsätzlich kann man aber sagen: Beratende Gespräche sind ausreichend bei aktuellen kleineren Partnerkonflikten. Es besteht die Chance, die vorhandenen Ressourcen wieder zu entdecken und zu entwickeln. Darüber hinaus kann gelernt werden, besser miteinander zu kommunizieren, fair zu streiten, den anderen besser zu verstehen und neue Perspektiven zu entwickeln.

? *Um was geht es in einer Sexualberatung?*

In einer Sexualberatung liegt der Schwerpunkt der therapeutischen Intervention auf der Sexualität des Einzelnen und des Paares. Eventuell fehlendes Wissen über physiologische sexuelle Vorgänge und Sexualität wird ergänzt. Auch ungünstige äußere Verhältnisse werden besprochen. Aber nicht zuletzt geht es um sexuelle Kommunikationsprobleme eines Paares. Auch kleinere aktuelle Partnerprobleme, die oft in die Sexualität eines Paares hineinspielen, fallen in einer Sexualberatung nicht unter den Tisch.

? *Wann brauche ich Sexualtherapie?*

Wenn ein sexuelles Problem schon dauerhaft geworden und mit ein paar Sitzungen Sexualberatung nicht zu lösen ist, geht eine Sexualberatung in der Regel über in eine Sexualtherapie. Der Grund dafür: Wenn ein sexuelles Problem gravierend ist, werden oft sexuelle Situationen vermieden, und es gibt starke Versagensängste, die nur mit therapeutischer Hilfe abgebaut werden können.
Eine Sexualtherapie kann Ihnen auch helfen, zu Ihrer individuellen Sexualität zu finden. Wenn man sich selbst in dieser Hinsicht nicht wirklich kennt und akzeptiert, ist das oft das zentrale Problem bei sexuellen Luststörungen. Ziel einer Sexualtherapie ist es, die eigene Sexualität bejahen und in der Partnerschaft leben zu lernen.

? *Es fällt uns schwer zu entscheiden, ob wir eine Paar- oder eine Sexualtherapie benötigen. Wovon hängt das ab?*

In der Regel einigt man sich in der Therapie mit dem Therapeuten, bei dem Problem anzusetzen, das momentan im Vordergrund steht und am meisten drückt. Partnerprobleme und sexuelle Schwierigkeiten können jedoch so eng verzahnt sein, dass die Partnerproblematik zunächst nicht erkennbar ist. Erst im Fortgang einer Therapie stellt sich heraus, was vorher in diagnostischen Gesprächen noch nicht so sichtbar war.
Wenn Sie einen Therapeuten oder eine Therapeutin gewählt haben, die in beiden Bereichen Erfahrung hat – in der Paar- und in der Sexualtherapie – so müssen Sie nicht wieder von vorn anfangen, sondern die Problembearbeitung innerhalb der Therapie verlagert sich einfach etwas.

? *Wann wähle ich besser eine Psychotherapie?*

Probleme in der Beziehung und mit der Sexualität können unterschiedlich verursacht sein. Anlass für eine Psychotherapie (die von der Krankenkasse bezahlt wird), ist immer ein Symptom mit Krankheitswert. Ein Beispiel: Eine Depression geht oft mit sexueller Lustlosigkeit einher, wobei den Krankheitswert die Depression hat, die zuerst durch eine Psychotherapie behandelt werden muss (manchmal kombiniert mit Medikamenten). Die sexuelle Symptomatik kann mit der Depression verschwinden. Auch bei schweren Ängsten und körperlichen Beschwerden mit möglichen psychischen Ursachen benötigen Sie zuerst eine Psychotherapie, bevor eine Sexual- oder Paartherapie greifen kann. Diese eignet sich, wenn die Interaktionen des Paares im Zusammenhang mit dieser Erkrankung auch zu Partner- und Sexualproblemen geführt haben.

? *Ich habe Angst vor einer Sexualtherapie. Sie könnte zu viel verändern, was wiederum der Beziehung schadet. Wie komme ich aus meinem Dilemma heraus?*

Das ist nicht einfach. Oft befinden sich die Partner in dem Konflikt, dass sowohl die Veränderung als auch das »so Weitermachen« einen Preis hat. Ändern Sie als Partner Ihr sexuelles Verhaltensmuster nicht, behalten Sie zwar Ihr sexuelles Problem, bleiben aber in der vertrauten Unzufriedenheit und so in »Sicherheit«.
Mit der Veränderung, die Sie mit einer Sexualtherapie ansteuern, riskieren Sie unter Umständen eine ängstliche oder verärgerte Reaktion Ihres Partners. Es macht Angst und erfordert Mut, miteinander über sexuelle Differenzen zu sprechen, um so eine erotische Entwicklung zu initiieren.

? *Wir haben uns für eine Paartherapie entschieden. Wie gehen wir vor?*

Paartherapien werden leider nicht von der Krankenkasse bezahlt. Eine günstige Form – in der Regel auf Spendenbasis – gibt es bei kirchlichen Partnerberatungsstellen und bei pro familia. Hier gibt es eine große Nachfrage – und entsprechend oft längere Wartezeiten für einen Therapieplatz. Ich kenne aber auch etliche Paare, die sich eine private Möglichkeit suchen. Das sind dann Therapeuten, die sich auch auf Paarberatung spezialisiert haben. Eine Therapiestunde kostet etwa ab 50 Euro. Mundpropaganda – Paare, aus dem Bekanntenkreis, die sich bereits beraten ließen – oder ein Blick ins Telefonbuch helfen hier weiter. Ansonsten gilt: Ausprobieren. Auch bei Paarberatung muss die »Chemie« zwischen dem Paar und dem Therapeuten stimmen. Wenn Sie und Ihr Partner sich verstanden fühlen und das Gefühl entwickeln, alles erzählen zu können, bleiben Sie bei diesem Therapeuten.

Die häufigsten Therapieformen

Therapieart	Was steht im Mittelpunkt der Therapie?
Einzelpsychotherapie Verhaltenstherapie (45 Std. Therapie, in besonderen Fällen 60 Std.)	Stellt das beobachtbare Verhalten in den Mittelpunkt der Psychotherapie
Einzelpsychotherapie Tiefenpsychologisch fundierte Psychotherapie (1-mal pro Woche, 50 Std., in besonderen Fällen 80 Std.)	Aufarbeitung von aktuellen Konflikten, die zu körperlicher Krankheit und psychischen Symptomen führen
Einzelpsychotherapie Analytische Psychotherapie (bis 2–4-mal die Woche, 160 Std., max. 240 Std.)	Aufarbeitung von unbewussten Grundkonflikten, ermöglicht eine Nachreifung der Persönlichkeit
Gruppenpsychotherapie (Therapie in der Gruppe)	Entwicklungsdefizite können erkannt und aufgearbeitet werden
Paartherapie (Arbeit nur mit dem Paar)	Bei neurotischen Wechselwirkungen in der Paarbeziehung, zumeist unbewusstes Zusammenspiel, um Ängste und Schuldgefühle zu bewältigen
Familientherapie (Beraterische und therapeutische Arbeit mit der gesamten Familie)	Bei wechselseitigen Abhängigkeitsbeziehungen im Familiensystem und bei besonders destruktiven Beziehungssituationen

Wofür ist diese Therapie geeignet?	Besonderheiten, Wissenswertes zur Therapieform
Behandlung von Phobien, Zwangsstörungen, psychosomatischen Störungen (z. B. Migräne), Verhaltensstörungen (z. B. Essstörungen)	Lösungsorientiert; Vielzahl von verhaltenstherapeutischen Techniken
Bei vielfältigsten Störungen, wie Depressionen, Angststörungen, Zwängen, psychosomatischen Störungen (z.B. bzgl. Magen, Darm, Herz, Kreislauf, Blutdruck, Schmerzen), Verhaltensstörungen (Essstörungen), Funktionsstörungen aufgrund von Krisen, chronischem Stress, Arbeitslosigkeit, Tod oder Verlust von Angehörigen, Beziehungskrisen	Konfliktlösungsorientiert, psychoanalytische Grundlage: Entwicklungs- und Therapiekonzepte
Bei vielfältigsten körperlichen wie psychischen und Verhaltensstörungen, wenn nach diagnostischen Gesprächen die Indikation für eine analytische Psychotherapie gestellt wurde	findet im »Liegen« statt oder im Sitzen (modifiziertes Verfahren); Grundlage: Psychoanalytische Konzepte
Verbesserung der psychischen bzw. psychosomatischen Gesundheit	
Veränderung von Interaktionsmustern; Bewältigung von Defiziten (mangelnde Kommunikation etc.)	
Wenn sich die Symptomatik eines Familienmitgliedes nach Rückkehr in die Familie verschlechtert, z. B. bei Magersucht, Bulimie, Schizophrenie, chronischen körperlichen Erkrankungen etc.	Nicht bei aufgelösten Familien; nicht um ein krankhaftes/ schädliches Gleichgewicht zu erhalten

Therapeutische Techniken

Verfahren und Techniken	Was passiert dabei?
Entspannungsverfahren	
Autogenes Training	Eine selbstsuggestiv herbeigeführte Entspannung, die unwillkürliche körperliche Funktionen positiv beeinflusst
Progressive Muskelentspannung nach Jakobson	Muskelübungen, bei denen Anspannung und Entspannung bewusst abwechseln
Hypnose	Hypnotischer Entspannungszustand wird durch Suggestion herbeigeführt
Psychodrama (geht auf Moreno zurück)	Psychotherapeutisches Rollenspiel
Gestalttherapie (geht auf Fritz Perls zurück)	Konfrontationstechnik; befasst sich mit dem Problem, dass der Klient mit seinem üblichen Verhalten nicht erreicht, was er will (bzw. was ihn befriedigt). Als Ursache dafür gilt ein gestörter Kontakt mit der Umwelt.
Verhaltenstherapeutische Techniken	
Systematische Desensibilisierung	Konfrontation mit angstauslösenden Reizen und Erlernen anderer Verhaltensweisen
Reizüberflutung	Gewöhnung an körperliche Erregung
Verhaltensformungen	Erlernen neuer Reaktionen
Biofeedback	Durch das Messen von Körperfunktion (wie zum Beispiel Puls, Hirnströme) werden diese bewusst und nachvollziehbar gemacht

Wobei hilft es?	Wissenswertes und Besonderheiten
Lindert seelische Spannungszustände und verändert körperliche Fehlsteuerungen	Wird oft in Volkshochschulen angeboten, mit anderen Behandlungsansätzen verwandt
Verhilft zu körperlicher und seelischer Entspannung	
Führt zu einem Ausgleich gestörter körperlicher Funktionen	Bei Schmerzbehandlung, außerdem bei allen chronischen psychosomatischen Krankheitsbildern
Bearbeitung von Konflikten, Problemen	Oft in Gruppen angewandt
Fördert inneres Wachstum und Persönlichkeitsreifung	Oft in Gruppen; Voraussetzung ist eine stabile Grundpersönlichkeit
Bei Phobien u. a. Angststörungen, Spannungskopfschmerz, Bluthochdruck, chronischem Erbrechen, Asthma bronchiale	
Phobien, Angststörungen, Zwängen, Panikstörungen	
Essstörungen, Kopfschmerz	
Hilft bei diversen körperlichen Störungen (Bluthochdruck, Herzrhythmusstörungen, Schlafstörungen etc.)	

Verhütung und Familienplanung

Hinter dem Thema Verhütung verbergen sich weit mehr Aspekte als die rein sachlichen Informationen. Soll ein Kinderwunsch verwirklicht oder eine Schwangerschaft vermieden werden? Die meisten Paare möchten in diesem Bereich natürlich auf »Nummer sicher« gehen, um Verhütungspannen und ungewollte Schwangerschaften zu verhindern. Deshalb ist Verhütung für sie ein wichtiges Thema. Die richtige Methode zu finden, ist aber nicht immer einfach. Dazu gehört, sich umfassend über alle Möglichkeiten zu informieren.

Je mehr man über die biologischen Vorgänge bei Frauen und Männern und über die Entstehung einer Schwangerschaft weiß, umso besser versteht man, wie die einzelnen Verhütungsmethoden funktionieren, wie sicher sie sind und welche in Frage kommt. Leider gibt es nicht »die« optimale Verhütungsmethode: Im Leben eines jeden Menschen treten immer wieder Phasen auf, in denen er neue Methoden der Empfängnisverhütung ausprobieren muss oder möchte. Viele Frauen wechseln zum Beispiel aus gesundheitlichen Gründen oder weil sich im Laufe ihres Lebens ihre Bedürfnisse oder die Anforderungen an die Verhütung verändert haben. Wir möchten Sie deshalb hier bei der Suche nach einer für Sie geeigneten Verhütungsmethode unterstützen.

Ein weiterer Aspekt, der heute bei der Entscheidung für die Verhütung mehr denn je eine Rolle spielt, ist der Schutz vor Geschlechtskrankheiten. Besonders in sexuellen Beziehungen mit einem neuen Partner ist diese Frage ein wichtiger Aspekt – das Kondom führt daher nicht zufällig die Liste möglicher Verhütungsmittel auf den folgenden Seiten an. Noch immer ist der »Klassiker« der beste Schutz vor dem Risiko, sich mit einer – möglicherweise tödlichen – Geschlechtskrankheit zu infizieren.

Der Klassiker: das Kondom

? *Ich nehme die Pille. Sollte ich beim ersten Mal mit einem neuen Partner zusätzlich ein Kondom benutzen?*

Da Sie Ihren neuen Partner und seine sexuellen Gewohnheiten noch nicht wirklich kennen, ist es ratsam, vorsichtig zu sein und immer auch ein Kondom zu benutzen, also »Safer Sex« zu praktizieren. Das Kondom ist nicht nur ein Verhütungsmittel, sondern schützt auch vor sexuell übertragbaren Krankheiten. Schützen müssen Sie sich vor den sogenannten klassischen Geschlechtskrankheiten: So nennt man alle sexuell, also durch Geschlechtsverkehr übertragbaren Krankheiten. Ansteckungsgefahr besteht, sobald es zum Austausch von Körperflüssigkeiten wie Blut, Sperma oder Scheidenflüssigkeit kommt. Ein wichtiger Risikofakor für die Ansteckung ist (neben anderen natürlich) die Promiskuität, also der häufige Wechsel des Sexualpartners.
Zu den Geschlechtskrankheiten gehören die Syphilis (Lues) mit wieder steigender Häufigkeit, der Tripper (Genorrhoe), der weiche Schanker (Ulcus molle) und die venerische Lymphknotenentzündung. Auch Hepatitis B kann durch den Hepatitis-B-Erreger ausgelöst werden, dessen Übertragung zu etwa 50 Prozent sexuell erfolgt. Für Frauen kann der Papillomavirus gefährlich werden, der in direkte Verbindung mit dem Gebärmutterhalskrebs gebracht wird.
Beim Geschlechtsverkehr besteht außerdem das Risiko, mit HIV angesteckt zu werden, einem Virus, das Aids verursacht. Auch wenn es oft unterschätzt wird: Dieses Risiko ist in heterosexuellen und in homosexuellen Beziehungen vorhanden. Trotz der Therapiemöglichkeiten bleibt Aids eine tödliche Erkrankung.
Fazit: In Situationen, in denen Sie Ihren neuen Partner noch nicht gut genug kennen und das Risiko für sich nicht einschätzen können, ist das Kondom die beste Voraussetzung für »Safer Sex«.

? *Gerade bei einem neuen Partner ist es mir peinlich über die Verwendung eines Kondoms zu sprechen.*

Nicht allen fällt es leicht, die Benutzung des Kondoms ausdrücklich zu fordern. Es ist auch eine Sache der Selbstbehauptung – also sich für seine eigenen Belange einzusetzen – und der Selbstsicherheit. Junge Frauen haben oft Angst, den neuen Partner schnell wieder zu verlieren, wenn sie die Verwendung eines Kondoms fordern.
Aber es ist es Ihr gutes Recht! Und es ist sicher kein Liebesbeweis von Ihnen, auf einen Infektionsschutz zu verzichten. Selbstsicherheit ist in diesem Bereich sehr wichtig! Sie kann Ihnen auch helfen, über die Vergangenheit Ihres neuen Partners zu sprechen, um das Risiko einer Ansteckung mit einer bedrohlichen Krankheit für sich einzuschätzen.

? *Was muss ich beim Kondomkauf beachten?*

Kondome sind das »Einstiegsverhütungsmittel« schlechthin und werden teilweise als Verhütungsmittel beim ersten Mal mit der Pille kombiniert. Der erste Komdomkauf ist aber nicht so einfach. Ihnen wird nichts anderes übrigbleiben, als mutprobenartig Drogeriemärkte und Apotheken aufzusuchen, einen der vielen Automaten oder eines der ganz wenigen Fachgeschäfte ausfindig zu machen. Aber haben Sie dann auf Anhieb »Ihre« Kondommarke? Das Kondom, bei dem nichts unangenehm drückt oder rutscht – und gut riechen soll es auch …
Wenn Sie das Glück haben, ein Kondomfachgeschäft in Ihrer Nähe zu haben, kann Sie ein freundlicher Fachverkäufer beraten und auf die Verschiedenheit von Kondomen aufmerksam machen. Es gibt verschiedene Formen, Größen und Wandstärken. Er kann Ihnen auch geduldig erklären, warum es besondere Kondomzusätze wie Gleitmittel, Aromen oder Spermizide gibt.

TIPP

Tipps für die richtige Benutzung des Kondoms

Die Verhütungssicherheit hängt entscheidend von der richtigen Handhabung ab. Die Benutzung eines Kondoms sollte immer vor dem ersten Gebrauch geübt werden, da sonst leicht Anwendungsfehler auftreten können. Richtig angewendet ist das Kondom allerdings sehr sicher. Hier einige wichtige Regeln:

- Das Kondom muss rechtzeitig über den steifen Penis gerollt werden, das heißt, bevor der erigierte Penis die Scheide berührt. Denn es kann auch schon vor dem eigentlichen Erguss Samenflüssigkeit austreten.
- Kondomverpackung vorsichtig aufreißen (so dass das Kondom nicht durch eine Nagelschere, spitze oder rissige Fingernägel o. ä. beschädigt wird).
- Die Vorhaut – falls vorhanden – zurückstreifen.
- Mit Zeigefinger und Daumen das Reservoir (das ist der Zipfel an der Spitze des Kondoms) anfassen, die Luft herausdrücken (um Platz für den Samen zu schaffen) und das Kondom so auf den Penis aufsetzen, dass das Röllchen außen ist.
- Das Kondom vorsichtig bis zum Penisschaft abrollen.
- Das Reservoir darf nicht zu straff sitzen, damit ausreichend Platz für die Samenflüssigkeit bleibt.
- Wurde das Kondom versehentlich falsch herum aufgesetzt (Röllchen innen), unbedingt ein neues verwenden, denn am alten könnte schon Samen sein.
- Nach dem Samenerguss das Kondom am Penisschaft mit der Hand umfassen, damit es nicht abrutscht, und vorsichtig zusammen mit dem noch steifen Penis aus der Scheide herausziehen.
- Nach dem Abstreifen des Kondoms kann an den Fingern und am Penis noch Samenflüssigkeit sein. Deshalb: Beim weiteren Sex darauf achten, dass kein Samen in die Scheide gelangt.

Die Krankenkassen bezuschussen Kondome für Jugendliche (also bis zum 20. Lebensjahr). Besonders günstig ist ein Jugend-Probierset, in dem verschiedene Kondome, vor allem in kleineren Größen, enthalten sind. Denn Probieren geht auch hier über Studieren, um »seine« Kondommarke zu finden. Das Internet bietet inzwischen eine breite Palette gut sortierter Kondomshops, so dass man diskret Kondome kaufen kann.

? *Ich bin allergisch gegen Kondome. Muss ich darauf verzichten?*

Das müssen Sie nicht. Wenn Sie an einer Allergie gegen Latex leiden, gibt es in Apotheken spezielle Kondome aus Polyurethan, bei denen nach heutiger Kenntnis keine Allergiegefahr besteht.

? *Bei dem Versuch, das Kondom überzurollen, erschlafft mein Glied regelmäßig. Sollten wir auf Kondome verzichten?*

Es geht Ihnen wie so manch anderem Mann: Schon beim Küssen kriegen Sie einen steifen Penis – ausgerechnet wenn er dann aber steif bleiben soll, während Sie aufgeregt das Kondom überziehen wollen, wird er wieder schlaff. Manchmal kann es sogar zum vorzeitigen Samenerguss kommen. Das alles hat sehr viel mit Zuneigung und Aufregung zu tun, und ist ganz normal. Außerdem ist die Erregung nicht immer gleich stark, sie kommt und geht zurück. Sie haben vermutlich übersehen, dass die Erektion nicht mehr ausreicht, um das Kondom überzuziehen. Beim nächsten Mal schmusen Sie einfach weiter, bis Ihr Penis wieder steif wird. Zuvor üben Sie am besten in aller Ruhe allein, wie man geschickt ein Kondom überzieht. Oder Sie probieren aus, ob es Sie erregt, wenn Ihre Partnerin das tut.

? *Sollten wir das Kondom wegwerfen, wenn uns das Überziehen nicht geglückt ist?*

Samenflüssigkeit kann auch schon vor dem eigentlichen Samenerguss austreten. Wenn Sie nicht sicher sind, ob etwas davon auf die Außenhaut des Kondoms geraten ist, sollten Sie das Kondom wegwerfen. Auch ein bereits ausgepacktes Kondom darf auf keinen Fall bis zum nächsten Mal aufgehoben werden. Sicherheit geht hier immer vor Sparsamkeit.

? *Leider musste ich die Erfahrung machen, dass das Kondom riss. Was haben wir falsch gemacht?*

Kondome schützen nur vor Schwangerschaft und Krankheit, wenn sie bei jedem Geschlechtsverkehr richtig benutzt werden und wenn sie nicht reißen. Benutzen Sie immer ein geprüftes Markenfabrikat und achten Sie darauf, dass das Haltbarkeitsdatum noch nicht überschritten ist – Kondome sind vier bis fünf Jahre haltbar.
Wird das alles beachtet, kann es eigentlich nur noch durch Fehler bei der Anwendung des Kondoms zu Beschädigungen und Rissen kommen. Wenn Sie das Kondom nicht sachgemäß übergestreift und nicht die Luft aus dem Endstück herausgepresst haben, kann sich eine Luftblase bilden, die sich während des Verkehrs erhitzt und ausdehnt, wodurch das Kondom platzen kann.

? *Wir benutzen zwar Kondome, aber sie sind jedes Mal ein Lustkiller. Haben wir die richtige Sorte noch nicht entdeckt?*

Der Geschlechtsverkehr mit Kondom kann tatsächlich manchmal als weniger lustvoll erlebt werden. Wissenschaftler haben daher ein Kunststoffkondom entwickelt, das die Wärme wirksamer leitet, was sich »echter« anfühlt.

Sie können das Kondom auch zusammen mit einem Gleitmittel auf Wasserbasis ausprobieren. Geben Sie dafür das Gleitmittel auf das Kondom, vielleicht fühlt es sich so für Sie besser an. Benutzen Sie aber niemals ein Gleitmittel auf Ölbasis – Babyöl oder Vaseline –, denn diese Mittel können das Kondom zerstören.

? *Wie kann ich das Kondom in unser Vorspiel einbauen?*

Es wird oft kritisiert, dass das Kondom den »Fluss« des Liebesspiels stört. In einem Buch über Sex fand ich folgende Anregung, die ich an Sie weitergeben möchte: Der Autor schlägt vor – bei genügender Geschicklichkeit, die durch Üben erworben werden kann –, dem Partner das Kondom mit dem Mund überzuziehen. Packen Sie es aus und legen es (unaufgerollt) auf die Spitze Ihrer Zunge. Das Ende muss nach oben gerichtet sein. Beim ersten Mal können Sie Ihre Finger zu Hilfe nehmen, um es über die Penisspitze Ihres Partners zu streifen. Danach sollten Sie es mit Zunge und Mund aufrollen.

Verhüten mit der Pille

? *Seit meinem 14. Lebensjahr nehme ich die Pille. Ich leide seitdem an einem prämenstruellen Syndrom.*

Die Pille hat sich zum »Lifestyle-Medikament« entwickelt; sie wird sogar oft gegen »Pickel« eingesetzt. Diesem Trend stehe ich skeptisch gegenüber. Mit der frühen und vor allem langjährigen Pilleneinnahme wurde verhindert, dass Ihr Körper selbstbestimmt und in Ruhe reifen konnte, und sich vor allem Ihr weiblicher Zyklus, dessen Erleben immer auch Einfluss auf die Psyche nimmt, ganz normal einpendeln konnte. Dazu ist es niemals zu spät, auch eine

Nachreifung in Ihrer weiblichen Entwicklung ist möglich. Suchen Sie sich einen Arzt Ihres Vertrauens und besprechen Sie dieses Problem mit ihm. Auch in Frauentherapiezentren werden Sie gut beraten. Sie finden dort auch Angebote – zum Beispiel Lunayoga –, die Ihnen helfen, sich mit Ihrer weiblichen Entwicklung intensiv zu beschäftigen. So kann sich auch Ihr prämenstruelles Syndrom verringern.

? Kann die Pille meine Lust auf Sex steigern?

Forscher haben festgestellt, dass Frauen, die Dreiphasenpillen mit unterschiedlichen Hormonmengen nehmen, mehr Interesse und Spaß an Sexualität zu haben scheinen, als Frauen, die eine Pille mit gleichbleibender Dosis nehmen. Natürlich müssen Sie die Entscheidung, welche Pille für Sie gut ist, mit Ihrem Arzt besprechen. Aber sexuelle Lust zu empfinden, ist auf keinen Fall nur eine hormonelle Angelegenheit, sondern hängt auch von den eigenen Einstellungen zur Sexualität und den Emotionen ab, die Sie zulassen können. Es gibt auch Frauen, die berichten, dass sie nach dem Absetzen der Pille viel empfindungsfähiger wurden als sie zuvor waren. Die Pille greift auf jeden Fall in die Prozesse des weiblichen Körpers ein. Das kann sich unterschiedlich auf die weibliche Lust auswirken.

? Wie sicher ist die Pille?

Die Pille wird als eines der sichersten Verhütungsmittel von Ärzten empfohlen. Aber die Praxis zeigt, dass die Einnahme häufig vergessen wird. Laut einer Internet-Umfrage geschieht dies bei zwei Dritteln aller Pillen-Anwenderinnen mehr oder weniger regelmäßig. Diese Ergebnisse zeigen, dass Verhütung immer auch ein psychologisches Geschehen ist, das zum Beispiel von der Ambivalenz des Kinderwunsches mitgesteuert wird.

? *Seit meine Samenleiter durchtrennt wurden, habe ich häufig so ein schmerzhaftes Ziehen in der Leistengegend.*

Das kann verschiedene Gründe haben, die Sie mit dem Arzt abklären müssen. Körperliche, aber auch psychische Gründe können mit zu Ihren Problemen beitragen, da eine Sterilisation immer ein endgültiger Schritt ist und einen Abschied von der eigenen Fruchtbarkeit bedeutet.

? *Zur Verhütung möchte ich mir die Samenleiter unterbinden lassen. Verändert sich dadurch das Ejakulat?*

Die Spermien wandern normalerweise durch die Samenleiter, die von den Nebenhoden wegführen, und werden dort an dem oberen Ende gelagert, bis sie sich kurz vor der Ejakulation mit den Prostata- und Bläschendrüsensekretionen vermischen. Die Prostatasekretionen machen ungefähr ein Drittel der Samenflüssigkeit aus und verleihen ihr die weißliche Farbe. Die Spermien machen nur einen winzigen Teil des Ejakulats aus, was erklärt, warum ein Mann nach einer Vasektomie (Sterilisation) ungefähr die gleiche Menge Flüssigkeit ejakuliert wie vorher.

? *Mein Partner hat, ohne sich mit mir abzustimmen, seine Samenleiter durchtrennen lassen. Ich selbst wünsche mir gemeinsame Kinder und bin nun schockiert.*

Die Handlung Ihres Partners ist wohl als Antwort auf Ihren Kinderwunsch zu verstehen. Sie stehen nun vor der Frage, ob Sie Ihren Kinderwunsch aufgeben – oder Ihren Partner. Es wäre sicher hilfreich, das mit Hilfe einer Beratung (siehe Seite 67 ff.) zu klären.

? *Nach dem zweiten Kind riet mir mein Frauenarzt zur Unterbindung der Eileiter. Nach der Operation kam ich in die Wechseljahre. Wie konnte das passieren?*

Die Sterilisation bei der Frau ist keine einfache Sache. Wenn bei diesem Eingriff die venösen Zuflüsse zu den Eierstöcken durchtrennt werden, kommt es zum Infarkt der Eierstöcke und die Frau kommt verfrüht in die Wechseljahre. Da bleibt oft nichts anderes übrig, als Hormone zu nehmen, um diesen verfrühten Prozess etwas auszugleichen.

Andere Methoden der Familienplanung

? *Was halten Sie von Langzeitkontrazeptiva? Wie wirken sich diese auf meine Sexualität aus?*

Viele Fachleute verspüren deutliches Unbehagen und Skepsis angesichts einer gegenwärtig intensiven Werbung für Langzeitkontrazeptiva. Unter diesem Begriff versteht man Verhütungsmittel auf hormoneller Basis, die über einen längeren Zeitraum wirken. Hierzu gehören zum Beispiel Hormonimplantate.
Langzeitkontrazeptiva basieren darauf, dass der Zyklus der Frau im Grunde ausgeschaltet wird. Von der Werbung wird in Zusammenhang mit dieser Verhütungsmethode Unabhängigkeit, Freiheit und Lebensqualität suggeriert, heraus kommt jedoch oft ein Verlust an Körpererleben, weiblichem Selbstvertrauen und Selbstverständnis. Denn Fruchtbarkeit, das Erleben von Fruchtbarkeit verbunden mit dem weiblichen Menstruationszyklus ist an sich ein spezifisch weibliches und sehr kraftvolles Potenzial, das mit den modernen Langzeitkontrazeptiva so nicht mehr spürbar ist. Dies wirkt sich auf das weibliche Selbstwertgefühl aus, und damit indirekt auch auf die Sexualität.

Auf der sicheren Seite: Familienplanung heute

Einige Verhütungsmethoden sind in diesem Ratgeber ganz bewusst nicht thematisiert, da sie nicht sicher oder einfach gar keine Verhütungsmethoden im herkömmlichen Sinne sind.

- So ist etwa die früher sehr gebräuchliche Methode des »Koitus interruptus« – das »Aufpassen« oder der »Rückzieher« – völlig überholt. Sie ist sehr unsicher, da bereits vor dem Orgasmus des Mannes Samenflüssigkeit austritt. Es ist unter allen Umständen davon abzuraten.
- Auch die Knaus-Ogino-Methode – die sogenannte Kalendermethode, bei der rein rechnerisch die fruchtbare Zeit im weiblichen Zyklus ermittelt wird –, ist als alleinige Verhütungsmethode nicht zuverlässig und daher schon längst von der symptothermalen Methode, auch »natürliche« Methode der Familienplanung genannt, abgelöst worden.
- Die »Pille danach« – ein Medikament – und der Schwangerschaftsabbruch sind keine Verhütungsmittel und sollen daher auch hier nicht behandelt werden. Sie sind zutiefst mit ethischen Fragestellungen und auch mit körperlichen und psychischen Konsequenzen verbunden. Es ist deshalb ratsam, sich im Falle einer unerwünschten Schwangerschaft kompetent in einer staatlichen oder kirchlichen Beratungsstelle beraten zu lassen.

? *Mein Partner benutzt ungern ein Kondom. Ich habe gehört, dass es auch ein Kondom für Frauen geben soll.*

Sie sprechen von dem Femidom, das in Deutschland bisher noch nicht zugelassen ist. Es kann über internationale Apotheken im Ausland bestellt werden. Das Femidom ist ein langer, dünner Polyurethanschlauch mit einem festen Ring am Ende, der in die Vagina eingeführt wird. Ein Stück Polyurethan bleibt außerhalb des Körpers und wird über die Öffnung der Vagina gefaltet. Frauen, die es testeten, äußerten sich eher negativ und meinten, es fühle sich an, als hätte man Sex mit einem Plastikbeutel. Ein Vorteil: Da das Kondom sowohl Schamlippen als auch Vagina bedeckt, schützt es vor Herpes.

? ***Uns fällt es als Paar sehr schwer, bei der Vielfalt der Verhütungsmöglichkeiten das Richtige für uns zu finden. Gibt es auch schon die Pille für den Mann?***

In den letzten Jahren wurden einige neue Verhütungsmittel auf den Markt gebracht, die zum Teil einige Vorteile gegenüber herkömmlichen Methoden haben, und zumin dest die Wahlmöglichkeiten für die Frau erweitern. Für Männer wird es noch einige Jahre lang bei Kondom und Sterilisation bleiben, bis vielleicht hormonelle Verhütungsmöglichkeiten auf den Markt kommen.
Frauen haben die Wahl zwischen Pillen, Vaginalringen, Verhütungspflastern, Kupferspiralen, Hormonspiralen, Hormonstäbchen und Dreimonatsspritzen. Außerdem gibt es noch technische Hilfsmittel zur Berechnung des Eisprungs, wie Temperaturcomputer und Hormoncomputer für Frauen, die »natürlich« verhüten oder ihren Kinderwunsch verwirklichen wollen. Dazu gehen Frauen, vor allem in festen Partnerschaften, immer mehr über, weil sie ihrem Körper nicht mehr über viele Jahre hinweg die Pille zumuten wollen.
Wenn Frauen die genauen Regeln der Beobachtung und Auswertung ihrer Körperzeichen und -vorgänge richtig gelernt haben (Beobachtung des Muttermundschleimes, Messen der Aufwachtemperatur, siehe auch Seite 96ff.), können sie damit fast so sicher verhüten wie mit der Pille.

Auf 10 bis 14 Tage pro Monat lassen sich die fruchtbaren Tage eingrenzen, in denen Sie das Kondom oder das Diaphragma benutzen müssen.
Für die Beziehung insgesamt und für die Sexualität einer Paarbeziehung ist es enorm wichtig, dass die Frau die Last der Verhütung nicht allein trägt. Dazu gehört, dass ein Paar ausführlich miteinander über die Verhütung spricht und zu einer gemeinsamen Entscheidung kommt, die von beiden Partnern getragen wird.

? *Mein neuer Partner sagt, er sei unfruchtbar. Müssen wir denn trotzdem sicherheitshalber verhüten?*

An Ihrer Stelle würde ich mich auf solch eine unsichere Angabe auf gar keinen Fall verlassen, wenn Sie zu diesem Zeitpunkt und von diesem Partner (noch) kein Kind wollen. Die Praxis zeigt immer wieder: Auch von ihrer Unfruchtbarkeit überzeugte Männer haben schon Kinder gezeugt. Verhütung – selbst wenn diese tatsächlich unnötig sein sollte – wäre für Sie das kleinere Übel, als vor der Belastung einer ungewollten Schwangerschaft zu stehen.

? *Meinen Partner habe ich im Urlaub kennen gelernt. Wir haben uns verliebt. Nach meiner Berechnung hätte kein Eisprung passieren dürfen, trotzdem bin ich schwanger geworden. Was ist da passiert?*

Bei der Knaus-Ogino-Methode ermitteln Sie rein rechnerisch die fruchtbaren Tage im weiblichen Zyklus. Das reicht leider nicht, um eine Schwangerschaft zuverlässig zu verhindern.
In der beschriebenen Situation hat vermutlich das Verliebtsein verbunden mit sexueller Erregung Ihren Körper

stimuliert. Die Entspannung im Urlaub tat das ihrige, so dass der Eisprung sich eventuell stark verschoben hat. Falls Sie weiterhin natürlich verhüten möchten, achten Sie in Zukunft besser auf Ihre körperlichen Anzeichen. Die Kalendermethode ist nur zuverlässig, wenn sie gemeinsam mit anderen Methoden eingesetzt wird (siehe Übersicht Seite 96 ff.). So lange im aktuellen Zyklus noch kein Eisprung passiert ist, müssen Sie immer mit ihm rechnen und sicher verhüten, wenn Sie nicht schwanger werden wollen.

? *Leider ist mein Monatszyklus sehr unregelmäßig. Bin ich damit völlig ungeeignet für die »natürliche« Verhütung?*

Die Zeit zwischen dem ersten Tag der Regelblutung und dem letzten Tag vor der nächsten Regelblutung wird Zyklus genannt. Die Länge des Zyklus kann von Frau zu Frau, aber auch von Zyklus zu Zyklus etwas unterschiedlich sein. Normalerweise dauert ein Monatszyklus zwischen 25 und 32 Tagen. Aber auch äußere Einflüsse wie zum Beispiel große körperliche Anstrengungen, Stress, Krankheit, Klimaveränderung, Reisen und etliches andere mehr, können Ihren Zyklus und den Zeitpunkt Ihres Eisprungs beeinflussen.
Es kommt deshalb darauf an, dass Sie als Frau ein gutes Verhältnis zu Ihrem Körper entwickeln und lernen, seine Zeichen (zum Beispiel die Veränderung des Schleims im Gebärmutterhals) zu deuten.
Außerdem gibt es in Frauentherapiezentren Kurse, die Ihnen helfen können, sensibler für Ihre körperlichen Vorgänge zu werden und die Sie sogar dabei unterstützen können, Ihren weiblichen Zyklus positiv zu beeinflussen (etwa Kurse in Luna-Yoga).

Übersicht: Verhütungsmittel

Das Kondom

Schützt in zweierlei Hinsicht: vor unerwünschter Schwangerschaft und vor sexuell übertragbaren Krankheiten.

Was es ist und wie es wirkt

Die auf einer Seite offene »Gummihülle« wird über den steifen Penis gerollt, damit in dem Reservoir an der Spitze die Samenflüssigkeit aufgefangen wird. Dadurch ist eine Befruchtung ausgeschlossen.

So wenden Sie es an

Das Kondom muss rechtzeitig (vor Berührung der Scheide mit dem erigierten Penis) über den steifen Penis gerollt werden.

Verhütungssicherheit, Vor- und Nachteile

Richtig angewendet sehr sicher.

- Unverzichtbar für Safer Sex! Das Kondom ist heute DAS Verhütungsmittel und der unbedingt nötige Schutz vor sexuell übertragbaren Krankheiten in der Anfangsphase jeder Beziehung!
- Ist derzeit das einzige Verhütungsmittel, mit dem sich der Mann aktiv an der Verhütung beteiligt.
- Hat keinerlei schädliche Nebenwirkungen.

- Tatsächliche Verhütungssicherheit hängt von richtiger Handhabung ab.
- Manche Männer erleben die Empfindung während des Verkehrs als eingeschränkt (spüren die Frau weniger).
- Muss vor dem ersten Gebrauch geübt werden.

Die Pille

Was es ist und wie es wirkt

Die Pille enthält die weiblichen Hormone Östrogen und Gestagen. Die Hormone hemmen die Eizellenreifung und damit den Eisprung – Zyklus besteht deshalb aus unfruchtbaren Tagen; Hormone verändern den Schleim im Gebärmutterhalskanal – Samen kann nicht in die Gebärmutter eindringen; Gebärmutterschleimhaut wird nur ungenügend aufgebaut – ein befruchtetes Ei kann sich nicht einnisten.

So wenden Sie es an

1. Einphasenpillen:

21 oder 22 Tage lang wird eine Pille mit der gleichen Menge Östrogen und Gestagen und der gleichen Zusammensetzung genommen. Die Einnahme wird dann für sechs bis sieben Tage unterbrochen, in denen die Monatsblutung einsetzt (oder es wird in dieser Zeit eine Pille ohne Wirkstoff genommen).

2. Zwei- oder Dreiphasenpillen:
Die Einnahme ist streng vorgeschrieben, der natürliche weibliche Zyklus wird nachgeahmt. Es gibt für die erste und zweite Zyklushälfte unterschiedlich dosierte Hormon-Dragees in einer Packung.

Verhütungssicherheit, Vor- und Nachteile

Gilt als sehr sicher.

- Darf nur gesunden Frauen verschrieben werden; hat Nebenwirkungen und Begleiterscheinungen (sexuelle Lustlosigkeit, Erbrechen, Gewichtszunahme, Zwischenblutungen).
- Bleibt ein Medikament, das nicht bedenkenlos genommen werden kann.
- Sicherheitsrisiko bei bestimmten Medikamenten (Abführmittel, Antibiotika, Schmerz- oder Beruhigungsmittel) oder bei Magen- und Darmproblemen (empfohlene Alternative: Kondom).

Die Minipille

Was es ist und wie es wirkt

Die Minipille wirkt durch das enthaltene Hormon Gestagen. Sie bewirkt den mangelhaften Aufbau der Gebärmutterschleimhaut und eine Verfestigung des Schleims im Gebärmutterhals. Sie hemmt oft außerdem auch den Eisprung.

So wenden Sie es an

Muss exakt jeden Tag zur gleichen Uhrzeit eingenommen werden. Bei einer Verzögerung von mehr als zwei Stunden ist der Schutz vor einer Schwangerschaft bereits nicht mehr zuverlässig.

Verhütungssicherheit, Vor- und Nachteile

Nicht ganz so zuverlässig wie die »klassische« Pille.

- Hat geringere Nebenwirkungen als die Kombinationspille.
- Verursacht häufig Zwischenblutungen und Unregelmäßigkeiten im Zyklus.
- Verlangt Disziplin von den Anwenderinnen.

Die Spirale

(auch: Intrauterinpessar)

Was es ist und wie es wirkt

Besteht aus Kunststoff. Der Schaft ist mit feinem Kupferdraht umwickelt; Da sie ein Fremdkörper in der Gebärmutter ist, wird eine Dauerreizung ausgelöst, die Abwehrzellen auf den Plan ruft, welche Samenzellen und Eizellen vernichten. Kupfer wird abgegeben, so dass die Samenzellen in ihrer Beweglichkeit gehemmt werden und den Eileiter und die Eizelle erst gar nicht erreichen.

So wenden Sie es an

Wird vom Frauenarzt in die Gebärmutter eingesetzt.

Verhütungssicherheit, Vor- und Nachteile

Nicht ganz so zuverlässig wie die Pille.

- (+) Die Frau muss auf ihren Zyklus nicht verzichten und muss sich praktisch nicht mehr um die Verhütung kümmern.
- (−) Schmierblutungen, Krämpfe und Entzündungen möglich.

Die Hormonspirale

Was es ist und wie es wirkt

Ist mit kleinem Hormondepot versehen, setzt das Hormon Gestagen frei. Macht so den Zervixschleim im Gebärmutterhals dicker; die Spermien, die trotzdem durchkommen, werden in ihrer Beweglichkeit gehemmt; hemmt den Aufbau der Gebärmutterschleimhaut.

So wenden Sie es an

Wird vom Frauenarzt in Gebärmutter eingesetzt.

Verhütungssicherheit, Vor- und Nachteile

Hohe Sicherheit, liegt über der herkömmlichen Spirale.

- (+) Ist fünf Jahre wirksam.
- (+) Gestagen wirkt entzündungshemmend, deswegen weniger schmerzhafte Blutungen und Entzündungen.
- (+) Hormone greifen nicht so stark in den Zyklus ein.
- (−) Einsetzen schwieriger als bei herkömmlicher Spirale.
- (−) In den ersten Monaten treten u. U. Schmierblutungen, Kopfschmerzen, Spannungsgefühl in den Brüsten auf.

Hormonimplantat

Was es ist und wie es wirkt

Kleine Mengen des Gelbkörperhormons Gestagen werden in den Körper abgegeben. Das hemmt den Eisprung, führt zu Veränderung des Schleims des Gebärmutterhalses und der Eileiter, was die Fortbewegung und das Überleben der Spermien einschränkt.

So wenden Sie es an

Der Arzt pflanzt ein kleines Stäbchen unter die Haut an der Innenseite des Oberarms ein.

Verhütungssicherheit, Vor- und Nachteile

Sicherheit hoch.

- (+) Implantat schützt über den Zeitraum von drei Jahren.
- (−) Nebenwirkungen wie bei der Pille: Akne, Kopfschmerzen, Depressionen, Gewichtszunahme, stärkere Blutungen.
- (−) U. U. werden Blutungen seltener oder bleiben ganz aus.

Dreimonatsspritze

Was es ist und wie es wirkt

Enthält das Hormon Gestagen, das den Eisprung verhindert.

So wenden Sie es an

Wird vom Frauenarzt in den Gesäßmuskel gespritzt.

Verhütungssicherheit, Vor- und Nachteile

Sicherheit hoch.

- Nebenwirkungen über mindestens drei Monate wahrscheinlich.
- Oft unverträglich aufgrund der hohen Hormonmenge.

Diaphragma

Was es ist und wie es wirkt

Sieht aus wie eine kleine Gummikappe, ist eine mit Gummi kuppelartig überzogene runde Spiral- oder Flachfeder. Soll das Zusammentreffen von Ei und Samenzelle verhindern, indem es den Zugang zur Gebärmutter versperrt.

So wenden Sie es an

Ein bis zwei Stunden vor dem Geschlechtsverkehr oder unmittelbar vorher, wird es durch die Scheide in den Muttermund eingesetzt und muss noch 6 bis 8 Stunden nach dem Verkehr dort bleiben. Dazu gehört unbedingt ein Schutz in Form eines Gels oder einer Creme mit dem Wirkstoff Nonoxinol, der die Spermien abtötet.

Verhütungssicherheit, Vor- und Nachteile

Sicherheit nicht so hoch wie bei Kondom oder Lea contraceptivum.

- Relativ preiswert; nur Anwendung bei tatsächlichem Geschlechtsverkehr; kein Eingriff in das Körpergeschehen.

- Da in verschiedenen Größen angeboten, muss es individuell in Arztpraxis angepasst werden.
- Einschränkung der sexuellen Spontaneität.
- Frau muss lernen sich selbst zu untersuchen.
- Gel/Creme kann am Penis brennendes Gefühl auslösen.

Lea contraceptivum

Was es ist und wie es wirkt

Handtellergroße Verhütungskappe aus Silikon. Durch ein Abflussventil können Zervixsekrete und Menstruationsblut abfließen.

So wenden Sie es an

Wird wie das Diaphragma durch die Scheide vor den Muttermund gesetzt, wo es sich durch Unterdruck »festsaugt«. Durch zusätzliches Gel oder eine Creme wird die Sicherheit erhöht. Mit Hilfe einer integrierten Kontrollschlaufe wird es leicht entfernbar.

Verhütungssicherheit, Vor- und Nachteile

Sicherheit mit Kondom vergleichbar.

- ▲ Einfach zu platzieren, deshalb sicherer als Diaphragma.
- ▲ Kann nicht verrutschen.
- ▲ Muss nicht individuell angepasst werden, da es eine Universalgröße gibt, die sich automatisch nach dem Einführen anpasst.
- ▲ Die natürliche Scheidenflora bleibt erhalten.
- ▲ Kann 48 Stunden in der Scheide bleiben.

- ▼ Einschränkung der sexuellen Spontaneität.

Portiokappe

Was es ist und wie es wirkt

Hat die Form eines großen Fingerhuts aus Latex, wird heute selten verwendet.

So wenden Sie es an

Wird über den Muttermund in der Scheide gestülpt, wo sie sich festsaugt. Auch die Portiokappe muss mit chemischen oder natürlichen Cremes oder Gels verwendet werden. Der korrekte Sitz muss vor und nach dem Geschlechtsverkehr mit den Fingern nachgetastet werden. Es sollte frühestens sechs bis acht Stunden nach dem Verkehr entfernt werden.

Verhütungssicherheit, Vor- und Nachteile

Ist selbst bei sorgfältiger Anwendung nicht sehr sicher.

- ▲ Auch für Frauen mit Beckenbodenschwäche geeignet, die kein Diaphragma benutzen können.

- ▼ Kann beim Geschlechtsverkehr wegkippen.

Chemische Methoden

Schaumzäpfchen, Cremes oder Gels

Was es ist und wie es wirkt

Bestehen aus einer wachs- oder gelartigen Substanz, die sich durch die Körperwärme in der Scheide auflöst und einen zähen Schleim vor dem Muttermund bildet. Die chemischen Mittel, die den Wirkstoff Nonoxinol enthalten, wirken samenabtötend, wobei die Mittel auf Säurebasis ohne Nonoxinol wie das so genannte Zitronen- oder Milchsäure-Gel nur die Beweglichkeit der Samenfäden hemmen und insofern weniger sicher verhüten (sind aber weniger gesundheitsgefährdend).

So wenden Sie es an

Mindestens zehn Minuten vor dem Geschlechtsverkehr in die Scheide einführen. Schaumovula erreichen eine größere Sicherheit.

Verhütungssicherheit, Vor- und Nachteile
Zuverlässigkeit hängt vom verwendeten Präparat und der richtigen Anwendung ab (Wartezeiten beachten).

- Die Mittel sollten besser mit Diaphragma und Kondom verwendet werden.

FEMIDOM

(Kondom für die Frau)

Was es ist und wie es wirkt
Kunststoffhülle mit flexiblen Ringen an jedem Ende.
Das Femidom verhindert, dass Spermien über den Muttermund in die Gebärmutter gelangen können.

So wenden Sie es an
Wird vor dem Geschlechtsverkehr eingeführt: Ein Ring wird ähnlich wie ein Diaphragma zwischen Schambein und hinterem Scheidengewölbe platziert, so dass der Muttermund abgeschirmt ist. Der andere Ring wird außerhalb des Scheideneingangs über die großen Schamlippen gelegt, so dass er nicht in die Scheide rutschen kann.

Verhütungssicherheit, Vor- und Nachteile
Bei richtiger Anwendung so sicher wie das Kondom für den Mann.

- Ist in Deutschland nicht auf dem Markt, kann aber in der Apotheke bestellt werden.
- Kann nur einmal benützt werden.
- In der Anschaffung aufwendig und teuer.
- Richtige Platzierung schwierig.
- Unter Umständen störendes Gefühl beim Geschlechtsverkehr.

Natürliche Methoden der Verhütung und Familienplanung: Beobachtung der Fruchtbarkeit durch Körperzeichen

Die natürlichen Methoden zeigen, wann die fruchtbaren Tage im Zyklus sind, um die gezielte Erfüllung eines Kinderwunsches zu unterstützen oder zu bestimmen, wann verhütet werden muss. Sind die fruchtbaren Tage im Zyklus einer Frau ermittelt, so sollte man an diesen Tagen Verkehr haben – so man sich ein Baby wünscht – oder eben nicht, wenn man eine Schwangerschaft verhüten möchte. Die größten Vorteile dieser natürlichen Methode sind:

- Die Frau lernt ihren Körper sehr gut kennen – und sie kann eine Schwangerschaft bei richtiger Anwendung dieser Methode recht zuverlässig verhüten, ohne in irgendeiner Form in die Körperprozesse der Fruchtbarkeit eingreifen zu müssen (wie etwa beim Verhüten mit der Pille oder anderen hormonellen Methoden).

- Es wird ein hohes Maß an partnerschaftlichem Umgang mit Verhütung möglich – es werden aber auch besonders hohe Anforderungen an beide gestellt (Zurückhaltung an fruchtbaren Tagen oder andere Verhütungsmittel verwenden, z.B. Kondom). Die Frau ist also sozusagen auf die Beteiligung und Mitverantwortung des Partners angewiesen.

In der folgenden Übersicht sind die einzelnen Methoden aufgelistet. Wenn Sie sich für diese Art der Verhütung entscheiden, sollten Sie am besten auch einen entsprechenden Kurs besuchen, in dem Sie die verschiedenen Untersuchungsmethoden richtig erlernen (Adressen im Anhang, Seite 245 ff.).

Basaltemperaturmethode

Was es ist und wie es wirkt

Messung der morgendlichen Aufwachtemperatur: Mit Beginn der Monatsblutung ist die Temperatur im Vergleich zur zweiten Zyklushälfte niedriger. Nach dem Eisprung steigt die Temperatur um einige Zehntel Grad Celsius an. Auf diesem Niveau bleibt sie dann bis zur nächsten Regel. Ab dem dritten Tag mit erhöhter Temperatur, d.h. nach vollendeter Temperaturerhöhung (nach dem Eisprung) ist nicht mit einer Empfängnis zu rechnen.

So wenden Sie es an

Jeden Morgen muss um die gleiche Zeit gemessen werden; **Strenge Anwendung:** Nur in der zweiten Zyklushälfte ab dem dritten Tag nach Temperaturerhöhung darf Geschlechtsverkehr stattfinden. **Erweiterte Form:** Vom ersten Tag der Regelblutung bis acht Tage vor dem frühesten Temperaturanstieg darf Geschlechtsverkehr stattfinden (ohne anderen Schutz, wie z. B. Kondom).

Verhütungssicherheit, Vor- und Nachteile

bei konsequenter Anwendung sicher, vorausgesetzt, der Temperaturverlauf wird richtig interpretiert.

- Preisgünstige Methode; genaue Körperbeobachtung; ermöglicht einen guten Zugang zum eigenen Körper.

- Erlernen und Einüben der Methode ist notwendig; die Methode erfordert viel Disziplin! Spontane Sexualität kann verhindert werden; Krankheit mit Fieber, das Messen zu unüblicher Zeit, zu kurze Nachtruhe, übermäßiger Alkoholgenuss, Schichtdienst, Erkältungen, starke Gefühlsschwankungen oder der Wechsel des Thermometers können die Messergebnisse beeinflussen.

Die Schleimmethode

Was es ist und wie es wirkt

Der Zervixschleim verändert sich von milchig bis klar im Laufe des Zyklus. Er wird zum Eisprung hin flüssiger. Sobald in der Vor-Eisprungphase das Gefühl von Feuchtigkeit entsteht und die Frau Schleim feststellt, kündigt das den Beginn der fruchtbaren Tage an.

So wenden Sie es an

Empfängnis nicht ausgeschlossen: Schleim ist flockig, klebrig, dicht und von geringer Menge. **»Fruchtbarer« Schleim:** durchsichtig, flüssig, klar und ähnlich wie Hühnereiweiß. Er tritt in größeren Mengen auf und kann zwischen zwei Fingern zu Fäden gezogen werden. Die Zeit einer möglichen Empfängnis reicht bis zum Ende des dritten Tages nach Höhepunkt der Schleimveränderung. Vom vierten Tag nach dem Höhepunkt ist ungeschützter Verkehr risikolos möglich.

Verhütungssicherheit, Vor- und Nachteile

Nur mit anderen Methoden (etwa gemeinsam mit der o. g. Temperaturmessung) angewendet sicher.

- Sicherheit hängt vom richtigen und konsequenten Umgang damit ab.
- Anfangs große Unsicherheit beim Beobachten und Interpretieren der Ergebnisse möglich (besser zusätzlich ein Kondom verwenden).
- Die Methode ist störanfällig: bei sexueller Erregung, Scheidenentzündung, Einnahme schleimlösender Mittel, Pilzinfektionen, einen Tag nach einem Geschlechtsverkehr ist die Schleimbeobachtung erschwert, auch bei Benutzung eines Diaphragmas als zusätzliches Verhütungsmittel.

Die Symptothermale Methode

(Kombination von Temperatur- und Schleimmethode, um die fruchtbaren Tage zu ermitteln)

Was es ist und wie es wirkt

Temperatur- und Zervixschleimbeobachtung werden zunächst unabhängig voneinander nach den aufgelisteten Regeln ausgewertet.

So wenden Sie es an

Alle Werte werden in einer Tabelle aufgelistet und die Ergebnisse miteinander verglichen. Der bevorstehende Eisprung lässt sich an der Schleimveränderung ablesen, an der Temperaturveränderung erkennt man, wann er vorüber ist. Die unfruchtbare Zeit beginnt am Abend der dritthöheren Temperaturmessung oder am dritten Abend nach dem Schleimhöhepunkt, je nachdem was später kommt.

Verhütungssicherheit, Vor- und Nachteile

Methode ist sehr zuverlässig, wenn der ungeschützte Verkehr wirklich nur an absolut sicher unfruchtbaren Tagen stattfindet.

- Achtung: Spermien können zwei bis fünf – oder sogar bis zu sieben – Tage in Gebärmutter und Eileitern befruchtungsfähig bleiben!
- Sicherheit wird durch Anwendungsfehler und mangelnde Konsequenz in der Beobachtung beeinträchtigt.

Beobachtung des Gebärmutterhalses

(Ergänzung der symptothermalen Methode)

So wenden Sie es an

Beobachtung des Gebärmutterhalses oder des Muttermundes durch Selbstuntersuchung: Direkt nach der Menstruation fühlt er sich fest an (wie der Nasenknorpel), ist geschlossen und ragt tief in die Scheide hinein. In der fruchtbaren Zeit ist er weich (wie ein Ohrläppchen), leicht geöffnet, und er verlagert sich manchmal höher in die Scheide. Die unfruchtbaren Tage beginnen, wenn sich der Muttermund drei Tage geschlossen und hart angefühlt hat.

Verhütungssicherheit, Vor- und Nachteile

Zu unsicher als alleinige Methode.

Elektronische Temperaturmessung

Was es ist und wie es wirkt

Kleincomputer, der das Beobachten und Protokollieren erleichtern soll. Er misst mit einem Thermofühler die Körperwärme, wertet sie aus und meldet die risikofreie Zeit.

Verhütungssicherheit, Vor- und Nachteile

- Computer kalkuliert zu große Sicherheitszonen ein.
- Ändert nichts an den Vor-/ Nachteilen der Temperaturmethode.
- Computer kann nicht die durch den Eisprung ausgelöste Temperaturerhöhung von solchen unterscheiden, die durch Krankheit, Stress, Übernächtigung oder Alkoholkonsum ausgelöst werden.

Der Urintest

Was es ist und wie es wirkt

Er reagiert auf ein Hormon aus dem Gehirn, das zum Zeitpunkt des Eisprungs in großen Mengen im Harn nachzuweisen ist. In fünf Minuten liegt das Ergebnis vor und ist sehr einfach abzulesen.

So wenden Sie es an

Anhand eines Handmonitors und mit Hilfe von Einmalteststreifen kann man die fruchtbare Phase im Monatszyklus der Frau bestimmen. Mit Hilfe dieser Teststreifen wird der Spiegel zweier Sexualhormone im Morgenurin ermittelt und am Monitor ausgewertet.

Verhütungssicherheit, Vor- und Nachteile

Keine absolute Sicherheit, da Samenzellen bis zu sieben Tage im Körper der Frau verbleiben können.

- Paare mit Kinderwunsch können durch gezielten Verkehr an fruchtbaren Tagen eine mögliche Schwangerschaft erreichen.

- Verhältnismäßig teure Methode mit mittlerer Zuverlässigkeit.
- Nur ein Hilfsmittel.

Sterilisation

Wenn Sie Ihre Familienplanung endgültig abschließen, also keine (weiteren) Kinder möchten, gibt es die Möglichkeit der Sterilisation.

Bei der Frau: Laparoskopische Sterilisation

(gebräuchlichste Methode zur Zeit)

Die Eileiter werden durchtrennt, abgeklemmt oder verödet, so dass der Weg, den die Eizelle zur Gebärmutter nimmt, unterbrochen ist. Eingriff mit Hilfe einer Bauchspiegelung und unter Vollnarkose.

Wichtig: Endgültige Verhütungsmethode: Nur geeignet für ältere Frauen, für die die Familienplanung bereits abgeschlossen ist. Da es ein operativer Eingriff ist, sind ernstere Komplikationen möglich: Blutungen, Verletzungen innerer Organe und Entzündungen im Bauchraum.

Der Eingriff beim Mann

Unter örtlicher Betäubung wird seitlich am Hodensack ein kleiner Einschnitt gemacht. Die Samenleiter werden freigelegt, durchtrennt und ein Stück herausgeschnitten. Sie werden durch Verschweißen oder durch Umschlagen und Vernähen wieder verschlossen; Eingriff dauert 20 Minuten.

Wichtig: Relativ risikolos. Der Mann muss sich danach etwas schonen. Der Urologe muss nach sechs bis acht Wochen anhand einer Samenprobe feststellen, ob sich in der Flüssigkeit noch befruchtungsfähiger Samen befindet. Endgültiger Eingriff!

Rund um Körper und Sexualität

Sexualität ist eine sehr schöne und deutliche Form der Körpersprache. Durch gegenseitige sexuelle Berührungen erschließt sich eine ganz andere Welt. Gerade wenn Sie Ihren Partner oder Ihre Partnerin nur zärtlich streicheln, können Sie erfahren, dass Sexualität viel mehr umfasst als einfach nur »miteinander zu schlafen«.
Sexualität ist auch etwas Geheimnisvolles – manchmal Verwirrendes. Sie betrifft Körper und Seele gleichermaßen. Miteinander zu schlafen fühlt sich darum auch ganz anders an, wenn man es mit einem Menschen erlebt, den man wirklich liebt. Trotzdem – oder gerade deshalb: Wissen und Erfahrung gehören zusammen. Deshalb ist es wichtig, über den eigenen Körper und dessen sexuelle Reaktionen ebenso wie über sexuelle Techniken Bescheid zu wissen. Früher glaubte man noch, Selbstbefriedigung wäre ungesund oder gefährlich, heute weiß man, wie wichtig sie ist, um mit dem eigenen Körper und seinen Reaktionen vertraut zu werden. Denn es ist ein weitverbreiteter Irrtum, zu meinen, es komme einzig allein auf das »Finale«, den Orgasmus, an. Jeder Moment der Zärtlichkeit, sozusagen das kleine Glück des Augenblicks, ist bedeutsam. Wer diese Momente nicht genießen kann, rennt sein ganzes Leben lang sexueller Erfüllung, ja: letztendlich dem Glück, hinterher. Die sexuelle Empfindungsfähigkeit ist nicht auf einen Moment im Liebesspiel beschränkt – und auch nicht auf bestimmte Körperteile, etwa die Geschlechtsorgane: Unser ganzer Körper ist für sexuelle Reize empfänglich. Das Wissen darüber kann Ihnen völlig neue lustvolle Perspektiven eröffnen!
Wir möchten Ihnen möglichst viele Ihrer Fragen beantworten: Zur Sexualanatomie des Mannes und der Frau, zum Orgasmus, zum intimen Miteinander, aber auch zu körperlichen Veränderungen im Laufe des Lebens.

Wie männlicher und weiblicher Körper beim Sex reagieren

? *Sind die sexuellen Reaktionszyklen von Männern und Frauen unterschiedlich?*

Sehr viele Gedanken zu diesem Thema machten sich zwei international bekannte Sexualforscher, William Howell Masters und Virginia E. Johnson, die privat und beruflich ein Paar waren (siehe Literaturempfehlungen Seite 240 ff.). Sie beschrieben in ihrem berühmten Buch »Die sexuelle Reaktion« die physiologischen Veränderungen, die beim Sex vor sich gehen. Der sexuelle Reaktionszyklus wurde von ihnen – unabhängig vom Geschlecht – in vier Phasen unterteilt: die Erregungs-, Plateau-, Orgasmus- und Rückbildungsphase. Dieses Modell wurde zwar weitestgehend als Tatsache akzeptiert, aber inzwischen weiß man, dass die Reaktionszyklen vieler Männer und Frauen nicht in dieses Schema passen.

Grundsätzlich kann man jedoch sagen, dass sich bei sehr vielen Männern die Erregung in einer typischen Kurve aufbaut – und die meisten Frauen eine Erregungskurve haben, die langsamer als die männliche ansteigt, eine längere Plateauphase hat und dann auch nur allmählich wieder abklingt.

Es gibt aber viele verschiedene Variationen von Reaktionszyklen. Auch vom psychologischen Standpunkt aus betrachtet, ist es eher unwahrscheinlich, dass jeder Mensch die gleichen Empfindungen durchlebt. Darum ist ja auch das »erotische Zwiegespräch« (Seite 39) notwendig, das Paartherapeuten empfehlen, um sich in seinen sexuellen Wünschen, Reaktionen und Empfindungen gegenseitig kennen zu lernen.

Jeder Mensch – ob Mann oder Frau – muss vor allem auch sein eigenes sexuelles Reaktionsschema erst kennen lernen. Dazu gehören oft Mut und die Lust, sich als autonomer sexueller Mensch zu entdecken und weiterzuentwickeln.

Was versteht man unter einem Orgasmus?

Als Orgasmus wird der Höhepunkt sexuellen Erlebens bezeichnet. Er ist geprägt von einem intensiven Lusterleben, begleitet von physiologischen Vorgängen. Die körperlichen Reaktionen beim Orgasmus werden vom Sympathikus gesteuert. Bei Frauen kommt es zu rhythmischen Kontraktionen der Vaginalwandmuskulatur, der Beckenbodenmuskulatur und des Musculus bulbospongiosus. Das ist ein quergestreifter Muskel im Bereich der Geschlechtsorgane. Bei Frauen umgibt dieser Muskel den Scheideneingang und bei Männern den Anfangsabschnitt des Harnröhrenschwellkörpers. Auch bei Männern kommt es beim Orgasmus zu rhythmischen Kontraktionen der Beckenbodenmuskulatur.

Orgasmen sind Ausdruck sexueller Gesundheit, sie sind aber für die sexuelle Befriedigung nicht unbedingt erforderlich. Andererseits ist das bloße Auftreten von Orgasmen auch kein Garant für ein erfülltes sexuelles Erleben und Befriedigung – dafür braucht es mehr.

Der Orgasmus ist außerdem eine sinnliche Erfahrung, die von Mal zu Mal und von einem Menschen zum anderen sehr unterschiedlich erlebt werden kann.

Wie lange dauert ein Orgasmus?

Wenn man bedenkt, wie lange wir an einem Liebesspiel Vergnügen finden können, ist der eigentliche Orgasmus relativ kurz, nämlich maximal 30 Sekunden. Frauen erleben große Unterschiede in Intensität und Dauer des Orgasmus (siehe auch Antwort Seite 124). Bei Männern gibt es offensichtlich eher ähnliche Abläufe.

Viele Frauen können mühelos mehrere Orgasmen hintereinander haben. Die physiologischen Reaktionen klingen offensichtlich bei der Frau insgesamt langsamer ab als beim Mann.

? ***Die Art, wie ich Sex erlebe und wie intensiv und leidenschaftlich ich dabei reagiere, hat sich in meiner neuen Beziehung total verändert. Ist das normal?***

Es gibt keine richtige oder »normale« Art des sexuellen Erlebens. Die sexuelle Reaktion ist das Resultat einer komplexen Wechselwirkung von vielen variablen Faktoren. Es spielen das Alter eine Rolle, die Erfahrung, das physische und emotionale Befinden, der Erregungsgrad, das Verhalten des Partners und die Gefühle für ihn. Nichts ist gleich mit einem neuen Partner.

Sie selbst sind mit Ihren körperlichen und emotionalen Möglichkeiten älter, reifer und erfahrener geworden. Starke und sehr tiefe Gefühle, zu denen Sie vielleicht in jüngeren Jahren noch gar nicht in der Lage waren, sind jetzt möglich. Dies alles wirkt sich natürlich auch auf Ihr sexuelles Erleben aus.

Sex hält gesund!

Eine befriedigende Sexualität tut auch der Gesundheit gut. Das Liebesspiel löst nämlich im Körper eine wahre Lawine von wohltuenden hormonellen Vorgängen aus.

Einige messbare körperliche Veränderungen sind die folgenden: Der Puls steigt, die Atmung wird tiefer, die Durchblutung wird angeregt. Auch verschiedene Hormone werden freigesetzt: das »Kuschelhormon« Oxytocin, Endorphine wie Serotonin und Dopamin, die die Stimmung heben. Auch die Bildung der Geschlechtshormone wird angekurbelt. Diese positiven Nachwirkungen gibt es bis zu 24 Stunden nach dem Sex. Ähnliche Effekte erreicht man übrigens auch bei der Selbstbefriedigung.

Das Zentrum männlicher Lust: der Penis

?

Seit meiner Jugend vergleiche ich mich mit anderen Männern und bin überzeugt, dass mein Penis zu klein ist. Ich leide darunter!

Wie alle anderen physischen Merkmale des Menschen variieren auch die Penisse in Größe und Form. Sie sind unterschiedlich lang, dick, manche nach links oder rechts gekrümmt, einige zeigen erigiert nach oben, andere nach vorn … Aber was Sie beruhigen dürfte: Die Penisse variieren zwar in der Größe, aber die Unterschiede sind in erigiertem Zustand oft geringer, weil ein kleiner schlaffer Penis sich bei der Erektion deutlich mehr vergrößert als ein Penis, der im »Ruhezustand« schon sehr groß ist. Trotzdem wird es auch im erigierten Zustand immer gewisse Größenunterschiede geben. Als Mann sollten Sie zu Ihrem eigenen Penis als wichtigen Teil Ihres Körpers stehen.

?

Mein Penis ist auch im erigiertem Zustand ziemlich klein. Kann ich das im Liebesspiel irgendwie wettmachen?

Natürlich stimmt es, dass der erigierte Penis mancher Männer kürzer ist als der Durchschnitt – das sind 13 bis 15 Zentimeter –, und manche sind auch dünner als die von anderen. Aber, auch wenn es Ihnen vielleicht schwer fällt das zu glauben, es macht im Liebesspiel mit einer Frau keinen großen Unterschied. Den meisten Frauen ist es egal, wie groß der Penis ist. Der Mann zählt und nicht ein einziges Körperteil von ihm.
Schön ist für die Frau natürlich, wenn der Mann ein guter Liebhaber ist. Es kommt also nicht auf die Größe des Penis an, sondern darauf, was Sie damit tun. Wenn Sie sehr einfühlsam, fantasievoll und interessiert sind beim Berühren, Küssen und Streicheln, wird Ihre Partnerin das lieben und schätzen.

? *Ich habe leider große Schwierigkeiten, meinen sehr kleinen Penis so zu akzeptieren, wie er ist. Kann ich ihn denn nicht durch Training der Muskulatur oder spezielle Übungen vergrößern?*

Die äußeren männlichen Geschlechtsorgane bestehen aus dem Penis und dem Hodensack, der die Hoden enthält. Der Penis selbst besteht nicht aus Muskelgewebe, das durch irgendein Training vergrößert werden kann. Der größte Teil des Penis ist mit zwei großen zylinderförmigen Schwellkörpern ausgefüllt, die von widerstandsfähigem Bindegewebe und einer starken, dehnbaren Hauthülle umgeben sind.
Bei einem gesunden Mann füllen die Schwellkörper sich bei sexueller Erregung prall mit Blut, wodurch sich der Penis ausdehnt. Durch ihre Vergrößerung drücken die Schwellkörper gegen die sie umgebende Hauthülle, und dadurch wird der Penis steif. Es hängt also vom Grad der Erregung ab, wie sehr sich Ihr Penis vergrößert. Grundsätzlich ist die Größe auch dieses Körperteil einfach auch durch Erbanlagen bedingt.
Es gibt manchmal Anzeigen in einschlägigen Zeitschriften und auch ständig Angebote im Internet, die behaupten, bestimmte Produkte könnten den Penis vergrößern. Das ist leider Scharlatanerie, und das Geld können Sie sich sparen. Es wird nichts helfen. Auch Penistransplantationen werden bei einem gesunden Mann nicht vorgenommen.
Wenn Sie weiterhin Schwierigkeiten haben, Ihren Penis so zu akzeptieren, wie er ist und ihn als einen wichtigen Teil Ihrer selbst anzunehmen, würde ich Ihnen raten, am besten einmal mit einem Psychotherapeuten darüber zu sprechen (Seite 67 ff.).

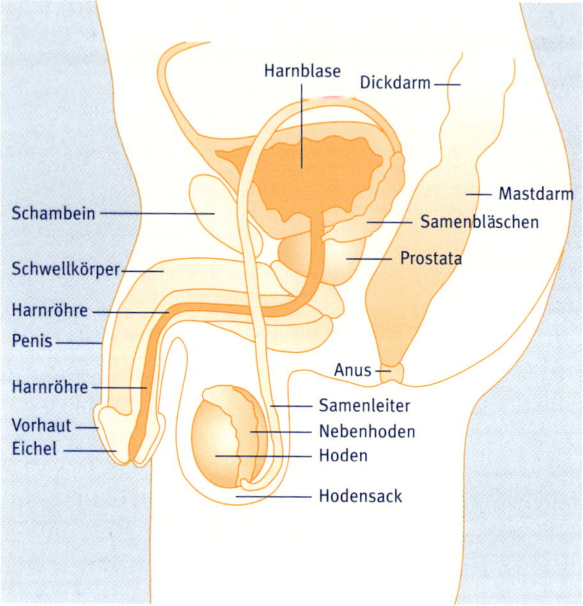

Was Männer in Stimmung bringt

? *Welchen Teil der äußeren Sexualorgane meines Partners sollte ich besonders stimulieren? Wo ist er besonders sensibel?*

Was die körperliche Sensibilität anbelangt, ist bei den meisten Männern die Eichel (die Penisspitze) die empfindlichste Stelle. Das heißt aber nicht, dass der Rest des Penis unempfindlich wäre, sondern lediglich, dass die Eichel auf jeden Fall in die jeweilige Stimulation eingeschlossen werden sollte, um ein Höchstmaß an Lust zu erreichen.

Viele Männer mögen es auch, wenn beim Liebesspiel der Hodensack stimuliert wird. Dieser kann gestreichelt, gerieben, festgehalten, geleckt und gedrückt werden. Alles aber nicht zu fest. Eine weitere sensible Gegend ist bei vielen Männern das Perineum (der Damm) zwischen Hoden und Anus.

? *Habe ich als Mann auch einen G-Punkt? Wie kann er beim Liebesspiel stimuliert werden?*

Der männliche G-Punkt ist die Prostata. Sie umgibt den Anfangsbereich der Harnröhre. Ihre Basis befindet sich am Ansatz der Blase. Während des Liebesspiels kann sie ertastet werden, wenn Ihre Partnerin oder Ihr Partner den gut befeuchteten Finger sanft in Ihren Anus einführt und gegen die Vorderwand des Mastdarms drückt. Die Prostata fühlt sich dann wie eine feste Masse an und ist etwa so groß wie eine Walnuss. Sie kann zum Beispiel beim Oralsex oder während des Geschlechtsverkehrs zusätzlich stimuliert werden: Am besten wird sie in Abwärtsrichtung fest massiert – manchmal reicht es auch darüber zu streichen – möglichst kurz bevor Sie zum Orgasmus kommen.

? *Ich habe gehört, dass es auch bei Männern zwei Arten des Orgasmus gibt. Wie kann ich mir das vorstellen?*

Natürlich gibt es bei Männern den Orgasmus, der durch direkte Penisstimulation ausgelöst wird. Er ist dem klitoralen Orgasmus bei den Frauen vergleichbar. Dem tieferen, inneren vaginalen Höhepunkt entspricht beim Mann der von der Prostata ausgelöste Orgasmus. Eine Befragung homosexueller Männer ergab, dass sie diesen Orgasmus eher als »anal« erlebten. Der Hauptunterschied lag für diese Männer in der anderen Art der Hingabe, einer tieferen Empfindung, wobei der Orgasmus an sich derselbe ist. Auch bei den Männern geht es in dieser Unterscheidung mehr um unterschiedliche Empfindungsqualitäten in

Abhängigkeit von der vorausgegangenen Stimulation als um physiologisch unterschiedliche Höhepunkte. Auch in heterosexuellen Beziehungen können natürlich anale Sexualpraktiken (siehe auch Seite 205 f.) zum Einsatz kommen, je nach Vorliebe beider Partner.

Die männliche Erektion

? *Mich irritiert zur Zeit beim Sex, dass meine Erektionen kommen und gehen, ohne dass ich wirklich erkenne, warum. Was kann ich dagegen tun?*

Alle körperlichen Veränderungen sind grundsätzlich umkehrbar. Es genügt, ein Detail zu verändern, schon reagiert die Psyche – und auch der Körper: Es kann sein, dass Sie plötzlich abgelenkt oder nervös werden. Folglich geht Ihre Erregung zurück und damit auch Ihre Erektion. Es könnte auch sein, dass Sie einfach nicht auf die Art stimuliert werden, die Ihnen am liebsten ist, so dass Sie die Erektion ganz oder teilweise verlieren.
Normalerweise müssen Sie sich darüber keine Sorgen machen. Sie können sehr schnell wieder auf Ihr altes Erregungsniveau zurückkehren, wenn Sie dieselben Aktivitäten wieder aufnehmen, die Sie zuvor in Erregung versetzt haben. Vielleicht genügt ein Stück mehr Selbstbehauptung in Ihren sexuellen Wünschen, um Ihr Problem zu beheben. Möglicherweise ist Ihre Partnerin sogar froh, wenn sie von Ihnen einen Wink bekommt, wo und wie Sie genau stimuliert werden wollen. Hilfreich ist es, wenn Sie in Ihrer Beziehung eine offene, liebevolle Kommunikation aufbauen (siehe Kasten Seite 34 f.). Auch das regelmäßige erotische Zwiegespräch (siehe Seite 39) unterstützt Sie dabei, einander Ihre Wünsche mitzuteilen und ein befriedigendes Sexualleben zu haben.

? *Wenn ich meine Partnerin oral stimuliere, geht meine Erektion zurück, obwohl das für mich lustvoll ist. Womit hängt das zusammen?*

Es ist ganz normal, dass Erektionen während des Liebesspiels kommen und gehen, besonders auch dann, wenn das Liebesspiel länger dauert. Es ist nicht so ungewöhnlich, wenn ein Mann seine Erektion verliert, während er seine Partnerin oral stimuliert. Das hat nun nicht zu bedeuten, dass oraler Sex Ihnen keinen Spaß macht, sondern dass er zwar lustvoll ist, aber nicht die Art der Stimulation, die Ihre Erektion über längere Zeit aufrecht erhält. Erektionen können auch bei anderen sexuellen Aktivitäten nachlassen. Wichtig ist, sich nicht verstören zu lassen, wenn Sie merken, dass Ihr Penis schlaff wird. In den meisten Fällen kann er wieder steif werden. Aber selbst wenn das hin und wieder nicht der Fall ist, können Sie weiter miteinander Sex und Gemeinsamkeit genießen (siehe auch Tipps im Kasten Seite 147).

? *Wie kommt es zur »Morgenlatte«?*

Die Erektion des Penis ist ein komplexer Vorgang: Dieser wird sowohl durch periphere Nervenimpulse (Erektionsreflex) als auch durch zentrale Einflüsse (emotionale Auslöser, Verstärkung oder Hemmung) ausgelöst und gesteuert. Eine Erektion kann deshalb auch völlig ohne sexuelle Erregung stattfinden. Das nennt man dann eine Spontanerektion.
Die »Morgenlatte« oder Morgenerektion ist die Bezeichnung für die letzte nächtliche Spontanerektion des Penis, die sich häufig erst nach dem Erwachen zurückbildet. Früher nahm man fälschlicherweise an, sie würde durch die Reizwirkung einer gefüllten Harnblase entstehen.

Immer wenn ich morgens mit einem steifen Penis aufwache, meint meine Partnerin, ich will jetzt Sex. Das ist nicht so: Ist bei mir etwas nicht in Ordnung?

Eine Erektion bedeutet einfach nur, dass Ihr Penis steif ist, wird aber gern mit Interesse am Sex verwechselt. Ob Sie dabei Sex wollen, hängt davon ab, wie Sie sich fühlen und wie erregt Sie sind. Man hat zum Beispiel auch herausgefunden, dass Männer normalerweise während der REM-Schlafphase, in der sie träumen, eine Erektion haben – ohne dass diese Träume mit Sex zu tun hatten. Erektionen werden also nicht nur von Liebes- und Lustgefühlen hervorgerufen.
Das sollten Sie Ihrer Partnerin liebevoll erklären, dann wird sie sich auch nicht abgelehnt fühlen, wenn Sie das nächste Mal zu Ihrem Nichtwollen stehen.

Der Samenerguss des Mannes

Wenn ich weiß, wie der Ejakulationsprozess verläuft, kann ich dann meine Ejakulation hinauszögern?

Ejakulationen sind Rückenmarksreflexe, welche die angestaute Muskelspannung lösen und die Blutzufuhr rückgängig machen, wobei der Penis und die anderen angeschwollenen Körperbereiche entleert werden. Die Ejakulation geschieht grundsätzlich in zwei getrennten Schritten: Zuerst kontrahieren Prostata, Bläschendrüsen sowie Samenleiter und entleeren ihren Inhalt in den Harnleiter. Die Spermien vermischen sich dann mit den Sekretionen der Prostata und der Bläschendrüsen zum Ejakulat. Die Kontraktionen sind der Anfang der Ejakulation. Sie empfinden das als »Jetzt komme ich«. Masters und Johnson nennen das »Ejakulationsunvermeidlichkeit«

– »the point of no return« – , denn sind Sie einmal an diesem Punkt angelangt, können Sie den Ejakulationsprozess nicht mehr stoppen. Im zweiten, direkt nachfolgenden Schritt dieses Prozesses wird die Flüssigkeit über den Harnleiter durch Kontraktionen der Beckenbodenmuskeln hinausgeschleudert.
Sie können nur vorher, bevor »the point of no return« erreicht ist, durch Methoden der Ejakulationskontrolle den Prozess beeinflussen. Dazu ist es notwendig, dass Sie lernen vor allem Ihre Schließmuskeln bewusst zu kontrollieren. Um die Ejakulation zu beherrschen, müssen Sie lernen, diese Muskeln vor dem kritischen Punkt bewusst zu entspannen. Es ist eine sehr wirkungsvolle Methode, eine Ejakulation hinauszuzögern.

? *Welche Methoden der Ejakulationskontrolle gibt es?*

Es gibt Techniken, die Sie selbst anwenden können und solche, in die Sie Ihre Partnerin mit einbeziehen. Zu den ersteren gehören die »Verschlussmethode« und die alte chinesische »Druck-Technik«. Die von Masters und Johnson empfohlene »Squeeze Technique« taugt eher für erfahrenere Paare, ist eine kompliziertere Technik und schwieriger zu erlernen als die chinesische Druck-Technik. Die »Squeeze Technique« ist aber ein ausgezeichnetes Kommunikations- und Koordinationstraining für erfahrene Paare.

? *Wie wende ich die Verschlussmethode an?*

Wenn Sie spüren, dass Sie zu sehr erregt werden, ziehen Sie Ihren Penis einfach zehn bis 30 Sekunden lang aus der Scheide Ihrer Partnerin (Sie verlieren höchstens zehn bis 30 Prozent der Erregung). Dann dringen Sie von neuem ein und nehmen Ihre Stöße wieder auf. Dies können Sie

TIPP

Training für die Lust: Spiel mit dem »point of no return«
Die folgende Übung ist eine sehr wirkungsvolle Methode sich vom »point of no return« fernzuhalten und damit eine Ejakulation zu vermeiden bzw. hinauszuzögern. Indem Sie als Mann lernen sich zurückzuhalten, nehmen Sie stärker teil an der Lust der Frau – und Ihr eigenes Lustempfinden übersteigt das Erlebnis der allzu kurzen Ejakulation.
Beginnen Sie zu trainieren, die ersten Male beim Urinieren: Ein oder zwei Sekunden den Harnstrahl laufen lassen, dann abrupt abbrechen und etwa fünf Sekunden zurückhalten. Dann lassen Sie wieder ein bis zwei Sekunden laufen und so fort, bis Ihre Blase entleert ist. Während des Anhaltens stellen Sie sich vor, den Harn wieder in die Blase zu absorbieren. Gleichzeitig spannen Sie die beiden Schließmuskeln sowie den analen Hebemuskel kräftig an. Das erzeugt eine sonderbare, schwer zu beschreibende Empfindung, die häufig mit einem Erschauern entlang des Rückgrats einhergeht. Diese Übung lässt sich leicht zur Gewohnheit machen. Der Effekt: Sie stärken die Muskeln in diesem Bereich.
Damit Sie aber Ihre Ejakulation beherrschen können, müssen Sie lernen, diese Muskeln vor dem kritischen Punkt dann auch bewusst zu entspannen. Sie können das üben, indem Sie die Muskeln während einer Erektion erst so fest wie möglich zusammenziehen, bis das typische Erschauern spürbar wird – und dann wieder entspannen. Die Spannung im Penis lässt sofort nach. Dann erneut ein paar Sekunden lang anspannen und anschließend wieder entspannen.
Anfangs üben Sie das am besten mit Ihrer Partnerin in Ruhestellung, später ist es möglich, auch während der gemeinsamen Bewegungen zu entspannen.

beliebig oft wiederholen – so lange Sie beide Lust und Freude daran haben. Achten Sie also auch darauf, wie Ihre Partnerin reagiert.

? *Wie funktioniert eigentlich die sogenannte »Druck-Technik«?*

Die Druck-Technik können Sie in jeder Stellung anwenden: Sie drücken drei oder vier Sekunden lang mit Zeige- und Mittelfinger der linken Hand auf den »Damm« zwischen Hodensack und After. Gleichzeitig atmen Sie einmal tief durch.
Diese Methode hat den Vorteil, dass Sie den Penis nicht aus der Vagina herausziehen müssen. Außerdem geht keine Zeit verloren, in der Sie sich Ihrer Partnerin verständlich machen müssen. Sie müssen Ihrer Partnerin auch gar nichts sagen, sondern regeln es für sich allein.

? *Wie können wir die »Squeeze-Technique« einsetzen?*

Die »Squeeze-Technique« können Sie in den Positionen in Ihr Liebesspiel einbeziehen, in denen die Frau »oben« ist. Sie als Mann müssen Ihrer Frau sagen, wenn Sie zu stark erregt werden. Daraufhin erhebt sie sich schnell vom Penisschaft und übt mit den Fingern drei oder vier Sekunden lang Druck auf die Eichel aus. Durch den Druck verlieren Sie den Drang zu ejakulieren. Sie können dabei 30 Prozent Ihrer Erektion verlieren. Es empfiehlt sich dann, noch 15 bis 30 Sekunden zu warten, bevor Sie den Penis wieder in die Scheide einführen und von neuem mit dem Stoßen beginnen. Das kann mehrmals wiederholt werden. Diese Technik ist anfangs etwas schwierig. Wenn Sie zu lang testen und probieren müssen, verliert der Penis den letzten Rest Festigkeit.

? ***Da ich oft sehr schnell ejakuliere, möchte ich lernen, mit dem »Point of no return« zu spielen. Wie könnte ich meine Körperselbsterfahrung gestalten?***

Vorbedingung dafür ist selbstverständlich, dass Sie für eine ungestörte Atmosphäre sorgen. Vielleicht machen Sie es sich einfach gemütlich, schauen sich ein Video an oder hängen irgendwelchen erotischen Gedanken nach. Die meisten Männer masturbieren gern, während sie auf dem Bett liegen und benutzen dazu ein Gleitmittel. Die gängigste Methode ist die, eine lockere Faust zu machen, und in gleichbleibendem Rhythmus, am oberen Ende beginnend, immer wieder aufs neue am Penis auf- und abzugleiten. Sie können auch Penis und Hoden sanft streicheln, bis sie eine Erektion haben, und dann zwei oder drei Finger und ihren Daumen benutzen, um auf- und abzugleiten.

Die meisten Männer kommen auf diese Art sehr schnell, innerhalb von zwei, drei Minuten zum Orgasmus. Wenn Sie den Höhepunkt hinauszögern wollen, verlangsamen Sie das Tempo absichtlich, hören kurz auf und fangen dann wieder an, das ist die sogenannte »Stop-Start-Methode«. Dabei ist es wichtig, dass Sie über längere Zeit (bis zu 15 Minuten) ohne Ejakulation masturbieren. Konzentrieren Sie sich ganz auf Ihren Penis, um das Ausmaß Ihrer Erregung zu spüren und Ihren »Point of no return« ausfindig zu machen – also den Punkt, an dem die Ejakulation nicht mehr aufzuhalten ist. Wenn Sie diesen Punkt gerade eben erahnen, müssen Sie die Stimulation möglichst schnell stoppen.

Die meisten Männer intensivieren ihre Streichbewegungen wieder, wenn sie kurz vor diesem Punkt sind und schließlich zum Orgasmus kommen wollen. Manche Männer fassen ihre Hoden an, während sie ejakulieren, weil sich für sie dadurch das Gefühl des Orgasmus etwas verlängert.

? *Sind Orgasmus und Ejakulation beim Mann dasselbe?*

Obwohl die Begriffe Orgasmus und Ejakulation oft gleichbedeutend benützt werden, macht es doch Sinn, sie zu unterscheiden. Die Ejakulation umschreibt den physischen Teil, das Ausstoßen der Flüssigkeit. Der Orgasmus ist das Gefühl des Höhepunkts beim Sex. Dieser Höhepunkt tritt bei Männern meistens während der Ejakulation ein, aber nicht immer. Manchmal gibt es kein emotionales Hoch, aber eine Ejakulation. Manchmal kommt es lange vor der Ejakulation. Manche Männer empfinden nicht viel dabei, andere wiederum haben viele Höhepunkte, sowohl mit als auch ohne Ejakulation.

? *Ich habe meine Ejakulation gut unter Kontrolle und ejakuliere inzwischen ziemlich wenig. Ist es normal, dass ich oft einen Druck im Hodensack spüre?*

Fast jeder Mann wird beim Erlernen der Ejakulationskontrolle Unbehagen oder Druck im Hodensack verspüren. Das ist kein Grund zur Beunruhigung. Aber Sie sollten es trotzdem nicht übertreiben. Wenn Sie Müdigkeit und Mattigkeit verspuren, ejakulieren Sie eher zu selten. Dann sollten Sie versuchen, häufiger zu ejakulieren.

? *Obwohl ich sehr erregt war, ist beim Sex mit meiner Partnerin die Ejakulation ausgeblieben. Kann das schaden?*

Manchmal befürchten Männer, dass es zu Beschwerden und Schmerzen kommen muss, wenn sie sehr erregt sind und nicht ejakulieren können. Das ist jedoch ziemlich selten der Fall. Es ist auch nicht notwendig, bei jedem sexuellen Erlebnis zu ejakulieren. Es ist schön, wenn es passiert.

Es gibt aber keinen triftigen Grund, eine Ejakulation zu erzwingen, sondern es wäre eher besser, rechtzeitig aufzuhören, so lange Sie und Ihre Partnerin dabei noch Vergnügen empfinden.
Versuche, eine Ejakulation zu erzwingen, klappen sowieso meist nicht und machen Sex nur zur Pflichtübung. Wenn Sie erregt waren, aber nicht ejakulieren konnten, dauert allerdings der Entspannungsprozess etwas länger. Muskelspannung und Blutstauung verschwinden langsamer als nach einer Ejakulation. Daher kann es sein, dass Sie so etwas wie einen Stau in der Beckengegend empfinden und sich ein bisschen angespannt oder unruhig fühlen.
Sollten Sie wirklich Schmerzen haben, hilft im Normalfall ein wenig Ruhe. Vielleicht haben Sie auch Lust, sich selbst zu stimulieren oder Ihre Partnerin zu bitten, Sie mit der Hand zur Ejakulation zu bringen.

? *Nach dem Samenerguss würde ich mich am liebsten umdrehen und schlafen. Sollte ich mich als guter Liebhaber um meine Partnerin kümmern?*

Nach dem Samenerguss geht es vielen Männern wie Ihnen. Sie empfinden Mattigkeit und eine tiefe Entspannung, und können wunderschön einschlafen. Dann kann es aber sein, dass Ihre Partnerin noch etwas Verbundenheit spüren möchte: Sie umarmen, kuscheln, ein Gespräch mit Ihnen führen. An diesem Punkt gehen die Bedürfnisse der Partner manchmal auseinander.
Es kann sein, dass Sie sich sehr wohlfühlen, wenn Sie sich auf das sogenannte »Nachspiel« einlassen. Manchmal kann es aber für Sie auch genau das Richtige sein, einfach einzuschlafen.
Bestimmt bleibt Ihnen jedoch noch ausreichend Zeit, sich kurz, aber liebevoll mit Ihrer Partnerin über Ihre Bedürfnisse zu verständigen.

? ***Mein Urologe hat mir zu Kegel-Übungen für den Mann geraten, um meine Orgasmusfähigkeit zu verbessern. Was versteht man darunter?***

Dr. Arnold Kegel entwickelte schon in den fünfziger Jahren ein Trainingsprogramm, um die Beckenbodenmuskeln zu stärken. Dieses Übungen sind für Männer und Frauen gleichermaßen geeignet. Es geht vor allem um den Pubococcygeus-Muskel (PC), den Sie zuerst erfühlen müssen. Es ist derselbe Muskel, den Sie benutzen, um den Urin zurückzuhalten. Eine einfache Übung ist, diesen Muskel zweimal täglich je 25-mal anzuspannen und dann wieder zu entspannen. Sobald Sie dies 25-mal rasch hintereinander tun können, steigern Sie sich auf 50 Wiederholungen. Männer, die diese Technik beherrschen, können eine bessere Kontrolle über ihren Orgasmus erlangen.
Sie können versuchen, Ihren PC-Muskel fünf Sekunden lang fest zusammenzuziehen, wenn Sie kurz vor dem Orgasmus sind. So kann Ihre Ejakulation verzögert werden – und trotzdem haben Sie die Empfindung, einen Orgasmus zu haben. Experten behaupten, Männer, die die Kegel-Technik beherrschen, seien zu mehrfachen Orgasmen fähig.

? ***Wenn ich meine Freundin die ganze Woche nicht gesehen habe, freue ich mich wahnsinnig auf sie. Leider kommt es dann jedes Mal zur vorzeitigen Ejakulation. Wie kann ich das ändern?***

Eine einfache Methode, um die vorzeitige Ejakulation zu beeinflussen, ist die Masturbation. Je häufiger Sie es tun, um so unempfindlicher wird Ihr Penis auf Stimulation reagieren. Wenn Sie an dem Tag, an dem Sie Ihre Freundin wiedersehen, vorher mindestens zweimal masturbieren – vielleicht das zweite Mal eine Stunde bevor Sie mit ihr schlafen –, wird Ihnen das helfen Ihre Ejakulation hinauszuzögern. Zusätzlich könnten Ihnen auch die Kegel-Übungen helfen, Ihre Ejakulation zu beeinflussen sowie die »Verschlussmethode« und die »Druck-Technik« (Seite 111 ff.).

? *Beim Orgasmus empfinde ich ein intensives Lustgefühl. Kann ich ihn verlängern?*

Wenn Sie einen Orgasmus haben, entleeren Ihre prall gefüllten Genitaldrüsen sich in Ihre Harnröhre. Dadurch wird sie gedehnt, und das vermittelt Ihnen ein intensives Lustgefühl. Normalerweise geht die Ejakulation mit vier oder fünf Kontraktionen einher, die im Abstand von 0,8 Sekunden erfolgen. Wenn Sie eine Zeitlang keinen Sex hatten (oder keine Ejakulation), werden Sie mehr Samen erzeugen als sonst, wodurch Ihr Orgasmus länger dauern kann.
Wenn Sie ganz bei der Sache sind, werden Sie den Orgasmus länger spüren. Ihre Partnerin kann Sie auch mehrmals bis kurz vor den Orgasmus bringen (wenden Sie dafür die Methode der Ejakulationskontrolle an, ab Seite 111 ff.), bevor Sie schließlich ejakulieren. Damit wird Ihr Empfindungsvermögen geschärft, was wiederum Ihre Gefühle während des Orgasmus verstärken kann.

? *Benötigen auch Männer ein längeres Vorspiel, um zum Orgasmus zu kommen?*

Auch für Männer gilt: Je mehr Vorspiel, umso besser! Das Gefühl, das ein Mann hat, wenn sich sein Penis mit Blut füllt und erigiert, wird oft als fantastisch beschrieben. Deshalb schieben auch Männer den Augenblick der Penetration gern hinaus, weil die Vorfreude – bei Männern ebenso wie bei Frauen – fast so gut wie der Intimverkehr selbst ist. Manchmal geht es dann plötzlich wahnsinnig schnell. Eben war der Penis noch schlaff, und schon ist er steif. Auch die Brustwarzen werden hart und es prickelt vor Erregung überall unter der Haut. Kurz bevor der Mann jetzt gleich zum Höhepunkt kommt, spürt er, wie das Sperma im Penis hochschießt. Wenn das geschieht, ist die Ejakulation unvermeidlich. Das Sperma wird – verbunden mit einem intensiven Lustgefühl – in ruckartigen Kontraktionen hinausgepumpt.

Die Sexualität des älteren Mannes

? *Seit einiger Zeit fällt mir auf, dass ich länger stimuliert werden muss, bis mein Penis steif wird. Gehört eine verlängerte Erregungsphase zum Alterungsprozess?*

Die volle Erektion kann bereits zu Beginn eines erotischen Erlebnisses erreicht werden oder erst später. Bei vielen jungen Männern tritt die Erektion unverzüglich auf. Ihr Penis wird steif, sobald sie nur irgendwie stimuliert werden. Mit zunehmenden Alter dauert das gewöhnlich etwas länger und es kann außerdem sein, dass der Penis direkt stimuliert werden muss, damit er zur vollen Erektion kommt.
Sowohl der kurze als auch der längere Weg sind vollkommen normal. Es kommt auf das Gesamterlebnis miteinander an und es ist nicht so wichtig, ob Ihr Penis früher oder später steif wird, oder auch mal gar nicht mag.

? *Ich bin jetzt über Fünfzig. Kann es sein, dass sich die Zusammensetzung und die Menge meines Ejakulats verändert?*

Die Kraft und die Menge des ausgestoßenen Ejakulats hängen von einer Reihe von Faktoren ab. Einer davon ist das Alter des Mannes, eine Rolle spielt auch, wie viel Zeit seit der letzten Ejakulation vergangen ist. Wenn Sie sich unsicher sind, fragen Sie ruhig bei einer Ihrer nächsten Vorsorgeuntersuchungen Ihren Urologen.

Mein Penis wird nicht mehr so schnell steif wie früher. Ich habe Angst, meine Partnerin zu enttäuschen, und will es deshalb mit Viagra probieren. Können Sie andere Möglichkeiten empfehlen?

Es ist völlig normal, dass sich die sexuelle Reaktion im Alter verlangsamt. Sie benötigen mehr Zeit, mehr Stimulation, um zu einer Erektion zu kommen. In erster Linie sollten Sie mit Ihrer Partnerin darüber reden, um sich beiden die Chance zu geben, sich auf das Alter einzustellen. Gerade fernöstliche Liebestechniken – Tantra und Tao der Liebe – bieten für ältere Paare vielfältige Anregungen, die weg führen von einer Orgasmusorientierung und hin zu einem ganzheitlichen Erleben von Sexualität. Es geht dabei vor allem um Erotik mit viel Zärtlichkeit. Das »Tao der Liebe« etwa empfiehlt dem älteren Mann, nur bei jedem 3. sexuellen Kontakt zur Ejakulation zu kommen und Methoden der Ejakulationskontrolle zu erlernen.

Die Sexualorgane der Frau

Wo empfinden Frauen beim Sex eigentlich die meiste Lust? Ich hörte mal, dass die Klitoris mit dem Penis vergleichbar ist: Stimmt das?

Die Klitoris der Frau (von der Klitorishaube umgeben) ist »das« Lustorgan der Frau. Sie hat keine andere Funktion als sexuelle Lust zu bereiten. Wenn der sichtbare Teil der Klitoris auch klein ist, verfügt er über genauso viele Nervenenden wie die Eichel – also die Penisspitze – beim Mann und sie ist sehr empfänglich für Stimulation. Das Liebkosen mit den Fingern, zärtliches Lecken und Saugen der Klitoris bereitet vielen Frauen große Lust. Beim Miteinanderschlafen wird die Klitoris oft nur indirekt stimuliert.

Natürlich sind bei Frauen auch die großen und die kleinen Schamlippen sehr empfindlich, aber es ist eher unwahrscheinlich, dass ihre Reizung allein zum Orgasmus führt. Auch die Vagina (Scheide) ist ein potenzieller Lustpunkt jeder Frau. Oft verstärkt sich die Intensität der Empfindungen hier im Laufe der weiblichen Entwicklung. Das ist auch von Frau zu Frau verschieden.

Forscher haben festgestellt, dass das äußere Drittel der Vagina die meisten berührungsempfindlichen Nervenenden enthält und die inneren zwei Drittel mehr oder weniger unempfindlich gegen Berührungen wären. Aber jede Frau weiß, wie lustvoll Druck und Dehnung der Vagina sein können, wenn das Blut sich bei Erregung in der Vagina und im Beckenbereich staut, bevor es sich in einem Orgasmus entlädt. Eine wunderbare Voraussetzung dafür ist es, wenn Ihre Vaginalmuskulatur gut trainiert ist.

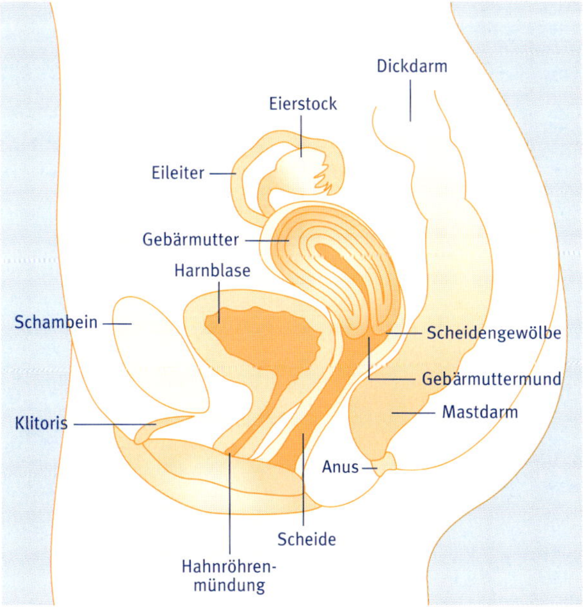

? *Manchmal verspüre ich ein Ziehen im Unterbauch, das ich nicht ganz einordnen kann. Meine Freundin meinte, das könnte mit dem Eisprung zusammenhängen.*

Natürlich müssen Sie jede beunruhigende körperliche Empfindung auch mit Ihrem Frauenarzt oder Ihrer Frauenärztin besprechen. Aber Ihre Freundin könnte durchaus recht haben. In jedem Zyklus reift eine Eizelle heran. Hat sie ein bestimmtes Reifestadium erreicht, löst sie sich aus dem Eierstock und gelangt in den Eileiter, der sich zu dieser Zeit mit einer fransigen Öffnung über den Eierstock stülpt. Das wird Eisprung oder Ovulation genannt. Er findet etwa 14 Tage vor dem Beginn der nächsten Regel statt, das heißt bei einem Zyklus von 26 Tagen wäre der Eisprung etwa am 12. Tag, bei einem Zyklus von 30 Tagen am 16. Tag. Manchmal tritt zu dieser Zeit ein leichtes Ziehen im Unterleib auf. Außerdem wird der Schleim, der normalerweise den Gebärmuttermund ganz fest verschließt, flüssiger, damit der Samen leicht zur Eizelle gelangen kann. Deshalb wird Ihre Scheide in dieser Zeit feuchter als sonst, was Sie leicht feststellen können, indem Sie sich mit dem Finger selbst »untersuchen« – oder auch, weil Sie Spuren von Schleim in Ihrem Slip sehen. Am besten erkennen Sie, wann bei Ihnen der Eisprung ist, wenn Sie Ihren Körper beobachten und sich in einem Zykluskalender Notizen machen.

? *Meine Klitoris verschwindet unter ihrer Vorhaut. Diese möchte ich entfernen lassen, um orgasmusfähig zu werden. Der Chirurg findet das aus sexualtherapeutischer Sicht nicht notwendig.*

Viele Frauen brauchen die Klitorisvorhaut, um ihre extrem empfindliche Klitorisspitze vor direkter Stimulation zu

schützen, die ihnen bei direkter Berührung eher Schmerzen als Freude bereiten würde. Frauen, die ihre Klitorisvorhaut operativ verändern ließen, berichten gewöhnlich von positiven Erfahrungen. Aber diese Operation ist eben kein Allheilmittel. Deshalb sollten Sie diese Prozedur nicht auf die leichte Schulter nehmen. Nach so einem Eingriff ist die entblößte Klitorisspitze sehr empfindlich. Frauen müssen die Masturbation neu lernen und ihre Partner müssen oft die Sexualtechniken verändern.
Ich würde Ihnen empfehlen, zuerst ein sexualtherapeutisches Lernprogramm zur Verbesserung der Orgasmusfähigkeit mit Ihrem Partner zu durchlaufen, bevor Sie sich diesem Eingriff unterziehen.

? ***Ich besitze sehr große, ungleichmäßige innere Schamlippen, die ich noch nie gemocht habe. Inzwischen denke ich an eine Operation.***

Bei zwei Dritteln aller Frauen stehen die inneren Schamlippen zwischen den äußeren heraus. Wie bei den weiblichen Brüsten ist eine Seite gewöhnlich größer als die andere. Große, ungleichmäßige innere Schamlippen sind also völlig normal. Die meisten Ärzte sind gegen eine sogenannte Labioplastie, weil sie keine medizinische Notwendigkeit sehen. Andere Ärzte führen diese Operation durch, und es sind keine negativen Auswirkungen auf das Wohlbefinden oder auf sexuelle Empfindungen bekannt. Ich würde Ihnen trotzdem von diesem Eingriff abraten, und eher eine psychologische Beratung empfehlen, die Sie darin unterstützt, Ihren weiblichen Körper in seiner Individualität zu akzeptieren. Ihr Problem könnte sich mit dieser Operation nämlich ansonsten auf ein anderes Körperteil verschieben und Sie beginnen vielleicht dann zu überlegen, ob Sie als nächstes Ihre Brüste operieren sollten, die Ihnen dann plötzlich auch nicht mehr gefallen.

Ich habe vor einiger Zeit gelesen, dass der weibliche Orgasmus in drei Phasen abläuft – welche sind das?

Masters und Johnson (siehe Literaturempfehlungen Seite 240 ff.) stellten fest, dass Frauen den Orgasmus sehr unterschiedlich erleben. Aufgrund ihrer Befragungen unterteilten sie das Orgasmuserleben der Frau in drei Stadien:
Stadium 1: Die meisten Frauen beschrieben, dass sich zunächst aus einer starken sexuellen Erregung heraus ein Gefühl des Stehenbleibens entwickelt – mit intensiven Empfindungen im Genitalbereich, das nur kurz anhält. Gleichzeitig ist häufig die sonstige Sinneswahrnehmung eingeengt.
Stadium 2: Ein starkes Wärmegefühl tritt zunächst im Becken auf und breitet sich dann über den ganzen Körper aus.
Stadium 3: Es entsteht ein Gefühl des Zusammenziehens im Vaginalbereich, ein Pulsieren und Pochen in der Scheide und im Becken.
Diese drei Stadien wurden nicht von allen Frauen deutlich spürbar erlebt, von manchen auch nur eines. Aber generell scheint den Orgasmus das Gefühl zu begleiten, dass eine positiv erlebte innere Anspannung angenehm nachlässt und daraufhin eine angenehme Entspannung eintritt.

Kann ich mich als Mann darauf verlassen, dass meine Partnerin erregt genug ist, wenn sie »feucht« wird? Oder gibt es noch andere Anzeichen?

Vieles was für die sexuelle Reaktion der Männer gilt, trifft auch bei Frauen zu. Wenn ein sexueller Stimulus vorhanden ist, erhöht sich der Blutzufluss in verschiedene Körperteile, unter anderem zum Becken, zu den Brüsten, zu den Lippen und Ohrläppchen. Dadurch werden sie größer und empfindsamer.

Das merken Sie natürlich auch beim Schmusen, wenn Ihre Partnerin beginnt, am ganzen Körper bei all ihren Berührungen immer empfindsamer zu reagieren und auch Laute des Wohlbefindens und der Lust auszustoßen. Kurz nachdem die Blutzufuhr ins Becken ansteigt, wird die Vagina durch ein Sekret befeuchtet, das die Vaginalwände ausscheiden. Aber wie bei Männern gibt es auch bei Frauen viele verschiedene Arten des sexuellen Erlebens, und starke Nässe heißt nicht, dass die Frau auch stark erregt ist, und umgekehrt bedeutet wenig Feuchtigkeit nicht, dass sie wenig erregt ist.
Ob Ihre Partnerin nun erregt genug ist – Sie meinen vermutlich für den Koitus – ist nicht nur von Frau zu Frau verschieden, sondern auch von Mal zu Mal, und außerdem heißt die bloße Erregung ja auch noch lange nicht, dass sie will. Es kann vielleicht sein, dass Ihre Partnerin die lustvollen Berührungen durch das Gestreicheltwerden und selber Streicheln noch auskosten und vielleicht ihre Lust sogar noch weiter steigern möchte. Darüber müssen Sie sich also mit Ihrer Partnerin immer auch verständigen.

Geheimnisvolle Quelle der Lust – die Vagina

? ***Ich glaube, meine Vagina ist zu klein. Beim Verkehr habe ich oft das Gefühl, mein Partner »stößt hinten an«. Kann ich meine Vagina irgendwie »dehnen«?***

Wie alle anderen Körperteile haben auch unsere Geschlechtsorgane sehr individuelle Formen. Einmal kann es wirklich sein, dass Ihre Vagina kürzer ist als die der meisten anderen Frauen, aber sie ist auf jeden Fall grundsätzlich immer dehnbar. Sie wird weich und lockerer durch sexuelle Erregung. Beginnen Sie deshalb nie den Geschlechtsverkehr ohne wirklich erregt zu sein – Ihre Vagina soll erst feucht sein und sich dehnen.

Bitten Sie Ihren Partner erst einmal langsam und behutsam vorzugehen und seinen Penis nach und nach einzuführen. Wählen Sie auch eine Stellung, die es Ihnen ermöglicht, eine bessere Kontrolle über das Geschehen zu haben, so dass Sie sich entspannt und sicher fühlen und sich Ihre Scheidenmuskulatur lockern kann.
Wenn Sie zum Bespiel die Beine weit spreizen, die Schenkel weit öffnen und die Knie anziehen, erleichtern Sie Ihrem Partner das Eindringen. Wenn Sie in diesem Moment leicht dagegen drücken (als würden Sie etwas aus Ihrer Vagina hinausschieben wollen) haben Sie das Gefühl, eine bessere Kontrolle über das Geschehen zu haben, und gleichzeitig lockert sich Ihre Scheidenmuskulatur.

? ***Offenbar gehöre ich zu den Frauen mit einer großen Vagina. Muss ich mich von einem plastischen Chirurgen operieren lassen, damit Sex für mich lustvoller wird?***

Operationen sind immer rigorose Lösungen und kosten sehr viel Geld. Der Erfolg, den Sie damit erreichen, ist relativ ungewiss. Damit es für Sie lustvoller wird, können Sie mit Hilfe der »Kegel-Übungen« (Seite 129) Ihren Pubococcygeus-Muskel (Schambein-Steißbein-Muskel), der sich um die Scheide spannt, stärken und trainieren, so dass er kräftiger wird. Ihre Vagina wird sich dann enger anfühlen. Und Sie können dann auch den Penis Ihres Partners mit Ihrer Scheide so richtig »umfassen«, indem Sie die Muskeln anspannen und entspannen, und damit Ihre Lust und die Ihres Partners steigern.
Bis es so weit ist, legen Sie sich ein oder zwei harte Kissen unter, wenn Ihr Partner beim Geschlechtsverkehr »oben« ist. Das verändert den Winkel, in dem der Penis in die Vagina eindringt. Außerdem sind alle Stellungen geeignet, bei denen Sie die Beine nicht weit öffnen.

? *Nach der Geburt unseres Kindes habe ich das Gefühl meine Muskulatur rund um die Scheide ist schlaff geworden. Ist sie nun irreparabel geschädigt?*

Eine Schwächung der Muskulatur des Beckenbodens kann verschiedene Ursachen haben: zu große Belastung, ein zu geringer willentlicher Gebrauch und eine Schädigung bei einer Entbindung. Viel zu wenige Frauen sind darüber aufgeklärt, wie wichtig das Training ihrer Beckenbodenmuskulatur grundsätzlich ist, besonders aber nach einer Entbindung. Wenn diese Muskulatur nach einer Geburt nicht zielbewusst wieder aufgebaut worden ist, kann sie mit Hilfe eines Übungsprogramms (Kegel-Übungen, siehe Seite 129) erfolgreich wieder trainiert werden. Lassen Sie sich von eventuellen Anfangsschwierigkeiten nicht entmutigen.

? *Wovon hängt es ab, ob ich leicht zu einem vaginalen Orgasmus komme – und was kann ich selbst dafür tun?*

Die Scheide lässt sich sehr leicht ausdehnen. Sie verfügt über keinen eigentlichen Schließmuskel wie die Harnröhre und der Enddarm. Es sind die rundum gelegenen Beckenbodenmuskeln, die die Vagina verengen können, indem sie sich heben und zusammenziehen. Die Scheide selbst besteht aus »glatter« Muskulatur, das heißt Organmuskulatur, auf die wir keinen willentlichen Einfluss haben, und im Inneren ist sie mit einer dicken Schleimhaut ausgekleidet. Die Scheide ist außerdem reichlich mit Blutgefäßen versehen.
Die vordere Wand der Scheide ist mit der hinteren Wand der Harnröhre eng verbunden, was bewirkt, dass beide zu einem gewissen Grad das gleiche Schicksal erleiden, wenn die Muskulatur erschlafft. In der Scheide selbst gibt es fast keine Empfindungsnerven, jedoch in den umgebenden Muskeln, und diese kann man trainieren.

Der wichtige Pubococcygeus-Muskel (siehe Literaturempfehlungen Seite 240 ff.) verläuft in drei Strängen, die alle auf der Innenseite des Schambeins entspringen. Der dritte Strang, der für die Sexualität besonders wichtig ist, verläuft an der Harnröhre und der Scheide vorbei. Da der Parallelstrang auf der gegenüberliegenden Seite von Scheide und Harnröhre zurück zum Schambein führt, entsteht hier eine Schlingenwirkung, indem sich der Muskel selbst zusammen- und gleichzeitig das Zentrum nach vorn zieht. Dieser Muskel ist von großer Bedeutung für die sexuellen Reaktionen der Frau. Er umgibt nicht nur unmittelbar die Scheidenwände und wirkt wie eine Manschette, die zusammengezogen werden kann, sondern ist auch reichlich mit empfindsamen Nervenden versorgt. Das schenkt Ihnen starke sexuelle Empfindungen, wenn die Scheide gedehnt und dabei ein fester Druck ausgeübt wird. Diesen Druck können Sie noch verstärken, wenn Sie Ihren Scheidenmuskel um das Glied Ihres Partners zusammenziehen. Dies können Sie mit Hilfe der Kegel-Übungen (siehe Kasten rechts) erlernen.

? *Was versteht man unter »Kegel-Übungen«?*

Der amerikanische Gynäkologe Arnold Kegel entwickelte spezielle Übungen für seine Patientinnen, die unter Inkontinenz (unfreiwilligem Harnabgang) litten. Diese Übungen trainierten die Beckenbodenmuskulatur. Per Zufall entdeckte Kegel, dass fehlende vaginale Empfindungen und sogenannte Frigidität (Gefühlskälte) auf eine Fehlfunktion des Pubococcygeus-Muskels zurückgehen, der sich sowohl um die Harnröhre als auch um die Scheide spannt. Die Frauen hatten ihm nach den Übungen davon berichtet, dass die Empfindsamkeit in der Scheide verstärkt wurde. Kegel entwickelte einen Apparat, um die Kraft des Muskels zu messen und Übungen zur Rehabilitation. Diesen Apparat benötigen Sie nicht. Es gibt die »Naturmethode«: Am einfachsten ist die Wirkung beim Geschlechtsakt zu spüren, wenn der Penis in der Scheide ist. Sie können auch einen Finger in die Scheide einführen und dann versuchen, den Scheidenmuskel um diesen herum anzuspannen.

Tipp

Kegel-Übung – das Training für mehr Lust

Wenn Ihre Harnblase morgens gut gefüllt ist, können Sie die folgende Übung am besten ausprobieren, damit Sie diesen Muskel überhaupt erst einmal erkennen: Zuerst stellen Sie fest, welche Muskeln Sie entspannen, bevor Sie beginnen, Wasser zu lassen. Dann unterbrechen Sie den Harnstrahl. Wenn es Ihnen gelingt, ist es ein gutes Zeichen. Dann lassen Sie ihn wieder laufen und unterbrechen ihn wieder.

Sobald Sie ein Gefühl für diesen Muskel entwickelt haben, können Sie die Kegel-Übung ausführen, wo Sie gehen und stehen. Die Übung geht so: Stellen Sie sich vor, Sie hätten einen Gegenstand zwischen den Schamlippen, den Sie festhalten und dann anheben möchten. Gleichzeitig atmen Sie aus und stellen sich vor, mit einem Fahrstuhl langsam nach oben zu fahren – mit diesem Bild verstärken Sie die Anspannung der Muskulatur. Dann die Muskeln locker lassen und ruhig weiter atmen. Wiederholen Sie dieses Anspannen etwa zehnmal. Sie können die Übung mehrmals am Tag durchführen.

Sie werden merken, dass sich rasch ein positiver Effekt einstellt: Sie werden ein anderes Gefühl für Ihren ganzen Unterleib und Ihre Vagina entwickeln.

Wichtig ist auch: Muskeln können angespannt und entspannt werden – beides kann willentlich erfolgen, und es ist notwendig beides zu üben. Nach der Anstrengung soll der Muskel doppelt so lange ruhen wie er gearbeitet hat (also zum Beispiel fünf Sekunden mit aller Kraft anspannen, danach zehn Sekunden Pause).

Der weibliche Orgasmus

? *Wie verläuft eigentlich der Orgasmus der Frau?*

Schon Masters und Johnson (siehe Antwort auf Seite 101) kamen in ihren Untersuchungen zu dem Schluss, dass alle Orgasmen, unabhängig von der Art des Auslösers, einem gleichen physiologischen Muster folgen. Vor dem Orgasmus vergrößern sich die Schwellkörper der Frau und das sie umgebende Gewebe deutlich. Es kommt durch die Blutstauung im unteren Bereich der Vagina zu einer Verengung, während sich die oberen zwei Drittel weiten und die Klitoris sowie die kleinen Schamlippen anschwellen.

Während des Orgasmus kommt es zu rhythmischen Kontraktionen im unteren Vaginalteil, während der obere Teil der Vagina sich nicht bewegt.

? *Ich bin mir unsicher, ob ich schon einen Orgasmus hatte. Wie merke ich das denn? Das was ich bisher dazu las oder hörte, traf auf mich irgendwie nicht zu.*

Der Körper reagiert immer wieder anders: Hatten Sie das allererste Mal einen Orgasmus – zum Beispiel ausgelöst durch Reizung der Klitoris mittels Selbststimulation? Oder erlebten Sie nach langer Pause wieder einen? Kamen Sie mehrmals hintereinander in kürzeren Abständen? Je nach den Umständen kann ein Orgasmus sehr verschieden erlebt werden. Es kann durchaus sein, dass Sie bei den ersten Orgasmen in Ihrem Leben im Moment des Orgasmus noch nicht dieses mehrmalige rhythmische Zusammenziehen spüren, das für viele Frauen ein relativ starkes und unverwechselbares Gefühl darstellt, wodurch sie einen Orgasmus gar nicht »verpassen« können. Bei Ihnen stellt sich vielleicht ein anderes schönes Gefühl ein. Manche

Sexualwissenschaftler behaupten, dass es auch Orgasmen ohne merkliche Kontraktionen gibt, denn Orgasmen folgen, wie so vieles beim Sex, oft keinem festgelegten Muster. Wenn Sie sich erlauben, mittels Selbststimulation Ihren weiblichen Körper zu erforschen, werden Sie entdecken, wozu er noch sonst alles in der Lage ist.

? *Ist die Unterscheidung zwischen klitoralem und vaginalem Orgasmus immer noch aktuell?*

Heute weiß man, dass die Klitoris und der untere Teil der Vagina eine funktionelle Einheit bilden. Die Klitoris ist mit ihrer dichten und feinen Verteilung von Nervenenden der empfindsamste Bereich der Frau. Und der untere Teil der Vagina reagiert durch die große Ausdehnung des hochempfindsamen Schwellkörpersystems mit, sobald die Klitoris stimuliert wird. Anatomische Studien belegen, dass mit der Klitoris mehr Gewebe verbunden ist als bisher angenommen wurde. Der von der Klitoris beeinflusste Körperbereich zieht sich weit in die Vagina hinein, so dass die Vagina praktisch nicht stimuliert werden kann, ohne auch die Klitoris mit anzuregen.

Auch wenn die Abläufe ähnlich sind, kann die subjektive Empfindung sehr unterschiedlich sein. Bereits der Sexualforscher Kinsey und seine Kollegen fanden 1953 in ihren Untersuchungen heraus, dass Frauen aufgrund der vorausgegangenen Stimulation sehr wohl zwischen verschiedenen Orgasmusformen unterscheiden: Der Orgasmus, der allein durch klitorale Reizung ausgelöst wird, fühlt sich anders an als der durch Stimulation in der Vagina ausgelöste. Die Frauen, die diese Unterscheidungen treffen – und das berichten neuere Untersuchungen –, sind meist älter und sexuell erfahrener. Sie sind besser in der Lage, ihre sexuellen Wünsche zu äußern, sind zufriedener in ihrer partnerschaftlichen Sexualität und kommen beim

Geschlechtsverkehr mit Penetration häufiger zum Orgasmus als der Durchschnitt aller Frauen.
Der klitorale und der vaginale Orgasmus sind also zwei unterschiedliche Empfindungsqualitäten, die sich Frauen im Laufe ihrer sexuellen Entwicklung erschließen können.

? *Was versteht man unter dem ominösen G-Punkt oder G-Spot bei der Frau? Gibt es ihn überhaupt?*

Dieser G-Punkt ist die Kurzbezeichnung für die Gräfenberg-Zone. Im Jahre 1950 hat der Arzt Ernst Gräfenberg über die Entdeckung einer »erogenen Zone« an der Vorderwand der Vagina entlang der Harnröhre geschrieben. Diese wurde später von amerikanischen Sexologen »The G-Spot« – »die Gräfenberg-Zone« – genannt.
In der modernen Forschung ist die Existenz des G-Punkts inzwischen wieder umstritten. Dem widerspricht jedoch, dass manche Frauen den G-Punkt als raue Stelle an der vorderen Vaginalwand tasten können.
Interessant ist auch, dass die amerikanischen Forscher diese »Gräfenberg-Zone« vor allem an Frauen feststellten, die besonders gut trainierte Beckenbodenmuskeln hatten. Denn diese gehen einher mit einer besonderen Empfindungsfähigkeit in der Vagina und mit der Fähigkeit, den Penis fest zu umfassen. Frauen, die zu einem vaginalen Orgasmus fähig sind, konzentrieren sich in ihrem Lust- und Empfindungsvermögen auf einen Punkt, der vom Empfinden her an der Vorderwand der Vagina die Harnröhre mit einschließt.

? *Fällt es Frauen schwerer als Männern, einen Orgasmus zu bekommen?*

Tracey Cox, eine bekannte Sexbuch-Autorin, schreibt: »Für ihn scheinen Orgasmen nicht mehr Anstrengung zu erfordern, als mit einer Fernbedienung die Fernsehprogramme zu wechseln. Frauen müssen oft erst auf einem langen, mühevollen Weg der Selbsterfahrung lernen, was ein Orgasmus überhaupt ist. Wenn es nun alleine endlich klappt, klappt es oft gerade dann nicht, wenn wir mit einem Partner zusammen sind«.

Mir scheint, das ist weniger ein anatomisches Problem, als vielmehr ein kulturelles: Bestimmte gesellschaftliche Sexualvorstellungen stehen uns im Weg. Das hat meiner Meinung nach viel mit geschlechtsspezifischer Erziehung zu tun, in der Frauen in unserer Gesellschaft bisher oft weniger lernten, sich selbst zu berühren, ihren eigenen Körper zu erforschen, dessen Lustmöglichkeiten zu entdecken und diese in der sexuellen Kommunikation mit dem Partner auch zu behaupten.

Es gibt verschiedene Spielarten der Sexualität, durch die es Frauen möglich ist, mit und ohne einen Partner einen Orgasmus zu bekommen (zum Beispiel Selbstbefriedigung, oraler Sex, manuelle Stimulation durch den Partner, Stimulation der Vagina mit dem Penis etc.), so dass jede Frau für sich das finden kann, was ihr besonders gefällt.

? *Woran kann es liegen, dass ich über die Plateauphase nicht hinauskomme?*

Wenn Sie beim Geschlechtsverkehr nicht zum Orgasmus kommen, kann es dafür wenigstens zwei Gründe geben: Es kann sein, dass Ihre Genital- und Beckenbodenmuskulatur zu wenig trainiert ist. Ein weiterer möglicher Grund kann sein, dass Sie, wie viele Frauen, einfach manches hinnehmen oder gar erdulden, was Ihr Partner tut, obwohl es Ihnen vielleicht gar nicht gefällt. In diesem Fall würde es helfen, aktiv eigene Wünsche und Bedürfnisse zu kommunizieren (siehe Seite 34f. und 39). Ein dritter Aspekt ist sicher, ob das Zusammenspiel mit dem Partner (und dessen Ejakulationskontrolle) gelingt.

? *Sind Orgasmen gut für mein körperliches und psychisches Wohlbefinden?*

Orgasmen sind nicht nur gut für den Kreislauf, sondern sorgen auch dafür, dass die Haut am ganzen Körper sowie der gesamte Unterleib gut durchblutet werden. Sie bringen überdies körperliche und psychische Entspannung. Wissenschaftliche Untersuchungen bestätigen außerdem, dass Frauen, die über ein breiteres sexuelles Erlebensspektrum verfügen (und zum Beispiel verschiedene Wege zum Orgasmus kennen) sich als sexuell attraktiver erleben und damit ein höheres sexuelles Selbstwertgefühl haben, was sich wiederum auf das Selbstbewusstsein und das Lebensgefühl insgesamt positiv auswirkt.

? *Ich habe gehört, dass durch den Orgasmus auch die Fruchtbarkeit deutlich erhöht wird. Was ist dran an dieser Aussage?*

Während die Männer meist den lebensspendenden Samen ejakulieren, wenn sie einen Orgasmus haben, gibt es bei den Frauen offenbar keinen biologischen Grund für einen Höhepunkt. Manche Forscher glauben, dass Orgasmen bei der Fortpflanzung eine Rolle spielen, weil sie uns anspornen, häufiger Sex zu haben. Damit steigen auch die Chancen, dass das Ei im Eileiter befruchtet werden kann. Andere Studien zeigen, dass die Kontraktionen während des Orgasmus im Körper Prozesse auslösen, die es dem Sperma erleichtert, sich mit der Eizelle zu vereinigen.

? *Wie fühlt sich ein Orgasmus an, der durch Stimulation der Klitoris ausgelöst wird?*

Übereinstimmung herrscht darüber, dass der klitoral ausgelöste Orgasmus von vielen Frauen als punktueller und intensiver erlebt wird. Er wird eher als eine euphorische

Explosion oder Eruption beschrieben. Sie können ihn bei der Selbstbefriedigung sehr schnell auslösen. Sie stimulieren Ihre Klitoris oder den Bereich darum herum und konzentrieren Ihre Empfindung dabei ganz auf diesen Körperbereich. Die Erregung wird – während Sie sich selbst stimulieren – immer heftiger. Hilfreich ist es an diesem Punkt, ganz bewusst die Muskeln an Beinen und Po anzuspannen. Sie spüren, wie das Gefühl seinem Höhepunkt zustrebt. Wenn dieser erreicht ist, fängt die Vagina an zu zucken und zu pulsieren. Oft dauern diese intensiven Zuckungen drei oder vier Sekunden, bis sie abrupt wieder aufhören.

? *Wie kann ich mir einen vaginalen Orgasmus vorstellen? Mir fehlt bisher die Erfahrung.*

Orgasmen, die Sie über vaginale Stimulation erreichen, sind im ganzen Körper spürbar (während klitorale Orgasmen meist nur einen Teil des Körpers reagieren lassen). Der vaginale Orgasmus wird oft beschrieben »als wenn Wellen der Lust über den gesamten Körper hereinbrechen«. Das liegt oft auch daran, dass diesem Orgasmus bereits ein besonders intensives Liebesspiel vorausgeht: Viele Frauen stellen fest, dass sie schon beim Vorspiel zu diesem Höhepunkt viel erregter waren als in anderen Fällen. Ihr Partner »macht« sie ungeheuer an. Dann steigert sich die Erregung durch das gemeinsame Liebesspiel, für das sie sich viel Zeit lassen, bis jede Berührung des Partners wohlige Schauer hervorruft und direkt die Vagina zu betreffen scheint. Das alles bringt die Frau bereits während des Vorspiels zum Beben. Wenn dann das Bedürfnis entsteht, den Penis in die Vagina aufzunehmen, ist es so weit. Die Vagina scheint in ihrer Erregung jetzt schon stark mit Blut angefüllt zu sein, so dass sie sich eng um den Penis schließen kann.

Wenn Ihre Scheidenmuskulatur trainiert ist, gelingt Ihnen das viel leichter und Sie können aktiv Ihre eigene Erregung weiter steigern, indem Sie rhythmisch mit den tiefen, festen, langen Stößen des Partners mitgehen – anspannen, entspannen, gerade so, wie Sie es mögen. Es hilft vielen Frauen, kurz vor dem ausgelösten Orgasmus, sich auf einen Punkt – möglicherweise den G-Punkt – zu konzentrieren, der die Harnröhre mit einschließt, um die Erregung weiter zu steigern. Die Vagina scheint dann während des Orgasmus krampfhaft zu zucken, weniger heftig als beim klitoral ausgelösten Orgasmus, das Gefühl ist aber in der ganzen Vagina zu spüren. Schließlich gehen die Kontraktionen in lustvolle, sanfte Wellen über.
Dieser tiefe, innere, vaginale Orgasmus kommt durch indirekte Reizung der Klitoris zustande und erzeugt ein Gefühl besonders inniger Hingabe. Ähnliches erleben Männer durch einen über die Prostata ausgelösten Orgasmus.

? *Ich habe schon mehrmals von »multiplen Orgasmen« gehört. Zu wie vielen Orgasmen sind Frauen fähig?*

Eine ganz genaue Zahl kann man da nicht nennen. Normalerweise sind Frauen zu vielen Orgasmen fähig, je nach Kondition, Lust und Übung. Masters und Johnson (Seite 101) haben in ihrem Messlabor festgestellt, dass manche Frauen in ihrer Untersuchung bei fortgesetzter Stimulation mehrere Orgasmen innerhalb einer relativ kurzen Zeitspanne haben können.
Es wäre aber verkehrt, wenn Sie nun im Liebesspiel mit dem Partner ein Muss daraus machen. Es kann genauso schön sein, nur einen Orgasmus zu haben oder auch manchmal gar keinen. Wie viele Orgasmen Sie erleben und in welcher Intensität, hängt von vielen Faktoren ab und kann sehr unterschiedlich sein.

? *Meine Partnerin und ich möchten gern gleichzeitig zum Orgasmus kommen. Einmal klappte das schon – doch seither bemühen wir uns vergeblich.*

Nachdem Mann und Frau verschieden schnell erregbar sind und unterschiedlich schnell zum Höhepunkt kommen, aber bemüht sind, sich aufeinander einzustellen, um »zusammen zu kommen«, ist es doch ein Zeichen hoher Kunst und dafür, dass man schon sehr gut miteinander »eingespielt« ist, wenn es manchmal zu einem gleichzeitigen Orgasmus kommt. Das können Sie nicht von jedem Liebesakt erwarten. Wenn Sie davon ausgehen, dass jedes Liebesspiel Ihnen einen gemeinsamen Orgasmus bescheren muss, setzt Sie das wahrscheinlich bald sehr unter Leistungsdruck.
Bereiten Sie sich damit also bitte keinen Stress: Mag sein, dass sie ab und an einen gemeinsamen Orgasmus bekommen werden – wie ein schönes Geschenk. Realistisch ist es, wenn einmal Ihre Partnerin einen Orgasmus hat, mal Sie einen oder beide zeitlich versetzt zueinander. Und bei manchen Begegnungen kann es sein, dass keiner von Ihnen beiden den Höhepunkt erreicht.

Weibliche Lustzonen entdecken: die Selbstbefriedigung

? *Ich mag keine Selbstbefriedigung, obwohl ich mich in einer Partnerschaft als sehr lustvoll erlebe. Sex hat für mich mit Nähe zu tun. Stimmt mit mir etwas nicht?*

Inzwischen ist weitgehend bekannt, dass die Selbstbefriedigung keine schädlichen Folgen hat. In der Erziehung, besonders von kleinen Mädchen, wurden früher häufig Fehler begangen, indem man kleinen Kindern verbot, ihren eigenen Körper zu berühren und zu entdecken und die eigenen Lustmöglichkeiten ausfindig zu machen. Aus Untersuchungen weiß man, dass Frauen einfacher beim Geschlechtsverkehr einen Orgasmus erleben können, wenn sie vorher bereits Orgasmuserfahrungen bei der Selbstbefriedigung hatten. Ein weiterer Vorteil: Es wird nicht alles vom Partner erwartet. Das ist wichtig – zum Beispiel wenn der Partner länger abwesend sein muss, bei Krankheit und in anderen Situationen. Ein »Fremdgehen« ist in diesen Fällen nicht »notwendiger« Ausweg, wenn die Lust kommt. Selbstbefriedigung bedeutet auch ein Stück autonom gelebte Sexualität. Aber mit der Selbstbefriedigung ist es wie mit dem Schokoladeessen: Was man nicht kennt, begehrt man auch nicht. Wenn Sie doch Lust bekommen, Ihren eigenen Körper besser kennen zu lernen, empfiehlt sich ein Programm zur körperlichen Selbsterfahrung (Literaturhinweise siehe Seite 240 ff.).

? *Benötige ich als Frau zur Selbstbefriedigung einen Dildo oder Vibrator?*

Frauen masturbieren in der Regel, indem sie die Klitoris oder deren Umgebung reiben. Bei vielen Frauen ist die Klitoris so empfindlich, dass sie es vorziehen, den Bereich daneben und nicht die Klitoris direkt zu stimulieren, beziehungsweise beides abwechselnd, um ihre Empfindungen zu steigern. Bei fortgesetzter Stimulation zieht sich die Klitoris unter ihre Haut zurück. Dann ist sie gar nicht mehr zu sehen oder schwer zu finden. Auch wenn die Klitoris nicht sichtbar ist, reagiert sie weiterhin auf die Stimulation der Umgebung. Die meisten Frauen führen beim Masturbieren selten etwas in die Scheide ein.
Sie werden merken: Wie alles im Leben ist auch der Gebrauch eines Dildos (der »echte« Dildo hat die Form eines Penis) oder Vibrators (kann auch in Penisform gekauft werden) Ansichtssache. Manche Frauen lehnen ihn ab,

weil sie »Natur« bevorzugen. Andere schwören darauf, weil er ihnen in wenigen Minuten zum Höhepunkt verhilft. Aber wenn Sie darin geübt sind, sich mittels Masturbation einen Orgasmus zu verschaffen, wird Ihnen dies mit Ihrer für Sie passenden Technik in sehr kurzer Zeit gelingen – ob mit oder ohne »Penisersatz«.

? *Mittels einer gezielten Körperselbsterfahrung möchte ich meine Orgasmusfähigkeit als Frau in der Beziehung steigern. Kann ich das auch für mich allein tun?*

Selbstbefriedigung ist eine sichere Methode zu entdecken, was Sie erregt. Wenn Sie nicht wissen, wie Sie sich selber erregen können, ist die Chance gering, dass Sie Ihrem Partner mitteilen können, was Sie besonders gern mögen. Fast alle Frauen, die masturbieren, kommen zu einem Orgasmus. Und je besser Sie Ihren eigenen Körper kennen, um so befriedigender kann auch die Sexualität mit dem Partner sein.

Wege zur weiblichen Lust: entdecken Sie sich selbst
Lernen Sie Ihren Körper kennen: Als erste Übung betrachten Sie sich in einem Spiegel und berühren und untersuchen alle Körperstellen, die Ihnen ein gutes Gefühl vermitteln.
Dann nehmen Sie einen kleinen Handspiegel und betrachten ruhig Ihre Genitalien, berühren und untersuchen sie und achten genau auf Ihre Empfindungen dabei. Auch hier ist es wichtig, die Stellen ausfindig zu machen, die sich für Sie gut anfühlen. Legen Sie sich anschließend in einer bequemen Stellung aufs Bett, die Beine ganz entspannt geöffnet und fangen an, Ihre äußeren Genitalien mit den Fingern zu erkunden, indem Sie sie reiben, streicheln und sanft drücken.

Experimentieren Sie einfach ein bisschen, bis Sie die für Sie lustvollsten Techniken gefunden haben. Dann beginnen Sie, Ihre Berührungen auf die Umgebung der Klitoris oder auf die Klitoris selbst zu konzentrieren. Sie können auch ein Gleitmittel dazu verwenden oder Ihren Speichel benutzen. Auch erotische Fantasien können Ihre Erregung steigern.
Sie werden merken, wie die lustvollen Empfindungen langsam stärker werden und sich um die Klitoris herum konzentrieren. An diesem Punkt können Sie den Rhythmus oder den Druck Ihrer Berührungen steigern. Den Höhepunkt der angenehmen Empfindungen werden Sie spüren: Durch die Vagina gehen wellenartige Zuckungen und Sie werden spüren, wie sich Ihre Scheidenmuskulatur zusammenzieht. Unmittelbar nach dem Orgasmus kann es sein, dass Ihre Klitoris bei direkter Berührung schmerzt. Wenn Sie eine Weile warten, können Sie sich jedoch einen weiteren Orgasmus verschaffen.

WECHSELJAHRE – UND WAS KOMMT DANACH?

? *Mit welchen sexuellen Veränderungen muss ich als Frau mit steigendem Alter rechnen, und was kann ich dagegen tun?*

Bei Frauen über 50, die sich bereits in den Wechseljahren befinden, wird die Scheide während der Erregungsphase wesentlich später feucht als in jungen Jahren. Grund ist ein beginnendes Austrocknen der Scheidenwand, so dass weniger Flüssigkeit als vorher abgesondert wird. Aus diesem Grund ist auch die Dehnbarkeit der Scheide eingeschränkt. Es wird auch nur selten und ungern darüber gesprochen, dass sich jede dritte Frau über ihre »schwache Blase« beklagt, mitverursacht durch die veränderte Östrogenpro-

duktion. Harnröhre, Blase und Scheide sind direkte Nachbarn und reagieren ähnlich.
Aber Sie können durchaus einiges tun. Um einer Trockenheit der Vagina vorzubeugen, ist es am besten, »im Training zu bleiben« mittels Geschlechtsverkehr, Selbstbefriedigung und Massage. Auch Beckenbodenübungen und bestimmte Yogaübungen tun nicht nur der Scheide und Gebärmutter gut, sondern auch der Blase – und sie wirken einer Senkung der inneren Organe entgegen.
Wenn die beschriebenen Wege nicht weiterhelfen, können Sie es darüber hinaus mit verschreibungspflichtigen östrogenhaltigen Vaginalcremes gegen eine zu trockene Scheide versuchen.

TIPP

Sinnliche Selbstmassage für lustvolle Alleingänge
Wenn Sie zur Zeit selten Geschlechtsverkehr haben, Ihre Scheidenwand aber trotzdem feucht und elastisch erhalten wollen, können Sie sich selber eine Massage geben – am besten verbunden mit angenehmen Visualisierungen.
Die Yoni-Massage ist eine sinnliche Massage für die Frau: Sie massieren die äußeren und inneren Schamlippen, die Klitoris, die Innenseite der Vagina, den Muttermund und den G-Punkt.
Wenn Sie eine gute Vorstellungskraft besitzen – diese können Sie natürlich auch trainieren –, können Sie sich auch vor Ihrem inneren Auge Ihre Scheide vorstellen, wie sie auf das Eindringen des Penis reagiert und sich lustvoll weitet und entspannt.
Eine weitere Möglichkeit: Sie können auch Beckenbodenübungen mit Visualisierungen verbinden. Stellen Sie sich vor, wie sich Ihre Scheide mit roter oder orangefarbener Lebenskraft füllt. So können Sie die Lebensgeister der Vagina und Ihres gesamten Unterleibs wieder wecken.

Weibliches Begehren, männliches Begehren

? *Für mich als Frau muss zuerst die Beziehung im Lot sein – dann mag ich Nähe, Erotik und Sexualität. Bei meinem Mann ist das genau umgekehrt. Warum?*

Ob die »typisch« männliche und weibliche sexuelle Erregung von biologischen Faktoren abhängt – also von hormonellen und neurochemischen Vorgängen –, wird in den letzten Jahren wieder zunehmend diskutiert.
Weibliche Hormone (Östrogene) und männliche Hormone (Androgene) sowie andere Gestagene sind bei Menschen beiderlei Geschlechts vorhanden. Die Hormonkonzentration bestimmt das Erscheinungsbild der Person und kann sexuelles Verlangen mitsteuern. Es wird angenommen, dass Androgene einen Einfluss auf die Libido haben. Dies ist allerdings für Frauen bisher nicht erwiesen und möglicherweise von geringerer Bedeutung.
Biologisch orientierte Forscher gehen bei den Frauen von einer eher indirekten Beeinflussung aus: Das Niveau an Androgenen kann durch Entspannung und Wohlbefinden erhöht und unter Stress gesenkt werden. Damit erklären Wissenschaftler, warum Frauen oft in entspannten Situationen Sex haben wollen – während Männer eher Sex haben wollen, um zu entspannen. Andere Forscher weisen darauf hin, dass sexuelles Verlangen von psychosozialen Faktoren beeinflusst wird und außerdem immer auch ein psychosomatisches Geschehen darstellt. Da aber beide Geschlechter unterschiedliche Sozialisationsbedingungen durchlaufen, kann es durchaus sein, dass Frauen lernen, über Nähe Sexualität zuzulassen, und Männer lernen, durch sexuelle Aktivitäten Entspannung zu erlangen.

? *Für mich ist Sex Beziehung! Wie kann ich das meinem Mann verdeutlichen?*

Die Position, die Sie vertreten, beinhaltet, dass Sex ausschließlich die Nähe und Bezogenheit der Partner ausdrücken soll. Das bedingt, dass das Experimentieren mit Sex und das Spielen mit sexuellen Praktiken und Inszenierungen zu kurz kommen. Bei manchen Paaren, für die Sex nichts ist als Beziehung, hat es sich gezeigt, dass sie in ihrer sexuellen Kultur sogar unbewusst ein Spielverbot etablieren. Dann sind alle sexuellen Verhaltensweisen tabuisiert, die nicht als wirklich ernsthafter und wahrhaftiger Ausdruck von Beziehung gemeint sind. Wenn Sie und Ihr Mann sich in der Mitte treffen könnten, wäre vielleicht beiden gedient: dem gemeinsamen Sex und Ihrer Beziehung!

? *Stimmt es, dass sexuelle Lust zwischen Männern und Frauen unterschiedlich verteilt ist – der Mann will immer, die Frau nie?*

Sie sprechen hier ein gesellschaftliches Klischee an, das in Paarbeziehungen auftreten kann – aber nicht muss. In Dauerpartnerschaften ist es normal, dass die sexuellen Wünsche nicht völlig übereinstimmen. Und gemäß kulturellen Normen sind häufig Männer die sexuell Drängelnden und Frauen die Verweigernden. Manche Partner begeben sich dabei in solch polarisierte Positionen, dass ein ernsthaftes Problem entsteht. Wichtig ist jedoch: Konflikte über die Häufigkeit sexueller Aktivitäten sind in Partnerschaften weit verbreitet. Bedeutsamer als die Existenz unterschiedlicher sexueller Wünsche ist die Art, wie die Partner mit solchen Diskrepanzen umgehen: Können sie ihre Unterschiede (einigermaßen) akzeptieren und mit Humor tragen – oder löst die Diskrepanz schwere Gekränktheit, emotionalen Druck bis hin zu körperlicher Gewalt und Eskalation aus?

Was tun, wenn es nicht klappt?

Seit Masters' und Johnsons Forschung zur sexuellen Reaktion und dem Kinsey-Report sind wir alle ziemlich aufgeklärt. Erotische Unterweisungen sind heutzutage erfreulich konkret.

Das sexuelle Wissen hat sich aber insgesamt gerade in den letzten Jahrzehnten rasant weiterentwickelt: Wie funktioniert der Körper? Was ist somatisch, also körperlich bedingt? Was ist psychisch? Heute weiß man, dass Sexualität ein psychosomatisches Geschehen ist, und spätestens seit der Entdeckung von Viagra haben wir mehr über die Funktion des Penis gelernt. Nach Jahrzehnten radikalen Umbruchs in puncto Sexualität geht es Ihnen bestimmt so wie vielen anderen Menschen: Sie stehen neuen Anforderungen gegenüber. Der Druck, sexuell zu funktionieren, ist gestiegen. Das macht Sexualität nicht einfacher als früher, im Gegenteil. Beide Geschlechter, Mann und Frau, sind trotz aller offensichtlichen Unterschiede in ihren sexuellen Reaktionen und Bedürfnissen wiederum auch gar nicht so verschieden voneinander. Die Unterschiede sind oft kulturell »hergestellt«. Auch den Männern, nicht nur Frauen, tut ein intensives Vorspiel gut und steigert ihre Lust. Für Männer und Frauen ist es gleichermaßen wichtig, die Genitalmuskulatur zu trainieren, so dass beide Partner noch mehr Freude am Liebesspiel haben.

Haben wir uns nun endlich zurechtgefunden mit unserer Sexualität, kommen mit dem Älterwerden und der Veränderung der sexuellen Reaktionen wieder neue Fragen und Probleme auf uns zu. Lassen Sie sich nicht entmutigen. Machen Sie sich auf den Weg. Wir helfen Ihnen dabei, indem wir versuchen, möglichst viele Fragen zu beantworten. Es lohnt sich, sexuelle Probleme anzugehen. Denn Sexualität kann bis ins hohe Alter praktiziert werden. Und: Wer sexuell aktiv bleibt, lebt länger und gesünder.

Wenn der Mann unter Lustlosigkeit leidet

? *Können auch Männer unter psychisch bedingten Libidoproblemen leiden?*

Von einer Libidostörung spricht man, wenn sexuelle Fantasien und das Verlangen nach sexueller Aktivität nur wenig oder gar nicht auftreten. Dieser psychisch bedingte Mangel besteht in der Regel nicht schon ein ganzes Leben lang, sondern tritt entweder auf eine Situation oder auf einen Partner beschränkt oder auch manchmal in einer bestimmten Lebensphase generell auf.
Die Lustlosigkeit ist dann oft als Warnsignal aufzufassen. In der Regel findet sich im Umfeld der Person, in ihrem körperlichen Zustand, ihrer individuellen Geschichte und Situation und/oder in der Partnerschaft etwas, was das Entstehen der Lust stört.
Lustlosigkeit tritt bei Frauen häufiger auf als bei Männern. Männer neigen eher dazu – möglicherweise aufgrund traditioneller Bewältigungsmuster – mit einer »Impotenz« zu reagieren.

? *Meiner Lustlosigkeit ging vor Jahren eine Kritik meiner Partnerin voraus, ich käme »zu früh«. Seither halte ich mich für einen Versager und schlechten Liebhaber.*

Da haben Sie vermutlich zu diesem frühen Zeitpunkt angefangen, sich zurückzuziehen, statt Ihre Gefühle und Gedanken mitzuteilen. Hinzu kam ein Ausweichen vor der gemeinsamen Sexualität bis Sie schließlich immer weniger Lust hatten.
Wenn Sie sich entschließen können, sich mit Ihrer Partnerin in einer Sexualtherapie (siehe Seite 69 ff.) anzumelden, ist es möglich, die Ursachen Ihrer Lustlosigkeit zu bearbeiten und Ihre gemeinsame Sexualität wieder aufzubauen.

Welche körperlichen Ursachen für einen Libidomangel bei Männern kann es geben?

Körperliche Krankheiten und Erschöpfungszustände wirken sich generell auf die Libido aus, vor allem wenn sie mit Schmerzen einhergehen.
Selten ist eine Minderung der Libido das erste Anzeichen einer schweren körperlichen Krankheit. Wenn Stress oder psychische Probleme bei Ihnen nicht die Ursache zu sein scheinen, klären Sie aber ruhig im Zweifelsfall beim Arzt ab, ob körperlich alles in Ordnung ist.

Erektionsprobleme

Wegen meiner Erektionsprobleme war ich schon mehrmals beim Urologen, aber er kann keine körperliche Ursache feststellen. Ich bin ratlos.

Damit eine Erektion entstehen kann, muss eine Reihe von Voraussetzungen gegeben sein: Einmal muss Ihr Gefäß- und Nervensystem in der Lage sein, richtig zu reagieren. Aber das haben Sie bereits beim Facharzt abgeklärt. Bei Ihnen liegt keine Arterienverhärtung vor, die den Zufluss der nötigen Menge Blut zum Penis verhindert. Sollten Sie regelmäßig Medikamente nehmen (zum Beispiel gegen Depressionen, Nervosität, hohen Blutdruck) oder auch bewusstseinsverändernde Drogen – wozu auch Alkohol zählt –, müssten Sie auch das mit Ihrem Arzt besprechen. Bei Ihnen ist körperlich alles in Ordnung, worüber Sie sehr froh sein dürfen. Bei einer Erektion spielt aber immer auch die Psyche eine große Rolle: Ihre Gefühle müssen den Prozess unterstützen, zumindest dürfen sie ihn nicht behindern. Alles – ob körperlicher oder emotionaler Natur –, was den nötigen Blutzufluss zum Penis verhindert, kann Erektionsprobleme verursachen.

Für die psychische Seite können Sie sich Hilfe in einer Sexualberatung oder -therapie holen (siehe Seite 69 ff.). Oft spielen auch Partnerschaftsprobleme eine Rolle. Wenn sich herausstellt, dass tiefer liegende Ängste beteiligt sind, kann auch eine analytische Psychotherapie notwendig sein.

TIPP

Lustvoll und entspannt mit dem Penis umgehen

Ein Penis muss nicht unbedingt steif sein, um Lustgefühle hervorzurufen. Wenn Sie der Lust, die man an einem nichterigierten Penis haben kann, mehr Beachtung schenken, so baut das den Erektionsdruck ab: Je weniger Anforderungen Sie an Ihre Erektion stellen, desto unkomplizierter wird sie sich einstellen. Sie erweitern so Ihre sexuellen Spielmöglichkeiten und lernen, Sex auch mit nur teilweise erigiertem Penis zu genießen.

Beginnen Sie dazu eine sexuelle Aktivität ohne Erektion: Konzentrieren Sie sich nicht darauf, eine Erektion zustande zu bringen, sondern freuen Sie sich einfach darüber, was gerade geschieht. Nehmen Sie wahr, wie viel Lust die Stimulation auch eines schlaffen Penis bereiten kann, probieren Sie ruhig verschiedene Stellungen aus.

Manchmal wird Ihr Penis beim Verkehr von ganz allein steif. Wenn das eintritt, ist das schön, wenn nicht, ist es auch nicht weiter schlimm.

? *Meine Erektion reicht oft während des Vorspiels noch aus, lässt aber deutlich nach, sobald ich Verkehr haben will. Welche psychischen Ursachen könnte es geben?*

Dieser Ablauf, den Sie schildern – beim Vorspiel reicht die Erektion noch, aber dann nicht mehr –, weist darauf hin, dass Ihre Erektionsprobleme tatsächlich eine psychische Ursache haben. In einer Sexualtherapie wird mit dem

Therapeuten genauestens auf den Verlauf Ihrer Störung eingegangen, um mögliche Auslöser zu identifizieren. Diese unterscheiden sich von Mann zu Mann (siehe auch Antwort auf die folgende Frage).

? *Was sind die häufigsten Gründe für psychisch bedingte Erektionsprobleme?*

Am häufigsten haben psychisch bedingte Erektionsprobleme mit Problemen innerhalb der Partnerschaft zu tun – etwa Leistungsangst, Wut auf die Partnerin sowie Angst und Nervosität. Neben Partnerschaftskonflikten können auch andere wichtige Veränderungen in Ihrem Leben eine Rolle spielen. Oft hilft es, diese Problembereiche in einer Sexualberatung, die den Partner mit einbezieht, zu erkennen und zu bearbeiten.
Sollte jedoch noch Erwartungsangst, eventuell auch noch Druck von der Partnerin hinzukommen, so können alle diese äußeren und inneren Faktoren dazu führen, dass ein Teufelskreis aufgebaut wird. Dann ist eine Sexualtherapie geeignet, um Leistungsdruck und Erwartungsangst wieder abzubauen. Dazu gehören auch Übungen zur sexuellen Kommunikation mit der Partnerin.

? *Wenn ich abends gestresst von der Arbeit nach Hause komme, würde ich mich gern mit Sex entspannen. Aber mein Penis lässt sich zur Zeit einfach nicht stimulieren. Ist das schon eine sexuelle Störung?*

Die Übergänge von einer unkomplizierten zur gestörten Sexualität sind natürlich fließend, die Abgrenzung ist immer subjektiv und unterliegt einer individuellen Bewertung. Vorübergehende sexuelle Probleme sind häufig – und daher gewissermaßen normal. Erst wenn eine gewisse Zeit der Lustlosigkeit als sehr beängstigend erlebt wird,

schafft das oft einen Leidensdruck und sogar Partnerschaftsprobleme. So wird die Situation unter Umständen zu einem chronischen Problem.
Vielleicht muten Sie sich zur Zeit einfach etwas zu viel zu, und Ihr Penis spricht eine deutliche Sprache: Er will nicht. Vielleicht sind Sie innerlich noch mit etwas anderem beschäftigt: mit der Arbeit, mit dem morgigen Tag, mit irgendetwas, was Sie wütend gemacht hat und noch nachklingt? Sie können sich vielleicht noch nicht ganz von diesen Gedanken oder Gefühlen lösen, verspüren keine wirkliche Erregung beim Sex – und das bewirkt, dass trotz Stimulation letztendlich keine Erektion entsteht.

TIPP

Entspannt bleiben – so begegnen Sie Erektionsproblemen

Wenn Sie häufig Erektionsprobleme haben, sollten Sie in sich hineinhören: Was will Ihnen Ihr Penis sagen? Er ist ein wichtiger Teil Ihres Körpers und muss beachtet werden. An welchen Themen hängen Sie innerlich fest? Müssen Sie noch etwas Wichtiges zu Ende denken?
Überlegen Sie, ob ein Gespräch mit Ihrer Partnerin weiterhelfen könnte, innere Blockaden zu beseitigen – oder würde es Ihnen mehr helfen, ein Telefonat mit einem Freund zu führen? Gespräche entlasten und können zur Entspannung beitragen.
Schlagen Sie ein partnerschaftliches Gespräch vor (siehe Seite 34 f.) mit dem konkreten Wunsch: Ich brauch das jetzt für meine Seele. Dadurch werden Nähe und Intimität im Gespräch möglich, die genauso befriedigend sein können wie körperliche Nähe.
Möglicherweise entsteht daraus Lust zu körperlicher Nähe – aber ohne dass Sie sich darauf fixieren, eine Erektion zu erreichen und damit sexuell wieder etwas leisten zu müssen.

? *Was ist unter »Impotenz« zu verstehen?*

Impotenz ist eine ungenaue, aber übliche Bezeichnung für Erektionsstörungen. Der Begriff wird zur Beschreibung sehr verschiedener Sachverhalte benutzt. Gemeint ist die Unfähigkeit zur Ausübung des Koitus im Sinne von Erektions- und Ejakulationsstörungen.

? *Welche Anzeichen sprechen dafür, dass meine Erektionsstörungen eher körperlich bedingt sind?*

Grundsätzlich spricht man von einer Erektionsstörung, wenn sich die Erektion für die gewünschte sexuelle Aktivität nicht stark genug oder überhaupt nicht entwickelt, oder wenn sie nicht lange genug anhält. An eine körperliche Ursache müssen Sie denken, wenn sich während des Petting die Erektion nur sehr schwach und schwankend entwickelt oder überhaupt nicht zustande kommt. Das gilt auch dann, wenn die Symptomatik durchgängig besteht, das heißt auch bei der Selbstbefriedigung und den morgendlichen Erektionen. Eine Untersuchung bei einem Urologen oder Andrologen kann Ihnen hier Gewissheit bringen. Diese ist auch wichtig, um die Ursachen Ihrer Erektionsstörung genau zu diagnostizieren, weil sich danach die Behandlung richten muss.

? *Mein Hausarzt sagte mir, ich müsse aufhören zu rauchen, um meine Erektionsprobleme loszuwerden. Hilft das wirklich?*

Alles was Ihr Körper aufnimmt und alles, was die Blutzufuhr zum Penis beeinträchtigt oder sich störend auf die Kontrolle des Nervensystems über die Blutzirkulation auswirkt, kann Erektionsprobleme verursachen. Von Tabak ist diese Wirkung bekannt. Das wissen viele Raucher nicht

Für Ihre Potenz: Hören Sie mit dem Rauchen auf!

Methoden	Wirkung/ Anwendung	Erfolgschancen, Nebenwirkungen
Schlusspunktmethode	Der Raucher hört zu einem bestimmten Zeitpunkt auf zu rauchen.	Für fest Entschlossene, bei geringer Abhängigkeit; 5 bis 10 % schaffen es so; kaum Entzugserscheinungen, keine Kosten.
Nikotinersatztherapie	Der Körper wird durch Pflaster, Pillen, Nasenspray oder Kaugummis noch mit Nikotin versorgt, während sich die Psyche langsam ans Nichtrauchen gewöhnt. Dosierung abhängig von Anzahl der Zigaretten pro Tag.	Entzugserscheinungen verschwinden, das Rauchverlangen sinkt deutlich, keine Nebenwirkungen; Mittel in der Apotheke erhältlich; Kosten bis 100 Euro im Monat; noch erfolgreicher bei Kombination mit Raucherseminaren.
Verhaltenstherapie/ Raucherseminare	Bieten psychische Hilfestellung, um Verführungssituationen zu erkennen und zu kontrollieren.	20 bis 30 %; Kombination mit Nikotinersatz oder Nichtraucherpillen kann sinnvoll sein. Erfolgsquote steigt dann auf 42 %.
Rauchertelefon	Im Call-Center des Deutschen Krebsforschungszentrums (Tel. 06221/ 424200) gibt es Rat und Unterstützung.	Ein Anruf kann den Rückfall verhindern. Mit telefonischer Unterstützung steigen die Erfolgschancen um ein Drittel.
Medikamente		
Nichtraucherpille Champin	Simuliert Nikotinwirkung, mindert Rauchverlangen und körperliche Entzugserscheinungen.	Milde Übelkeit zu Beginn der Behandlung; ist ebenso erfolgreich wie die Nikotinersatztherapie.
Nichtraucherpille Zyban	Ursprünglich als Antidepressivum entwickelt.	So erfolgreich wie Nikotinersatztherapie. Häufigste Nebenwirkungen: Schlaflosigkeit, trockener Mund, Verstopfung und Übelkeit.

oder sie nehmen es nicht ernst genug. Vor allem treten diese Nebenwirkungen des Rauchens mit zunehmendem Alter und abhängig von der Höhe des Konsums auf. Haben Sie sehr lange stark geraucht, kann es unter Umständen passieren, dass die Erektionsprobleme sich als irreversibel erweisen. Ob das bei Ihnen der Fall ist, kann ich nicht beurteilen, aber Ihr Arzt.
Ihre sexuelle Potenz sollte es Ihnen wert sein, Ihre Sucht zu bekämpfen. Und nicht nur die: Übermäßiger Tabakkonsum ist ein Risikofaktor, der viele weitere Erkrankungen begünstigt. Sollte es Ihnen schwer fallen, das Rauchen von einem Tag auf den anderen einzustellen, helfen inzwischen die Krankenkassen auch, das individuell richtige »Aussteigerprogramm« für sich zu finden (weitere Informationen siehe Kasten Seite 151).

? *Wenn ich Alkohol trinke, habe ich mehr Lust und werde lockerer. Aber irgendwie klappt es dann nicht mit meiner Erektion.*

Alkohol gehört zu den bewusstseinsverändernden Drogen. Wegen seiner berauschenden Wirkung wird er traditionell in sämtlichen Kulturen bis heute als Rauschmittel und – meist in Verbindung mit anderen Wirkstoffen – als Aphrodisiakum gebraucht. Wenn Sie auch den Alkohol zunächst benützen, um Ihre sexuelle Funktion und das sexuelle Erleben zu steigern, so besteht doch das Risiko der Entwicklung von Abhängigkeit und körperlichen Folgeschäden. Nach längerem Gebrauch und bei höheren Dosierungen ist fast immer mit Störungen der sexuellen Lust, mit Erektionsproblemen und Ejakulationsproblemen, auch verringerter Intensität des Orgasmus zu rechnen. Im Allgemeinen – bei Abstinenz, und wenn Sie einen eventuell notwendigen Entzug gut überstanden haben –, stellt sich eine Normalisierung der Libido und der Erektionen schnell wieder ein. In einzelnen Fällen von schwerem Alkoholismus ist eine dauerhafte Schädigung möglich. Bei chronischer Abhängigkeit sollten Sie sich auf jeden Fall mit Hausarzt und Facharzt (für Psychiatrie) beraten und um medizinische Hilfe bitten – manchmal ist eine Klinikeinweisung erforderlich –, um nicht während eines Entzuges in lebensgefährliche Zustände zu geraten.

? ***Können körperlich bedingte Erektionsstörungen psychisch mit verursacht werden? Seit ich weiß, dass ich Diabetes habe, klappt bei mir nichts mehr.***

Natürlich kann es bei Diabetes mellitus, ebenso wie bei Herz-Kreislauf-Störungen und Bluthochdruck zu krankheitsbedingten Gefäßstörungen und peripheren Durchblutungsstörungen im Genitalbereich kommen, die jeweils zu einer Erektionsstörung, zunächst ohne Minderung der Libido, führen können.
Aber die körperliche Erkrankung kann immer nur als eine Teil-Ursache betrachtet werden, weil Sexualität grundsätzlich ein psychosomatischer Prozess ist. Die sexuelle Versagensangst verstärkt bei Ihnen deutlich die körperlich bedingte Einschränkung. Wahrscheinlich hilft es, wenn Sie diesen Ängsten mit Hilfe eines Psychotherapeuten (siehe Seite 67 ff.) auf den Grund gehen.

? ***Ich kam mit einer sehr schmerzhaften Erektion ins Krankenhaus und der Arzt stellte bei mir Priapismus fest. Muss ich mit einer Schädigung rechnen?***

Priapismus ist eine Fachbezeichnung für eine starke, lang dauernde, schließlich schmerzhaft werdende Erektion, die nicht von sexueller Erregung begleitet wird. Besteht die Erektion länger als 6 Stunden ist Priapismus ein urologisches Problem. Dafür gibt es vielfältige Auslöser: lokale

Reizzustände (z.B. bei Gonorrhö), Gerinnungsstörungen (z.B. bei Leukämie), Durchblutungsstörungen (z.B. bei Diabetes mellitus oder nach lang dauernder Abschnürung des Penis bei bestimmten sexuellen Praktiken). Auch Medikamentenwirkungen – zum Beispiel eine Schwellkörper-Autoinjektionstherapie – können Priapismus erzeugen. Sehr selten tritt Priapismus nach Einnahme von Sildenafil (Viagra) auf. Auch psychische Ursachen kommen in Frage: ob körperlich oder seelisch, meist haben die Ursachen in irgendeiner Form mit zu starker sexueller Beanspruchung und Überreizung zu tun.
Die Behandlung muss auf jeden Fall möglichst rasch einsetzen, um ausgedehnte Schwellkörperthrombosen mit Narbenbildung und nachfolgenden Erektionsstörungen zu vermeiden. Die Therapie erfolgt medikamentös durch Injektion von speziellen gefäßverengenden Medikamenten in die Schwellkörper und durch die lokale Gerinnungshemmung. Gegebenenfalls muss auch operiert werden (Schaffung eines zeitweiligen venösen Abflusses in die Beinvene).

? ***Da ich seit längerem an Erektionsproblemen leide, würde ich mir gern eine Penisprothese einsetzen lassen. Welche Möglichkeiten gibt es?***

Penisprothesen, auch Penisimplantate genannt, werden in die Penisschwellkörper eingepflanzt. Dieses Verfahren wird jedoch nur in der Behandlung von körperlich bedingten Erektionsstörungen oder zur funktionellen Unterstützung eines künstlichen Penis angewendet. Dieser wird zum Beispiel bei angeborenen Fehlbildungen oder im Rahmen einer Geschlechtsumwandlung hergestellt.
Es gibt bei Implantaten zwei Modelle. Das erste besteht aus halbstarren oder biegsamen Kunststoffstäben, die manuell aufgestellt werden können. Vorteilhaft sind das relativ unkomplizierte Einsetzen, nachteilig die wenig feste

Erektion und die fehlende Umfangszunahme des Penis. Auch Ermüdungsbrüche des Materials können auftreten. Das zweite Modell besteht aus hydraulischen Implantaten, wie zum Beispiel Silikonzylindern, die über ein Pumpsystem mit Pumpbällchen im Hodensack aufgefüllt werden. Vorteilhaft wirkt sich die Penisvergrößerung und Penisversteifung aus, nachteilig der technische Umgang mit der Pumpe. Eventuell können mechanische Defekte passieren, auch Entzündungen und Schmerzen auftreten.

? *Zur Penisverlängerung gibt es ja offensichtlich etliche Verfahren. Wie sind hier die Erfolgsaussichten?*

Ich kann Ihnen von allen Verfahren, die den Penis verlängern sollen, nur abraten. Es gibt mechanische Methoden – bei denen der Penis zum Beispiel durch Zug oder mittels Gewichten verlängert werden soll. Auch die regelmäßige Anwendung einer Saugpumpe soll diesem Zweck dienen. Immer wieder liest oder hört man auch davon, dass durch eine entsprechende Operation der Penis verlängert werden soll. All diese Methoden haben sich nicht nur als wirkungslos, sondern oft sogar als gefährlich erwiesen. Unter anderem können Nekrosenbildung (lokal begrenztes Absterben von Zellen), Quetschungen oder Erektionsstörungen die Folgen sein.

Vorzeitige Ejakulation: Wenn er zu früh kommt

? *Wann leide ich unter einem vorzeitigen Samenerguss?*

Das ist gar nicht so leicht zu beantworten. Kinsey war der Ansicht, dass immer dann eine vorzeitige Ejakulation vorliegt, wenn der Mann mit seinem Penis nicht länger als

zwei Minuten in der Vagina bleiben kann, ohne einen Samenerguss zu bekommen. Masters und Johnson meinten, dass ein Mann an vorzeitiger Ejakulation leidet, wenn es ihm nicht gelingt, den Ejakulationsprozess so lange zu beherrschen, dass zumindest in fünfzig Prozent der Fälle die Partnerin sexuell befriedigt wird.
Es ist sehr schwierig für einen sexuell unerfahrenen Mann, die Ejakulation zu beherrschen – das ist ein Lernprozess. Was grundsätzlich »zu früh« ist, dafür gibt es keine »Definition«. Entscheidend sind grundsätzlich die subjektive Zufriedenheit und die eigene Einschätzung des Problems. Wichtig: Ejakulationskontrolle kann man erlernen. Möglichkeiten finden Sie in diesem Ratgeber ab Seite 111.

Wenn sie unter Lustlosigkeit leidet

? *Nach der Geburt unseres Kindes komme ich nicht so richtig in die Gänge. Mir fehlt die sexuelle Lust, was früher nie vorkam.*

Nach dem Wochenbett dauert es sowieso eine gewisse Zeit, bis die Muskulatur wiederhergestellt ist, besonders wenn die Geburt mit einem operativen Eingriff verbunden war. Eine Naht am Scheideneingang muss erst einmal heilen, weil das Zusammenziehen der Muskeln sonst schmerzhaft ist. Auch ist nach einer Entbindung der Muskeltonus, also die normale Muskelspannung in diesem Bereich herabgesetzt.
So ist es kein Wunder, dass Ihnen erst einmal die Lust fehlt. Das hat ganz normale körperliche Gründe, von denen Sie sich nicht entmutigen lassen dürfen. Sie werden selbst merken, wenn Sie vorsichtig mit den Kegel-Übungen (siehe Seite 129) beginnen, wann Ihre Scheidenmuskulatur wieder normal funktioniert. Dann wird sich auch Ihr Lustproblem wieder geben.

TIPP

Der Magenhub – eine Übung aus dem Yoga

Dies ist eine besondere Beckenbodenübung und klassische Yogaübung. Wenn Sie den »Magenhub« regelmäßig ausführen, stärken Sie nicht nur den Beckenboden und die Scheidenmuskulatur, sondern auch alle Bauchorgane. Außerdem wirkt die Übung einer Senkung entgegen, fördert die Durchblutung und hilft auch bei chronischer Verstopfung. Wichtig: Am Anfang nichts forcieren! Regelmäßiges Üben bringt den Effekt.

- Und so geht's: Stehen Sie mit leicht gebeugten Knien, die Füße hüftbreit geöffnet, während Sie die Hände auf die Mitte der Oberschenkel stützen (oder etwas höher in Nähe des Beckens). Beugen Sie den Oberkörper mit gerade gehaltenem Rücken schräg nach vorn. Atmen Sie aus, tief ein und wieder aus.
- Jetzt erfolgen die sogenannten »drei Verschlüsse«: Ziehen Sie den hinteren Teil des weichen Gaumens nach oben, so dass die Luftröhre ganz verschlossen ist. Saugen Sie Magen und Eingeweide so weit wie möglich hoch. Spannen Sie die gesamte Beckenbodenmuskulatur, also den Bereich vom After bis zur Harnröhre an (das heißt, Sie »verschließen« diese Öffnungen).
- Die Hände liegen immer noch auf den Oberschenkeln, die Arme sind nun ganz gestreckt. Bleiben Sie in dieser Position, bis der Drang zum Einatmen kommt. Beim Einatmen lockern Sie die Arme wieder und lassen die Spannung überall im Körper los. Richten Sie sich auf und atmen Sie ruhig weiter.
- Wiederholen Sie diese Übung zweimal.

Diese Übung ist nicht ganz einfach. Sie können auch erst einmal einen Verschluss nach dem anderen probieren. Je länger Sie üben, desto weniger werden Sie auf die Wirkung der »drei Verschlüsse« verzichten wollen.

? *Momentan empfinde ich kaum sexuelle Lust, genieße nur die Nähe zu meinem Partner. Warum zeige ich trotzdem die üblichen körperlichen Reaktionen auf sexuelle Stimulation?*

Es kommt vor, dass Ihr Körper in gewohnter Weise auf Stimulation reagiert, obwohl Sie subjektiv keine Erregung empfinden. Sie sind offenbar in der Lage, die Nähe zum Partner auch ohne sexuelles Interesse zu genießen, und auch nicht unzufrieden, wenn sich bei Ihnen keine Lust einstellt. So lange Sie das nicht stört, muss es auch nicht zum Problem werden. Sollte das jedoch längerfristig der Fall sein, ist es wichtig, darüber nachzudenken, was die Ursache Ihrer Lustlosigkeit sein könnte, denn Unlust kann auch schnell in eine Aversion gegen Sexualität umschlagen. Wenn der Grund dafür nicht klar zu definieren ist, wäre professionelle Hilfe notwendig.

? *Seit der Geburt unserer beiden Kinder ist wegen meines veränderten Körpers – ausgeprägten Schwangerschaftsstreifen – meine sexuelle Lust total weg. Inzwischen stecken wir deshalb in einer Partnerschaftskrise.*

Schwangerschaft und Geburt sind im Leben einer jeden Frau Höhepunkte in der weiblichen Entwicklung, die nicht nur zur Veränderung des Körpers führen. Viele Frauen fühlen sich jetzt körperlich verändert, aber auch weiblicher. Gleichzeitig löst diese Zeit auch psychische Entwicklungsprozesse aus.
Diese tiefgreifenden körperlichen und psychischen Prozesse bringen letztlich seelische Reife – fördern aber natürlich zuerst einmal alte psychische Konflikte und Selbstwertzweifel zu Tage.

Sie gefallen sich womöglich selbst nicht mehr und fragen sich, ob Sie so für Ihren Partner überhaupt noch attraktiv sind. Vorübergehende Zweifel und Befürchtungen zum eigenen Selbstwert sind durchaus normal. Wenn Sie aber von Ihren Befürchtungen und Sorgen um den eigenen Körper und Ihr Aussehen gar nicht mehr wegkommen, kann es sein, dass sich Ihre Ängste um Ihren Körper zu einer chronischen Störung des Selbstwertgefühls ausgeweitet haben. Selbst die Bestätigung durch den Partner und Gespräche mit Freundinnen helfen dann oft nicht weiter. Da auch äußere Veränderungen Ihre Probleme um den Körper nicht dauerhaft beseitigen würden, kann Ihnen in diesem Fall vielleicht eine Psychotherapie (siehe Seite 67 ff.) helfen.

? ***Mein Partner wirft mir vor, dass ich zu wenig Lust hätte. Ist gelegentliche Unlust nicht auch ein ganz normaler Teil der Liebe?***

Bei einer sogenannten Appetenzstörung (also Lustlosigkeit beziehungsweise Störung der Libido) muss zwischen chronischer Lustlosigkeit und akuter situationsbezogener Unlust unterschieden werden. Letztere ist in der Tat ein ganz normaler Bestandteil des Lebens. Ein dauerhafter Mangel an sexuellen Impulsen ist selten und hat meist tief verwurzelte Ursachen (zum Beispiel Missbrauchserfahrungen, Vergewaltigung, eine sehr autoritäre, unterdrückende Erziehung oder schwere emotionale Vernachlässigung im Kindesalter).

Bei akuter Lustlosigkeit von Männern und Frauen, die zu anderen Zeiten durchaus sexuell interessiert waren, wissen die Betroffenen in der Regel selbst genau, warum sie derzeit lustlos sind. Oft sind sie gerade durch wesentliche Dinge stark in Anspruch genommen: zum Beispiel ein neugeborenes Baby, eine wichtige berufliche Aufgabe oder die schwere Erkrankung eines Angehörigen. In solchen Fällen kommt die Lust oft von selbst wieder zurück, wenn die Umstände sich geändert haben.

? ***Seit ich meine Freundin kenne, hatten wir fast täglich Sex. Jetzt wird das seltener. Sie möchte eine sexuelle Pause, um unser Liebesleben wieder zu beleben.***

Ja: Man kann Lustlosigkeit auch als normale Folge von zu viel sexueller Wiederholung mit demselben Partner verstehen. Wenn man die Partnerschaft erhalten will, gibt es die Lösung, sich auch mal eine kreative Pause zu gönnen und sich anderen Dingen (statt einem anderen Partner) zuzuwenden. Manchen Paaren hilft es auch ungewohnte, neue Dinge auszuprobieren, zum Beispiel neue spielerische Praktiken oder Sex an ungewöhnlichen Orten.
Zuerst sollten Sie aber ruhig ausprobieren, was passiert, wenn Sie sich auf den Vorschlag Ihrer Partnerin einlassen können: Wahrscheinlich erwacht die Lust neu und auch die Offenheit für andere gemeinsame »Experimente« wird bestärkt. Falls Sie aber unter der Sexpause leiden, suchen Sie das Gespräch (siehe Seite 34f. und Seite 39) mit Ihrer Freundin.
Wenn Ihnen das alles als Paar nicht gelingt – etwa, weil der Sex in Ihrer Partnerschaft für andere Bedürfnisse (möglicherweise enorm große Nähewünsche) steht –, entwickelt sich manchmal eine Spirale von »Flucht und Verfolgung« in der Beziehung. Das heißt, es entstehen eskalierende Polarisierungen: einer will immer, der andere nie. Das ganze gemeinsame Leben wird dann durch diese Konflikte belastet. Frauen sind öfter emotionale Verfolger, Männer häufiger sexuelle Verfolger. Die Lage kann aber ebenso auch umgekehrt sein. Wenn Sie den Verdacht haben, dass sich in Ihrer Beziehung solche Muster ausbilden, sollten Sie Hilfe in einer Paartherapie suchen (Seite 67ff.).

? Seit einem Jahr leide ich, für mich völlig unerklärlich, an sexueller Lustlosigkeit. Wie entsteht so etwas?

Fachleute sprechen von einer sexuellen Appetenzproblematik, wenn sexuelle Lustlosigkeit länger andauert. Diese kann viele, sehr unterschiedliche Ursachen haben. Unter anderem können Krankheiten, zu viel Stress am Arbeitsplatz, oder andere belastende Lebensereignisse, die mitunter unsere ganze Aufmerksamkeit im Leben beanspruchen können, daran schuld sein.
Nicht zuletzt kann Ihr persönliches Lustproblem auch im Zusammenspiel zwischen den Partnern in Ihrer Beziehung entstanden sein, wenn auch ungewollt und mit den besten Absichten: Manchmal bilden sich in Beziehungen Rollen heraus, ohne dass beide es bewusst wollen (siehe auch Antwort auf die vorhergehende Frage).
Wenn Sie allein oder mit Ihrem Partner im Gespräch nicht mehr weiterkommen, kann eine Partnertherapie beziehungsweise eine Sexualberatung oder -therapie nützlich sein (Seite 69 ff.), um den Dingen auf den Grund zu gehen.

? Wann sollte ich professionelle Hilfe wegen meiner sexuellen Unlust suchen?

Lustlosigkeit kann durch verschiedene Ursachen ausgelöst werden: Durch emotionale Verletzungen außerhalb der Beziehung (etwa Arbeitslosigkeit, Probleme am Arbeitsplatz), aber auch durch solche, die in der Beziehung stattgefunden haben (schwere Kränkungen oder ein Seitensprung). Wenn solche Probleme die Sexualität hemmen oder die Lustlosigkeit ein Symptom für eine andere Störung ist (etwa für eine Depression oder die Nebenwirkung eines Medikamentes), dann ist es empfehlenswert, diese Probleme mittels Paargesprächen (siehe Seite 34 f.) oder einer Therapie (siehe Seite 67 ff.) anzugehen.

? Gibt es eine Methode, den Ursachen meiner sexuellen Lustlosigkeit selbst auf die Spur zu kommen?

Wenn die Ursache Ihrer sexuellen Lustlosigkeit im Dunkeln liegt, hilft nur Detektivarbeit. Sie können versuchen, sich ins Gedächtnis zu rufen, wann Sie zuletzt wirklich Lust auf Sex hatten, und was danach in Ihrem Leben passiert ist. Mit diesen Überlegungen können Sie äußere Ursachen eingrenzen und vielleicht auch erfahren, warum die Lustlosigkeit möglicherweise jetzt in Ihrem Leben auftritt. Manchmal werden unbewusste innere Konflikte durch äußere Auslöser freigesetzt: Diese lassen sich oft erst in einer analytischen Psychotherapie vollständig erschließen.
Wenn Sie feststellen, dass Sie immer noch Freude an der Selbstbefriedigung haben, also Lust ohne Partner durchaus vorhanden ist, stellt sich die Frage, ob das Lustproblem seine Wurzeln in Ihrer Beziehung hat. In diesem Falle wäre eher eine Paartherapie angezeigt (Seite 68 ff.), in der Sie gemeinsam mit Ihrem Partner und mit Hilfe eines Dritten den Ursachen nachspüren können.

? Früher hatten wir guten Sex. Mit dem Seitensprung meines Mannes vor Jahren kam ein Bruch: Ich mache seither nur selten und widerwillig mit.

Offenbar ist damals ein tiefer emotionaler Bruch in Ihrer Beziehung passiert, weil Sie tief verletzt wurden – ja, einander möglicherweise gegenseitig tief verletzt haben. Sie selbst haben eine Aversion gegen Sexualität entwickelt. Es gibt zwar nicht wenige Paare, die so über Jahre und Jahrzehnte zusammenleben – aneinander gebunden und unglücklich. Ich würde Ihnen aber eine Paartherapie empfehlen, um das Vergangene aufzuarbeiten und Ihre Sexualität neu aufzubauen. Das kann wieder zu einer Annäherung zwischen Ihnen und Ihrem Partner führen – und damit auch wieder eine befriedigende und schöne körperliche Beziehung ermöglichen.

Erregungsstörungen der Frau

? *Was bezeichnen Fachleute bei einer Frau als Erregungsstörung?*

Bei Frauen wird von einer Erregungsstörung gesprochen, wenn bestimmte genitale Reaktionen ausbleiben. Das heißt, dass trotz sexueller Stimulation zum Beispiel die Scheide nicht feucht wird und die Durchblutung der Geschlechtsorgane nur in geringem Ausmaß oder gar nicht auftreten – oder wenn solche Zeichen der Erregung kurz auftreten, sich aber dann relativ schnell wieder verlieren.

? *Bei sexueller Stimulation merke ich zur Zeit, dass ich kaum feucht werde. Das enttäuscht mich. Kommen körperliche Ursachen dafür in Frage?*

Die Unterschiede im Zustand der sexuellen Erregung sind von Frau zu Frau sehr groß. Außerdem treten im sexuellen Leben einer Frau häufiger Erregungsstörungen auf. Diese sind aber nicht so schlimm, wenn es Ihnen gelingt, das Zeitweilige und Vorübergehende darin zu sehen. So kann es sein, dass bei gesundheitlichen Beeinträchtigungen Ihre für Sie gewohnten und damit ganz normalen körperlichen genitalen Reaktionen ausbleiben. Auch bei beruflichem oder familiärem Stress oder bei Partnerschaftskonflikten – ganz abgesehen von der psychischen Situation – können körperliches Unbehagen und enorme Anspannung verhindern, dass Ihre Lust sich wie gewohnt entwickelt. Kommen zu diesen körperlichen und eher äußeren Ursachen noch psychische hinzu, so können selbstverstärkende

Mechanismen bewirken, dass das vorübergehende Problem zum chronischen wird. Solche psychischen Einschränkungen können zum Beispiel entstehen, wenn Sie allzu enttäuscht über sich selbst sind und dieses Gefühl sich sozusagen verselbstständigt. Spätestens dann benötigen Sie Beratung (Seite 67 ff.), um Ihr Selbstwertgefühl als Frau wieder aufzubauen.

? *Seit dem ersten Mal mit meinem Freund habe ich beim Sex Schmerzen. Brauche ich eine Sexualtherapie?*

Schmerzen beim Geschlechtsverkehr weisen darauf hin, dass Sie möglicherweise unter einer Dyspareunie leiden. Oft ist diese Störung psychisch bedingt. Organische Ursachen müssen natürlich durch einen Besuch beim Arzt ausgeschlossen werden.
Eine psychische Ursache Ihrer Dyspareunie könnte sein, dass Sie irgendwann auf ein sexuelles Angebot Ihres Partners eingingen, ohne wirklich Lust zu verspüren. Unter Umständen wurde dann dabei Ihre Scheide nicht feucht genug und Sie hatten Schmerzen beim Geschlechtsverkehr. Beim nächsten Mal gehen Sie wieder ohne Lust und eigene sexuelle Wünsche und schon in Erwartung der Schmerzen auf Ihren Partner ein, und so wird Ihr sexuelles Problem chronisch. Eine Sexualtherapie (Seite 69 ff.) gemeinsam mit Ihrem Partner könnte Ihnen helfen.

? *Wir würden gern eine Familie gründen, nur meine vaginistischen Reaktionen verhindern jeglichen Geschlechtsverkehr.*

Beim Vaginismus kommt es zum schmerzhaften Krampf der Beckenbodenmuskulatur rund um die Vagina. Es handelt sich um eine Angstreaktion. Dadurch ist kein Geschlechtsverkehr möglich.

Einem solchen Problem können Sie am besten in einer Sexualtherapie (siehe Seite 69 ff.) auf den Grund gehen. Gemeinsam mit Ihrem Partner beschäftigen Sie sich dabei mit wichtigen Beziehungsthemen. Und Sie lernen Möglichkeiten kennen, Ihre Angstreaktion abzubauen, auch durch ganz konkrete Übungen mit dem Partner.

Orgasmusprobleme der Frau

? *Es fällt mir grundsätzlich schwer, mich beim Sex fallen zu lassen, es stellt sich nur wenig sexuelle Erregung ein und ich bekomme keinen Orgasmus.*

Orgasmusstörungen kommen oft in Verbindung mit Erregungsstörungen vor. Sie haben die Ursache Ihres Problems bereits erkannt und beschrieben – es fallt Ihnen schwer, loszulassen, sich fallen zu lassen, Kontrolle abzugeben. All das steht der Hingabe im Weg. Aus irgend welchen Gründen – Angst? –, die therapeutisch erforscht werden müssen, können Sie sich nicht hingeben, so dass zuerst die Erregung und dann konsequenterweise auch der Orgasmus gehemmt wird.

Auch der Orgasmus ist Übungssache

Wenn Frauen selten oder nie zum Orgasmus kommen, liegt das oft an einer zu schwachen Beckenbodenmuskulatur. Doch zum Glück gibt es Übungen, mit denen diese gestärkt werden kann; Sie finden diese in Kapitel 3 (Seite 129 ff.).

Und noch eine gute Nachricht: die meisten Frauen werden im Laufe ihres Lebens in Sachen Sexualität immer entspannter – und erreichen dadurch in späteren Jahren deutlich häufiger einen Orgasmus als in der Jugend.

SEX UND KRANKHEIT

Leider kann Sexualität auch mit Krankheit zu tun haben. Die Angst vor AIDS – das ist in unserer heutigen Zeit mehr denn je ein Aspekt des Themas Sex. Sexuell übertragbare Krankheiten werden deshalb in diesem Kapitel an erster Stelle thematisiert: Welche sind heute gefährlich? Wie kann man sich schützen? Wie kann man mit einer Geschlechtskrankheit leben und eine Beziehung führen?

Aber Sexualität und Krankheit hängen auch noch auf ganz andere Art und Weise miteinander zusammen. Ob in der Fantasie oder in den Medien: Sex wird in unserer Gesellschaft vor allem mit Jugend, Schönheit und Gesundheit in Verbindung gebracht. Jeder Mensch hat aber im Laufe seines Lebens irgendwann einmal mit körperlichen oder psychischen Krankheiten zu tun – ob eine vorübergehende Grippe oder chronische Erkrankungen wie Diabetes. Auch in diesem Zustand sehnen wir uns nach körperlicher Zuwendung, empfinden Lust oder wünschen uns einfach eine Beziehung, in der wir auch körperlich Freude empfangen und schenken können. Viele Menschen fragen sich in diesem Moment: Kann ich auch mit einer Krankheit noch ein schönes und befriedigendes Sexualleben haben? Scheuen Sie sich deshalb nicht, bei Krankheit mit Ihrem Arzt auch immer über das Thema Sexualität zu sprechen – und die Fragen zu stellen, die Ihnen in diesem Zusammenhang wichtig sind. Ihr Arzt kann Sie beraten im Hinblick auf Risiken, Einschränkungen, aber auch hinsichtlich der vielen sexuellen Möglichkeiten, die trotz einer Erkrankung gegeben sind.

In engem Zusammenhang damit finden Sie in diesem Kapitel Antworten auf Fragen, die sich zu Medikamenten ergeben, die Sie vielleicht regelmäßig einnehmen müssen. Haben diese Einfluss auf das Sexualleben – und wenn ja: Wie kann man damit umgehen?

Sexuell übertragbare Krankheiten

? *Welche Erkrankungen gehören zu den Geschlechtskrankheiten?*

Sexuell übertragbare Infektionen bezeichnet man als Geschlechtskrankheiten. Dazu gehörten ursprünglich Erkrankungen wie die Syphilis (auch Lues veneres, »Lustseuche« genannt, Infektion mit Bakterium Treponema pallidum), Gonorrhö (»Tripper«, Infektion durch Gonokokken), Ulcus molle (»weicher Schanker«, Infektion durch das Bakterium Haemophilus ducreyi) und Lymphogranuloma inguinale (Chlamydien-Infektion).
Alle diese Krankheiten werden über kleinere Verletzungen der Schleimhäute beim Geschlechtsverkehr übertragen.
In den 1980er Jahren kam AIDS hinzu, denn es zeigte sich bald, dass AIDS durch Körperflüssigkeiten – Blut, Sperma und Scheidensekret – übertragen wird. Im Gegensatz zu den altbekannten Geschlechtskrankheiten, die mittlerweile mit Penicillin und Antibiotika zu heilen sind, gibt es gegen die HIV-Infektion immer noch keine wirksamen Mittel.

? *Wie hoch ist das Risiko, mit den sogenannten »alten« Geschlechtskrankheiten angesteckt zu werden?*

Untersuchungsergebnisse zeigen, dass die Anzahl der Neuerkrankungsfälle bei Syphilis ansteigt. Daraus könnte man durchaus auch auf andere Geschlechtskrankheiten schließen. Die Gefahr ist sehr ernst zu nehmen, zumal eine Geschlechtskrankheit mit sehr gefährlichen (Spät-)Folgen verbunden sein kann. Wird zum Beispiel Syphilis im Frühstadium nicht behandelt, erkrankt etwa ein Drittel aller Betroffenen an einer Spätsyphilis mit verschiedenen Durchgangsstadien der Erkrankung (Geschwüre, die ganze Körperareale zerstören können, neurologische Störungen durch Schädigung des Rückenmarks oder des Gehirns).

Die Gonorrhö (Tripper) tritt noch 100-mal häufiger als die Syphilis auf. Bei Frauen bleibt sie häufig zunächst unbemerkt, weil sie oft mit unspezifischen und nicht sehr heftigen Symptomen wie Brennen beim Wasserlassen oder Scheidenausfluss verläuft. Unbehandelt kann die Gonorrhö aufsteigen und zu Entzündungen der Gebärmutterschleimhaut, der Eileiter und der Eierstöcke führen. Beim Mann drohen Hoden-, Nebenhoden- und Prostataentzündung. Deshalb besteht bei Mann und Frau nach unbehandelter Erkrankung die Gefahr bleibender Sterilität.

? *Ich bringe immer AIDS und HIV durcheinander. Was bedeutet beides?*

Die Bezeichnung HIV (Human Immunodeficiency Virus) steht für den Virus – den AIDS-Virus –, der AIDS (Aquired Immunodeficiency Syndrome) das Krankheitssyndrom verursacht. AIDS ist eine schwere, durch HIV ausgelöste Schwächung des körpereigenen Abwehrsystems mit den bekannten fatalen Folgereaktionen. Mit der Entwicklung zum Stadium AIDS wird der Körper wehrlos gegen viele Krankheitserreger und anfällig für Tumore, die ein Mensch ohne Immunschwäche problemlos abwehrt. HIV kann zeitlebens nicht mehr aus dem infizierten Organismus entfernt werden.

? *Welche körperlichen Veränderungen treten zunächst mit einer HIV-Infektion auf?*

Die HIV-Infektion geht mit einer ungewöhnlich langen »Inkubationszeit« einher – so nennt man den Zeitraum von der Ansteckung bis zu dem Moment, in dem die AIDS-Erkrankung ausbricht. In den westlichen Industriestaaten wird ohne medikamentöse Behandlung innerhalb einer mittleren »Manifestationszeit« von zehn Jahren bei etwa der Hälfte aller HIV-Infizierten das Stadium AIDS

erreicht. Davon ausgenommen ist ein noch nicht genau bekannter Anteil HIV-Infizierter, bei denen AIDS trotz Infektion mit dem HIV-Virus teilweise bis zu 20 und mehr Jahren nicht ausbricht.
Etwa vier von fünf, also 80 Prozent der Patienten wissen bis zur Erstdiagnose AIDS nichts von ihrer Erkrankung, tragen die Krankheit aber unter Umständen schon lange in sich – und können in dieser Zeit natürlich auch unwissentlich andere Menschen angesteckt haben.

? *Ist die Gefahr, eine HIV-Infektion zu bekommen, heute wirklich noch so groß oder ist bereits alles unter Kontrolle?*

Immer noch gibt es jedes Jahr zahlreiche HIV-Erstdiagnosen. Man kann also nicht davon ausgehen, dass die HIV/AIDS-Epidemie unter Kontrolle gebracht wurde. Für das Jahr 2002 wurde für Deutschland die Zahl der Neuinfektionen mit 2000 angegeben – und ist damit sogar wieder gestiegen. Das lag zum einen daran, dass aus sogenannten Hochprävalenzländern (Länder, in denen relativ viele Menschen HIV-positiv sind), etwa aus den ehemaligen GUS-Staaten ein hoher Anteil an Prostituierten kommt, die infiziert sind. Ein weiteres riskantes Thema in diesem Zusammenhang ist der »Sextourismus« von Deutschland in andere Hochprävalenzländer.
Der Anteil HIV-Positiver aus den Hochprävalenzländern wird unter den »Neuinfektionen« im Jahr 2002 auf 23 Prozent geschätzt. Vor allem durch die »ahnungslos« HIV-Infizierten entsteht ein brisantes HIV-Infektionspotenzial: Während sie noch jahrelang Sex haben, bevor AIDS diagnostiziert wird, können so unabsichtlich und unwissentlich mehr und mehr Menschen angesteckt werden.
So kann es über Jahrzehnte – womöglich über Generationen? – unerkannt weitere Neuinfektionen geben. Hierin liegt eine derzeit unkalkulierbare Gefahr.

? *Welche Bevölkerungsgruppen sind besonders bedroht, sich mit HIV zu infizieren?*

Die im Jahr 2002 gemeldeten Neuinfektionen geschahen laut Analysen des Robert-Koch-Institutes zu 40 Prozent über homosexuelle Kontakte bei Männern.
Der Anteil der Frauen beträgt 25 Prozent. 13 Prozent der Betroffenen steckten sich bei heterosexuellen Kontakten an, weitere 7 Prozent durch unsaubere Drogenspritzen. Insgesamt kommen 21 Prozent aller Infizierten aus einem Land mit hoher HIV-Rate.

? *Bleibt AIDS trotz der Therapiemöglichkeiten eine tödliche Erkrankung?*

Die Erfahrung zeigt inzwischen, dass die hochwirksamen Kombinationstherapien vielen HIV-Patienten neue Lebensqualität und mehr lebenswerte Jahre gebracht haben. Die Dauerbehandlung mit den Medikamenten hat aber auch ihren Preis in Form von Nebenwirkungen. Litten die HIV-Infizierten unbehandelt früher am Karposi-Sarkom, einer teilweise große Hautbezirke befallenden Tumorerkrankung mit deutlich sichtbaren bläulichroten Knoten, so bringt die neue antiretrovirale Therapie eine sogenannte Lipodystrophie mit sich, eine Umverteilung von Fettgewebe mit deutlich sichtbarem Schwund der Fettpolster im Gesicht.
Mit allen heute verfügbaren Medikamenten ist HIV nicht aus dem infizierten Organismus zu entfernen – das heißt nach wie vor: Die Erkrankung ist nicht heilbar, auch wenn man heute glücklicherweise nicht sofort daran sterben muss, sondern unter Umständen lange und relativ gut damit leben kann. Es darf nicht vergessen werden: Trotz der Therapiemöglichkeiten bleibt AIDS weiterhin eine tödliche Erkrankung.

? *Mein Partner hat sich einer HIV-Therapie unterzogen. Kann ich mich überhaupt noch bei ihm anstecken?*

Ja. Nach heutigem Wissensstand gibt es keine wissenschaftlich gesicherten Belege dafür, dass HIV-infizierte Menschen Partner nicht mehr anstecken können – egal mit welcher Therapie sie behandelt werden!
Mit den heute verfügbaren Medikamenten-Kombinationen (siehe auch Kasten unten) kann die im Blut nachweisbare Menge an HIV stark gesenkt werden. Die Infektion jedoch bleibt bestehen und ebenso leider auch die Ansteckungsgefahr. Dieser Umstand ist fatalerweise zu vielen Patienten, die mit diesen Therapien behandelt werden, nicht bewusst.

Die Kombi-Therapie zur Behandlung der HIV-Infektion

Heute wird bei einer HIV-Infektion oft die Hochaktive antiretrovirale Therapie (Highly Active Anti-Retroviral Therapy, oder auch HAART) eingesetzt. Die im Jahr 1996 eingeführte Kombinationstherapie besteht aus wenigstens drei verschiedenen antiretroviralen Medikamenten (ARV). Neuerdings wird anstatt HAART der Begriff cART (combined Anti-Retroviral Therapy) verwendet, in Deutschland wird die Therapie meist Kombinations-Therapie genannt.
Die Durchsetzung dieser Therapie ist ein großer Fortschritt in der AIDS-Forschung gewesen: Die Einnahme der Medikamente ist gegenüber früher deutlich vereinfacht, als die Patienten unter Umständen stündlich verschiedene Medikamente einnehmen mussten. Trotzdem hat die Therapie Nebenwirkungen und erfordert auch vom Patienten lebenslang aktive Kooperation bei der Behandlung.

Wie ist eine Weitergabe von HIV und Neuinfektionen mit dem »AIDS-Virus« zu verhindern?

Um AIDS keine Chance zu geben, ist es wichtig, sich persönlich über Ansteckungsrisiken, Nichtrisiken und Schutzmöglichkeiten zu informieren. Dazu gehört auf jeden Fall, konsequent Kondome zu benutzen (siehe Seite 77 ff.). Ein sicherer Schutz ist die unbedingte Voraussetzung für »Safer Sex«.

Was ist von den »Unsafe-Sex-Partys« und der auch in Deutschland vorhandenen »Barebacking-Szene« zu halten?

Dies ist die »Antwort« eines kleinen Teils der schwulen Szene auf Safer-Sex-Botschaften, die damit ignoriert werden: Geschlechtsverkehr findet ungeschützt statt. Dieses Thema ist vor allem in der homosexuellen Szene nach wie vor sehr präsent: Paare, die sich jahrelang wegen Angst vor einer HIV-Infektion eingeschränkt hatten, tendieren jetzt wieder zu riskanteren Sexualpraktiken.
Manche HIV-Infizierte glauben auch, dass sie nach einer HIV-Therapie andere nicht mehr mit dem Virus anstecken können. Das ist auf jeden Fall eine Fehleinschätzung (siehe auch Antwort auf Seite 171).

Ist AIDS nicht zuallererst ein Problem für homosexuelle Männer?

Viele Menschen bringen Schwulsein und AIDS direkt in Verbindung. Tatsächlich ist AIDS nach wie vor bei homosexuellen Männern ein präsentes Thema. Schwule sind jedoch nur dann einer besonderen Risikogruppe zuzurechnen, wenn sie häufig ungeschützten Analverkehr und/oder Verkehr mit wechselnden Sexualpartnern haben, da die

Verletzungs- bzw. Infektionsgefahr beim Analverkehr sehr viel höher ist als beim Vaginalverkehr. Und wechselnde sexuelle Beziehungen zu haben, birgt bekanntlich ohnehin ein höheres Risiko für sexuell übertragbare Krankheiten – egal ob homosexuelle oder heterosexuelle Kontakte gesucht werden.

AIDS geht also jeden an: Heute ist es so, dass die meisten HIV-Infektionen durch Seitensprünge in »feste« Beziehungen getragen werden! Denn gerade in diesem Bereich des Fremdgehens besteht die trügerische Sicherheit des »einmal-ist-keinmal«: Seitenspringer schützen sich beim Geschlechtsverkehr mit einem neuen Partner deutlich seltener als Menschen mit häufiger wechselnden Partnern.

? *Sind heute auch heterosexuelle Jugendliche besonders gefährdet, mit HIV infiziert zu werden? Was ist für diese Gruppe Menschen besonders riskant?*

Junge Menschen sind leichter beeinflussbar – etwa durch Gruppendynamik. Sie sind zudem in einer Lebensphase, in der sie oft noch nicht in einer festen Beziehung leben, sondern sich »ausprobieren«: All diese Faktoren erhöhen das Risiko, unbedacht und vielleicht auch ungeschützt Sex zu haben. Hinzu kommen »Lifestyle-Drogen«, die zu einem »trendy lifestyle« dazugehören. Diese machen es schwer, auch bei jungen Heterosexuellen Risikoverhalten zu beeinflussen.

Wenn sexuell aktive Personen unter dem Einfluss von Rauschdrogen stehen, ist ihr Verantwortungsbewusstsein eingeschränkt. Denn Drogen verzerren nicht nur die Wahrnehmung im Moment des Rausches, sondern sie tragen auch dazu bei, dass die Orientierung und der Realitätssinn insgesamt verloren geht. Unter Drogeneinfluss ist »Safer Sex« deshalb fatalerweise oft das Letzte, an was Jugendliche denken.

? ***Wenn ich einen neuen Partner kennen lerne, denke ich erst mal nicht an »Safer Sex«. Das Risiko wird mir oft erst hinterher bewusst.***

In Liebesbeziehungen neigen wir dazu, anderen zu vertrauen und uns ihnen schutzlos auszuliefern. So ist es nicht einfach, im Rahmen einer intimen Kommunikation den richtigen Zeitpunkt zu finden, in dem über Kondomgebrauch und »Safer Sex« gesprochen werden kann.
Aber Sexualität ist leider heutzutage nicht ungefährlich, so dass es wichtig ist, für sich selbst zu sorgen, ein Kondom dabei zu haben, und darauf zu bestehen, dass dieses auch benutzt wird.
Schon zu Beginn einer Beziehung sollten beide Partner ihre Bedürfnisse und Wünsche ernst nehmen – und einander auch mitteilen. Das ist die Basis für ein gleichberechtigtes und faires Miteinander.

? ***Meine neue Partnerin und ich wollen auf Nummer Sicher gehen und einen AIDS-Test machen lassen. Wo geht das anonym?***

Alle Staatlichen Gesundheitsämter bieten kostenlose anonyme AIDS-Beratungen an mit Blutuntersuchung. In der Regel geht das sogar ohne Anmeldung. Man geht einfach in die Sprechstunde.
Nach einer Woche gibt es das Ergebnis, jedoch ohne schriftliche Bestätigung. Wenn Sie das Ergebnis schriftlich haben wollen, können Sie sich auch an Labors wenden, die eine gewisse Anonymität bieten. Das kostet allerdings circa 15 Euro. Natürlich könnten Sie auch zu Ihrem Hausarzt gehen, der Ihr Vertrauen besitzt und auch unter Schweigepflicht steht. Ebenso kann ein entsprechender Test beim Frauenarzt oder anderen Fachärzten erfolgen.

? *Nach einem Seitensprung lässt mich trotz verschiedener HIV-Antikörpertests die Angst nicht los, mich mit HIV infiziert zu haben. Was bleibt mir noch übrig?*

Vermutlich haben Sie eine AIDS-Phobie entwickelt, die durch die unrealistische Befürchtung gekennzeichnet ist, sich mit dem HIV-Virus infiziert zu haben. Auch durch negative Befunde im HIV-Antikörpertest sind Ihre Ängste nicht zu beseitigen.
Diese offensichtlich irrationale Angst ist vermutlich aus einem verdrängten schlechten Gewissen wegen des Seitensprungs entstanden. In solch einem Fall hilft immer auch eine Psychotherapie (siehe Seite 67 ff.). Wenn Sie bereit sind, Konflikte zu klären, die hinter dieser Angst stecken können, käme für Sie auch eine analytische Psychotherapie in Frage.

Sexualität und Depressionen

? *Seit der Geburt meiner Tochter vor sechs Monaten bin ich ständig traurig, habe keine Lust auf Sex und komme oft morgens gar nicht aus dem Bett. Erst abends wird es etwas besser. Habe ich eine Depression?*

Nicht wenige Frauen entwickeln nach der Geburt ihres Kindes eine postnatale Depression, die unterschiedlich schwer sein kann. Das typische sexuelle Symptom ist Lustlosigkeit. Hier ist es aber nicht nötig, die Sexualität zu therapieren, sondern die Depression muss behandelt werden. Ihr Lustproblem wird sich mit dem Abklingen der Depression bessern. Welche Art von Therapie Ihnen nützt, sollte ein psychiatrisch erfahrener klinischer Psychologe oder ein Facharzt mit Ihnen gemeinsam nach einer Reihe von diagnostischen Gesprächen entscheiden.

? *Seit Jahren werde ich zur Therapie meiner schweren Depression mit Antidepressiva behandelt. Ich bin sehr froh, dass sie mir helfen, aber mit meiner Lust habe ich Schwierigkeiten.*

Ihre Medikamente – die Sie bei einer Depression unbedingt nach Vorschrift Ihres Arztes einnehmen müssen – wirken sich leider dämpfend auf Ihre Libido aus. Deshalb sollten Sie in erster Linie dieses Problem mit Ihrem Facharzt für Psychiatrie besprechen. Treffen Sie auf keinen Fall eigenmächtig die Entscheidung, das Medikament wieder abzusetzen. In einem Gespräch mit Ihrem Arzt sollten Sie klären, ob es möglich ist, auf ein anderes Präparat umzusteigen. Möglicherweise kann Ihnen längerfristig auch eine psychotherapeutische Behandlung helfen. Damit könnten Sie lernen, die auslösenden Bedingungen Ihrer Erkrankung beeinflussen zu lernen. Außerdem könnten Sie die vielen Fragen besprechen, die sich für Ihre Sexualität und Ihr Frausein unter diesen Bedingungen ergeben.

Sexualität und Diabeteserkrankung

? *Bei meiner letzten Vorsorgeuntersuchung beim Internisten kam heraus, dass ich an Diabetes mellitus Typ II leide. Worauf muss ich mich bezüglich meiner Sexualität als Frau einstellen?*

Beim Diabetes mellitus Typ II sind etwa ein Viertel der Frauen von sexuellen Funktionsstörungen in Abhängigkeit vom Schweregrad und dem Verlauf der Erkrankung betroffen. Diese Frauen berichten von verringertem sexuellem Verlangen und Störungen, die alle Phasen des sexuellen Reaktionszyklus betreffen. Körperlich sind diese Störungen vor allem darin begründet, dass die genitale

Sensibilität herabgesetzt ist. Auch akute Komplikationen, wie Harnwegs- und vaginale Infektionen führen zu sexuellen Beschwerden, die nach dem Abklingen der akuten Infektion jedoch immer wieder verschwinden.
All diese Störungen sind jedoch wieder rückgängig zu machen, also reversibel, wenn Sie verantwortungsvoll mit Ihrer Erkrankung umgehen. Bei übergewichtigen Patienten ist es wichtig, die entsprechende Diät konsequent einzuhalten und sich ausreichend zu bewegen, um das Übergewicht zu reduzieren. Erst wenn durch diese Maßnahmen keine ausreichende Senkung des Blutzuckers zu erzielen ist, wird eine medikamentöse Therapie, zunächst mit oralen Antidiabetika, begonnen.

? *Meine neue Freundin hat mir gestanden, dass sie unter Diabetes mellitus leidet. Wie verhalte ich mich als Partner im sexuellen Kontakt?*

Natürlich können Sie als Partner generell die Bemühungen Ihrer Freundin zur Krankheitsbewältigung unterstützen, etwa durch Umstellen der Ernährung, viel Bewegung und ähnliches. Die im Zusammenhang mit dem Diabetes möglicherweise auftretenden Empfindungsstörungen beeinträchtigen die Sensibilität von Haut, Schleimhäuten und der Genitalregion. Manchen Frauen hilft hier intensiveres Streicheln oder Stimulieren. Am besten fragen Sie Ihre Freundin, was sie sich von Ihnen wünscht.

? *Wie wirkt sich Diabetes bei Männern aus? Ich bin inzwischen bezüglich meiner Erektion sehr ängstlich und unsicher geworden.*

Krankheitsbedingt kann es zu vorübergehenden Erektionsstörungen kommen. Diese gehen meist mit mangelndem sexuellen Verlangen einher. Wenn die Medikamente

entsprechend angepasst sind – man sagt: eine gute Einstellung des Diabetes erreicht ist – können diese Probleme jedoch beseitigt werden.
Darüber hinaus gibt es bei Diabetes noch die psychisch bedingten Erektionsstörungen, die sich sozusagen als »sich selbst erfüllende Prophezeiung« einstellen können. Das passiert, weil Sie wissen, dass Erektionsstörungen bei Diabetes auftreten können und Sie sie daraufhin bereits mit großer Wahrscheinlichkeit erwarten.
Erst bei diabetesbedingten Gefäßstörungen im Genitalbereich kann es zu chronischen Erektionsstörungen kommen. Diese sind dann leider durch eine Therapie des Diabetes nicht mehr zu beeinflussen.
Ob Ihre Erektionsprobleme durch die Krankheit oder psychisch bedingt sind, kann nur in einer Sexualberatung geklärt werden. Hier erfahren Sie auch, wie Sie trotz Diabetes Ihr Sexualleben aufrecht erhalten und befriedigend gestalten können.

? *Kann mir bei Diabetes überhaupt durch eine Sexualberatung oder Sexualtherapie geholfen werden, wenn meine Erektionsstörung krankheitsbedingt ist?*

Wenn Ihre Erektionsstörung krankheitsbedingt ist, brauchen Sie Beratung (siehe Seite 67ff.), um die bestehende Situation akzeptieren zu lernen. Unter Umständen ist nämlich die körperlich bedingte Störung nicht mehr rückgängig zu machen (siehe auch vorangegangene Frage). In der Beratung kann Ihnen die ganze Bandbreite sexuellen Reagierens aufgezeigt werden. Sie lernen zum Beispiel die Bedeutung von Zärtlichkeit, Zuneigung, von Geborgenheit und des füreinander Daseins kennen. Wichtig ist in dieser Situation auch die hohe Bedeutung der erotischen Kontakte, die außer dem Koitus stattfinden können. Denn beglückende Sexualität ist auch mit unzureichenden Erektionen erlebbar.

? *Noch habe ich es nicht ganz aufgegeben, ein Kind zu zeugen. Welche technischen Hilfsmittel kann ich bei diabetesbedingten Erektionsstörungen anwenden?*

Inzwischen erleben die Vakuumpumpe und der Penisring eine Renaissance, da sie relativ unkompliziert und vor allem unschädlich bei der Anwendung sind. Sie müssen prüfen, ob sie Ihren Vorstellungen entsprechen. Bei der Vakuumpumpe handelt es sich um ein etwas unhandliches Gerät, das über den Penis gestülpt wird. Sie verbessert durch Unterdruck eine Erektion. Ist eine maximal mögliche Erektion erreicht, wird sie durch ein dickes Gummiband gehalten, das um die Peniswurzel gelegt wird. Es muss spätestens nach einer Stunde entfernt werden. Nach dem gleichen Prinzip funktionieren die Penisringe, die eine Erektion aufrechterhalten können, vorausgesetzt, dass Sie eine ausreichende Erektion erreichen können.

Grippe und Sex

? *Seit meiner letzten Grippeerkrankung, die nun etliche Wochen zurückliegt, erhole ich mich nicht so richtig. Momentan habe ich das Gefühl, für mich bräuchte es keine Sexualität mehr zu geben.*

Fast jede Erkrankung kann Einfluss auf Ihr sexuelles Erleben haben. Krankheit und sexuelle Lust schließen sich jedoch keinesfalls generell aus. Ihr Allgemeinbefinden ist aufgrund Ihrer Grippeerkrankung mit einhergehender Lustlosigkeit, Müdigkeit und Erschöpfung herabgesetzt. Aber Ihr Problem ist vermutlich nur vorübergehend, wenn Sie Ihrem Körper und Ihrer Psyche Gelegenheit geben, sich wieder zu erholen. Dafür sollten Sie sich einige Wochen Zeit gönnen.

Koronare Herzkrankheiten und deren Auswirkung auf die Sexualität

? *Mein Mann zeigt seit seinem Herzinfarkt keine sexuelle Initiative mehr. So kenne ich ihn nicht – und ich beginne mir Sorgen zu machen. Kann ich ihm irgendwie helfen?*

Es kann durchaus sein, dass Ihr Mann zwar körperlich nach schwerer Erkrankung genesen ist, aber voller Unsicherheit und Angst. Möglicherweise hat er Schwierigkeiten damit, die Krankheit psychisch zu verarbeiten und sich an die neue Lebenssituation anzupassen. Oft entstehen nach einem Herzinfarkt auch Depressionen, die die Vitalität und die sexuelle Lust generell hemmen können.
Es ist verständlich, dass Sie als Partnerin nun ebenso Angst bekommen und sich fragen, wie alles weitergehen soll. Eine schwere Krankheit kann das gesamte Leben sehr grundlegend verändern.
Da hilft nur das Gespräch miteinander, um Angstgefühle und Bedenken zu klären, sowie das gemeinsame Gespräch mit dem behandelnden Arzt, um aus medizinischer Sicht Beruhigung und Sicherheit vermittelt zu bekommen.
Das Tragische bei solchen psychischen Nachwirkungen einer Erkrankung ist oft, dass nicht nur sexuelle, sondern häufig auch zärtliche Kontakte vermieden werden. Und das muss auf keinen Fall sein. Ganz im Gegenteil: Ihrem Mann wird diese Bestätigung gerade jetzt gut tun. Und Sie können diese Zeit der körperlichen und psychischen Regenerationsphase Ihres Mannes als eine Chance für Ihre Beziehung nutzen: Führen Sie partnerschaftliche Zwiegespräche (siehe Seite 34f.). Stellen Sie mit Hilfe leichter, entspannender Streichelübungen (siehe Kasten rechts) wieder mehr körperliche Nähe her und tun Sie sich gegenseitig etwas Gutes. Vermeiden Sie dabei jetzt erst einmal jede genitale Stimulation.

TIPP

Einfache Streichelübungen

Bei den folgenden Übungen geht es darum, sich in entspanntem Zustand gegenseitig erkundend zu streicheln. Dabei bleiben Genitalregion und Brust ausgespart. Ziel ist es den Körper wieder besser zu spüren und die körperlichen Reaktionen kennen zu lernen, sich aber nicht sexuell zu erregen.

Und so gehen Sie am besten vor:

- Jeweils ein Partner streichelt den anderen für zunächst nur 10 Minuten.
- Derjenige, der gestreichelt wird, gibt dem anderen Rückmeldung, wie er es empfindet. Das kann verbal (»das ist schön«) oder handelnd geschehen (indem er die Hand des anderen führt).
- Es soll beim Streicheln auch »experimentiert« werden: Tun Sie deshalb nicht nur Bekanntes und Vertrautes.
- Erst wenn es Ihnen beiden gelungen ist, dieses erkundende, entspannende Streicheln zu genießen, und wenn Sie es beide wollen, können Sie dazu übergehen, auch die Genitalien und die Brust zu streicheln: erst nur oberflächlich und mehr zufällig. Dabei soll keinerlei sexueller Druck entstehen.

? *Wie wirken sich koronare Herzerkrankungen auf die Sexualität aus?*

An sich haben koronare Erkrankungen nur einen relativ geringen körperlichen Einfluss auf sexuelle Funktionen. Das heißt: Auch bei eingeschränkter Herztätigkeit scheint die für Erregung und Erektion benötigte Blutzufuhr zu den Genitalien nicht beeinträchtigt zu sein.

Oft werden jedoch im Zusammenhang mit Herzerkrankungen, insbesondere nach einem Infarkt, sexuelle Probleme empfunden. Dabei geht es meist um gesundheitliche

Ängste: Aus Furcht vor einem erneuten Infarkt werden die sexuellen Aktivitäten eingeschränkt. Man verhält sich passiver als vorher. Das kann dann durchaus zu einer gewissen Lustlosigkeit führen, da Sie Ihr gewohntes Verhalten vermeiden und deshalb nicht zu der gewünschten Erregung oder einem Orgasmus kommen. Ängste des Partners können diesen Mechanismus noch zusätzlich verstärken. Diese Ängste sind bei Frauen und Männern im Übrigen sehr ähnlich. Es ist gut, wenn Sie mit Ihrem Partner, aber auch mit dem Arzt darüber sprechen können und so gemeinsam Ängste überwinden können.

? *Wie realistisch ist die Gefahr eines »Liebestodes«, wenn man nach einem Herzinfarkt wieder Sex hat?*

Der oft zitierte »Liebestod« (ein tödlicher Herzinfarkt bei sexuellem Kontakt) ist ein sehr seltenes Ereignis. Seine Häufigkeit lag in großen Untersuchungen unter 1 Prozent aller plötzlichen Todesfälle.
Die Herz- und Kreislaufbelastung bei sexuellem Kontakt entspricht einer fahrrad-ergometrischen Belastung von 75 Watt. Sexuelle Aktivität ist also nicht anstrengender als Treppensteigen. Ärger beim Autofahren oder eine Auseinandersetzung mit dem Vorgesetzten ist für das Herz ähnlich oder gar mehr belastend. Um Ihre Angst zu mindern, können Sie Ihre Herz- und Kreislaufbelastbarkeit mit einem Langzeit-EKG testen.

? *Welche möglichen Ursachen und Risikofaktoren für gefäßbedingte Erektionsstörungen gibt es?*

Arterielle Gefäßerkrankungen, Bluthochdruck und hoher Nikotinkonsum sind deutliche Risikofaktoren für die Entwicklung gefäßbedingter Erektionsstörungen. Die sexuelle

Lust ist dabei über lange Zeit nicht gemindert. Erst nach längerer Zeit treten dann Beschwerden auf: Typischerweise kommt es aufgrund der Durchblutungsstörungen im Genitalbereich zu Erektionsstörungen, zunächst aber ohne dass die sexuelle Lust gemindert ist.
Wenn es jedoch schon so weit ist, haben Sie ein ernsthaftes Problem, dem Sie vorbeugen können, indem Sie – falls Sie rauchen – möglichst schnell das Rauchen aufgeben (siehe auch Tipps auf Seite 151). Wenn Sie unter Gefäßerkrankungen oder Bluthochdruck leiden, fragen Sie am besten Ihren Arzt, wie Ihre Erkrankung behandelt werden muss, so dass Sie eine beglückende Sexualität leben können. Vielleicht ist auch eine Psychotherapie sinnvoll (Seite 67 ff.).

Sex nach einer Prostataoperation

? *Mir ist als Mittvierziger meine Sexualität immer noch sehr wichtig. Was habe ich nach einer Prostataoperation zu befürchten?*

Bekannt ist, dass es bei operativen Eingriffen (Prostatektomien) durch die Harnblase zu einer retrograden Ejakulation kommen kann, das heißt, dass der Samenerguss in die Harnblase erfolgt. Man spricht dann von einem sogenannten »trockenen Orgasmus«, also einem Orgasmus ohne sichtbaren Samenerguss. Davon muss das Orgasmuserleben und überhaupt das Erleben von Sexualität nicht beeinträchtigt werden. Sie bleiben auch zeugungsfähig: Der Samen des Mannes kann aus dem Urin gewonnen und in die Scheide der Frau eingeführt werden.
Die von den Männern so gefürchteten Erektionsstörungen nach Prostataoperationen (aufgrund von Nervenschädigungen im Prostatabereich) treten übrigens nach den Operationen seltener auf, bei denen die Prostata durch die Bauchhaut entfernt wurde.

Wirken sich Medikamente generell auf die sexuelle Reaktion aus?

Eigentlich gibt es fast kein Medikament, von dem nicht im Einzelfall unerwünschte Wirkungen auf die Sexualität beschrieben worden sind. Aber bei der überwiegenden Mehrzahl der Präparate ist nicht bekannt, ab welcher Dosis eine solche Wirkung eintreten kann.
Deshalb nimmt man an, dass andere Faktoren immer mitverursachend oder gar die alleinige Ursache sind. Diese kann in der Erkrankung liegen, die zu behandeln ist, oder auch in ganz anderen Faktoren, etwa in psychischen Konflikten und Anpassungsstörungen in Bezug auf die Erkrankung, und natürlich in Beziehungskrisen, die ja auch in Krankheitssituationen entstehen können.
In Untersuchungen wurde festgestellt, dass zumindest zwischen der Behandlung einer Krankheit und der Erkrankung selbst immer ein Zusammenhang besteht, das bedeutet: Ob mit oder ohne Medikamente, bei bestimmten Krankheiten werden bestimmte Auswirkungen auf die Sexualität beobachtet. So leiden zum Beispiel 17 Prozent der unbehandelten Bluthochdruckkranken und 25 Prozent behandelter Patienten mit Bluthochdruck an Erektionsstörungen. Beide Prozentzahlen sind signifikant höher als bei Menschen ohne Bluthochdruck.

Wie wirken sich Herz-Kreislauf-Medikamente und Bluthochdruckmittel auf die Sexualität aus?

Von Herz-Kreislauf-Medikamenten sowie zum Beispiel Beta-Blockern – also Mitteln gegen Bluthochdruck – weiß man, dass sie lustmindernd wirken können. Wie weit jedoch mangelnde Lust oder andere sexuelle Probleme durch diese Medikamente verursacht werden und wie weit sie körperlich und psychisch bedingt sind, kann im Einzelfall sehr unterschiedlich sein (siehe Antwort auf die vorhergehende Frage).

? *Welche anderen Medikamentengruppen kennt man noch, die zusammen mit anderen Faktoren gehäuft sexuelle Störungen verursachen können?*

Grundsätzlich müssen Sie bei Herz-Kreislauf-Medikamenten und Bluthochdruckmitteln mit eventuellen Nebenwirkungen auf die Sexualität rechnen. Auch Hormone, »Hormondämpfer« (z.B. Cyproteronacetat, Androcur) und Antiepileptika, die bei Epilepsie, aber auch anderen psychiatrischen Erkrankungen eingesetzt werden, können lustmindernd wirken, ebenso Beruhigungs- und Schlafmittel. Neuroleptika (z.B. Thioridazin) und Antidepressiva (Paroxetin) können eher orgasmusverzögernd wirken.

? *Ich muss nach meiner depressiven Erkrankung immer noch eine ganz bestimmte Sorte von Antidepressiva nehmen. Weiß man etwas über deren Nebenwirkung auf die Sexualität?*

Über die Nebenwirkungen von Antidepressiva auf die Sexualität weiß man an sich wenig, weil gut kontrollierte Studien rar sind. Offenbar treten sexuelle Funktionsstörungen unter Antidepressiva ofter auf als unter einer Placebobehandlung. Die unterschiedlichen Gruppen der Antidepressiva scheinen sich auch unterschiedlich auf die Sexualität auszuwirken. Unter den selektiven Serotonin-Wiederaufnahmehemmern (SSRI, zum Beispiel Citalopram, Paroxetin, Sertralin) scheinen sexuelle Störungen gehäuft aufzutreten, insbesondere in Form einer Verzögerung der Orgasmus- und Ejakulationsfähigkeit (vor allem

Paroxetin). Weniger die Sexualität zu belasten scheinen dagegen die selektiven MAO-Hemmer und Nefazodon (Antidepressiva, die mittels Noradrenalin bzw. Serotonin oder durch Ersatzstoffe wirken).
Grundsätzlich gilt: Antidepressiva müssen über längere Zeit genommen werden, damit sie überhaupt wirken. Auch bei auftretenden unliebsamen Nebenwirkungen dürfen sie nie ohne Absprache mit dem Arzt abgesetzt werden. Bitte besprechen Sie daher auch sexuelle Probleme in Zusammenhang mit Ihrer Erkrankung immer mit Ihrem Arzt.

Sex mit Viagra

? *Wie wirkt Viagra®?*

Sildenafil (Viagra®) wurde ursprünglich als Medikament für Erkrankungen an Herz und Gefäßsystem entwickelt, und ist inzwischen als Mittel bei Erektionsstörungen in über 110 Ländern weltweit zugelassen. Es wurden bislang über 1 Milliarde Tabletten Viagra® verschrieben.
Viagra® bewirkt fast ausschließlich eine Verbesserung der Erektionsfähigkeit. Der Zeitraum, nach dem eine erneute sexuelle Stimulierung wieder erfolgreich ist, verkürzt sich. Salopp gesagt: Der Mann kann schneller wieder.
Manche Männer berichten auch von rascheren Ejakulationen. Die sexuelle Lust wird nicht direkt erhöht, aber sicher indirekt positiv beeinflusst, da der Mann es erleichternd empfindet, mit Hilfe von Viagra® wieder zu einer Erektion in der Lage zu sein.

? *Wirkt Viagra® besser bei körperlich oder psychisch bedingten Erektionsstörungen?*

Sildenafil (Viagra®) kann eigentlich bei allen körperlich bedingten Erektionsstörungen eingesetzt werden, zum Beispiel bei Diabetes, Bluthochdruck, nach Prostata-

Operationen und bei traumatischen Rückenmarksverletzungen. Auch bei ausgeprägten Erektionsproblemen älterer Männer mit nicht ganz geklärter Ursache kann Viagra® helfen. Bei allen körperlich bedingten Erektionsstörungen ist wichtig, dass zusätzlich zum Einsatz von Viagra® eine Sexualberatung stattfindet. Stets sollte auch die Partnerin mit einbezogen werden.
Man weiß inzwischen, dass Patienten mit psychisch bedingten Erektionsstörungen stärker profitieren als solche mit körperlichen Ursachen. Es ist vorstellbar, dass Sildenafil bei vorwiegend psychisch bedingten Erektionsstörungen hilft, die oft erheblichen Versagensängste des Mannes zu überwinden. In der Fachliteratur wird die Gefahr körperlicher Abhängigkeit diskutiert. Denkbar wäre auch eine psychische Abhängigkeit, das heißt, eine Erektion ist sozusagen ohne Viagra® dann nicht mehr möglich. All diese Gefahren scheinen durchaus realistisch zu sein, denn Viagra® kann im Versandhandel problemlos gekauft werden. Dies alles muss aber noch umfassend untersucht werden.
Um ganz sicher zu gehen, und mögliche Auswirkungen auf die Partnerschaft zu berücksichtigen, sollten Sie Einnahme von Viagra® immer vorab mit Ihrer Partnerin besprechen.

? ***Ich weiß, dass es durch Viagra® einige Todesfälle gab. Wann sollte es auf keinen Fall angewandt werden?***

Sildenafil scheint in seiner Anwendung relativ sicher zu sein. Allerdings sind in den kontrollierten Studien einige Todesfälle aufgetreten. Patienten mit Herzerkrankungen müssen vor Sildenafil-Einnahme gründlich kardiologisch untersucht werden. Bei gleichzeitiger Behandlung mit nitrathaltigen Pharmaka (häufig bei Herzerkrankungen angewandt) darf Sildenafil auf keinen Fall eingenommen

werden, da die geringe blutdrucksenkende Wirkung von Viagra® durch Nitrate erheblich potenziert wird, so dass der Blutdruck gefährlich sinken kann.
Laut Untersuchungen sollten Patienten mit aktiver Koronarischämie (verminderter Durchblutung des Herzens) auch ohne Nitratmedikation sowie Menschen mit Herzinsuffizienz und grenzwertig niedrigem Blutdruck kein Viagra® nehmen. Ebenso verbietet sich die Einnahme bei komplizierter medikamentöser Mehrfachtherapie bei arteriellem Bluthochdruck sowie für Patienten mit eingeschränkter Leber- oder Nierenfunktion.
Wichtig ist in jedem Fall die Untersuchung und das Gespräch mit Ihrem behandelnden Arzt – und zwar bevor Sie Viagra® einnehmen!

? *Gibt es unerwünschte Nebenwirkungen von Viagra®?*

In Studien wurden Erröten, Kopfschmerzen, Dyspepsie (Brechdurchfall), gelegentlich Rhinitis (Schnupfen, Katarrh der Nasenschleimhaut) oder eine verstopfte Nase und Sehstörungen in Form eines Bläulichsehens als unerwünschte Nebenwirkungen genannt.
All diese Nebenwirkungen waren überwiegend vorübergehend und nur leicht oder mittelstark und klangen ohne spezifische Behandlung ab. Alkohol verstärkt die geringe blutdrucksenkende Wirkung von Sildenafil etwas.

? *Gibt es unerwünschte Nebenwirkungen auf die Paarbeziehung unter Einnahme von Viagra®?*

Aus der Paarberatung ist mir bekannt, dass mit der Einnahme von Viagra® der Druck auf die Partnerin wächst, die sich oft »benutzt« vorkommt, denn »jetzt muss es ja sein«, wenn das Medikament gerade wirkt. Manche Paare beginnen dann, sich in ihrer gemeinsamen Sexualität zu sehr auf den genitalen Akt auszurichten und die anderen Bereiche verkümmern.

Manchmal schafft Viagra auf diese Art mehr Probleme in einer Partnerschaft als es nützt. Damit dieser Teufelskreis erst gar nicht entstehen kann, ist dringend Paarberatung (siehe Seite 68 ff.) zu empfehlen. Jedes Paar sollte sich bei sexuellen Problemen professionell begleiten lassen. Viagra ist keine endgültige Lösung.

Sexualhormone

? *Könnte es sein, dass mir Sexualhomone fehlen, weil ich als Mann so wenig Lust verspüre? Es gibt doch in den USA diese Hormonbehandlungen, um sich vitaler zu fühlen.*

Die Behandlung mit Sexualhormonen macht nur dann Sinn, wenn ein nachgewiesener Mangel besteht. Das kann der Arzt leicht über eine Bestimmung der Hormonspiegel der Keimdrüsen im Blut feststellen.

Bei den meisten Männern mit sexuellen Störungen sind diese Hormonwerte normal; eine Hormonstörung als Ursache ist äußerst selten. Ist der Hormonspiegel in Ordnung, dann ändert sich durch eine zusätzliche Hormongabe nichts: Das sexuelle Interesse steigt nicht an, die sexuellen Funktionen bleiben unverändert.

Im Gegenteil: Nimmt man Hormone, dann geht als Reaktion des Körpers die Eigenproduktion entsprechend zurück. Setzt man die Hormone dann wieder ab, dann erreicht man vorübergehend eine Senkung der Hormonwerte im Blut mit Nachlassen des sexuellen Interesses, bis sich der Körper auf die neue Situation eingestellt und die Eigenproduktion wieder erhöht hat. Das kann längere Zeit in Anspruch nehmen.

Sexuelle Praktiken und Spielarten

Wir leben in einer Zeit und in einer Gesellschaft, in der eine Vielfalt von sexuellen Ausdrucksformen und Lebensweisen akzeptiert wird. Wir können eine viel freiere Art von Sexualität leben als noch unsere Eltern und Großeltern dies konnten. Wir können aus vielen Möglichkeiten wählen und sind nicht mehr auf die alte »Geschlechtsverkehr-Routine zum Kinderzeugen« beschränkt.

Und doch: In kaum einem Lebensbereich fühlen wir uns so unsicher wie in Bezug auf Liebe, Partnerschaft – und Sex. Obwohl heute so vieles offen gesagt und gezeigt wird, obwohl fast alles möglich zu sein scheint, fragen wir uns in diesem Zusammenhang besonders ängstlich: Was ist normal? Was ist richtig oder falsch? Muss ich alles mitmachen? Wo ist die Grenze?

Es gibt so viel Verlockendes: Sexuelle Techniken laden zum Experimentieren ein. Das ist schön. Aber trotzdem stellen erfahrene Paare fest, dass es letztendlich nicht auf Stellungen und Techniken ankommt. Wichtiger als das ist die Intensität des Gefühls zueinander. Jedes Paar »pendelt« sich sozusagen im Laufe seines Beziehungslebens auf bestimmte Lieblingstechniken und -stellungen ein, die ihm besonders entsprechen.

In diesem Kapitel möchten wir Ihnen helfen, zu entdecken, was Ihnen entsprechen könnte – und Unsicherheiten zu beseitigen. Sie finden hier Antworten auf verschiedenste Fragen: angefangen von Masturbationstechniken, oralem und analem Sex, Fesselspielen bis hin zu gleichgeschlechtlicher Liebe.

Sexuelle Fantasien

? *Manchmal hole ich mir die Lust auf Sex mit meiner Freundin durch einen Flirt mit einer Frau auf dem Nachhauseweg. Muss ich deshalb ein schlechtes Gewissen haben?*

Beim Flirten geht es um ein Spiel mit intensiven erotischen Gefühlen. Ein Flirt unterwegs kann Ihre Lust in Gang bringen nach dem Motto: »Appetit holt man sich draußen, aber gegessen wird zu Hause«. Auf dem Nachhauseweg kann es vieles geben, was Sie antörnt: Ein ansprechendes Werbeplakat, Gedanken an Ihre Freundin … – warum nicht auch ein Flirt?!

? *Mit meiner sexuellen Lieblingsfantasie komme ich sofort zum Höhepunkt. Seit ich mit meiner Partnerin in einer sexuell erfüllenden Beziehung lebe, frage ich mich, ob diese Fantasien normal sind.*

Wir alle haben erotische Bilder und Fantasien in uns, oft aber zu wenig Muße oder zu viel Angst, sie wahrzunehmen. Unser erotisches Erleben verarmt dann. Seien Sie also froh, dass es bei Ihnen anders ist. Wenn Sie es wagen, Ihre Fantasien in erotischen Zwiegesprächen (siehe Seite 39) mit Ihrer Partnerin zum Thema zu machen, werden Sie merken, wie sehr dies Ihre Beziehung bereichern kann.

? *Ich bin in einer festen Beziehung – aber meine Masturbationsfantasien drehen sich um andere Frauen. Wie gehe ich damit um?*

Sexualtherapeuten bestätigen, dass sexuelle Fantasien eines der wirkungsvollsten Mittel für gute Sexualität sind. Die meisten Menschen geben sich am liebsten ihren sexuellen Fantasien hin, um zum Höhepunkt zu kommen.

Sie benötigen deshalb kein Pornovideo, -magazin oder ähnliches. Je lebhafter die Fantasie, desto schneller kommen sie zum Höhepunkt. Befragungen haben ergeben, dass Männer vor allem sexuelle Fantasien über ihre aktuelle Partnerin haben: Sie stellen sich vor, was sie mit ihr schon einmal getan haben oder gerne tun würden. Hier besteht die reale Chance – wenn Sie Ihre diesbezügliche Fantasie ernst nehmen –, diese Wünsche in die Wirklichkeit umzusetzen. An zweiter Stelle stehen bei den meisten Männern Fantasien über den Sex mit einer anderen Frau. Die Fantasie ist hier ein geeignetes Mittel, ihre Sehnsucht zu befriedigen, ohne sie in die Tat umzusetzen und ihre Partnerin dabei zu verlieren.

?

In meiner Lieblingsfantasie werde ich mit Gewalt genommen. Dabei will ich gar nicht vergewaltigt werden! Mir ist meine – für mich sehr erregende – Fantasie unerklärlich.

Die bekannte Autorin Nancy Friday schrieb davon, dass Frauen am meisten das Gefühl genießen, sich auszuliefern, sich nicht wehren zu können und mit Gewalt genommen zu werden. Immer geht es in dieser Vorstellung um sexuelle Ergriffenheit und nicht um reale Unterwerfung. Aber vielleicht kann Ihre sexuelle Lieblingsfantasie Ihnen wegweisend sein für etwas, was Ihnen in Ihrer sexuellen Beziehung mit Ihrem Partner fehlt. Sie werden bestimmt die Erfahrung gemacht haben, dass der erotische Austausch immer auch eine Portion Aggression braucht – zugreifen, nehmen, erobern –, sonst wird die erotische Liebe zu »soft«.
Frauen wollen im erotischen Austausch begehrt, das heißt, auch genommen werden. Überlegen Sie ruhig mal, wie Sie Ihren Partner dazu anregen können: Oft hilft es auch, wenn Sie Ihr eigenes Begehren in der Beziehung stärker leben und zum Ausdruck bringen, was Ihnen fehlt und was Sie

sich wünschen. Außerdem gibt es die Möglichkeit, Ihre erotischen Wünsche zum Thema für ein erotisches Zwiegespräch mit Ihrem Partner zu machen (siehe Seite 39).

Was sonst noch Lust macht

? *Als ich neulich beim Arzt saß, blätterte ich in einer Frauenzeitschrift und las etwas über Tantra. Was können wir Europäer von östlichen Sexpraktiken lernen?*

Praktiken wie Tantra sind in asiatischen Ländern vor allem geistige Praktiken – bei uns haben diese Ideen eine vor allem sexuelle Ausrichtung erfahren und sich entsprechend entwickelt. Die Sexualität in unserer westlichen Welt ist häufig auf die schnelle Befriedigung des Mannes ausgerichtet, wohingegen sich in den fernöstlichen Praktiken Techniken und Anregungen finden, die vor allem zur Befriedigung der Frau beitragen – wodurch ja beide Geschlechter letztendlich profitieren.

? *Ich möchte gern ein »Liebesmenü« für meinen Freund und mich kochen. Bestimmte Nahrungsmittel sollen ja als Aphrodisiaka Einfluss auf die sexuelle Lust nehmen. Welche Zutaten könnten das sein?*

Der Begriff Aphrodisiaka kommt aus dem Griechischen und ist von der »Göttin der Liebe« Aphrodite und ihrem Fest Aphrodisia abgeleitet. Aphrodisiaka sind Mittel, die die Sinnlichkeit anregen und Sexualität stimulieren sollen. Dies kann – wenn überhaupt – nur bei gesunden Menschen mit gesunder Sexualität funktionieren. Pflanzen, Kräuter, Gewürze, die als luststeigernd gelten, bringen zum Beispiel den Stoffwechsel auf Trab und können auch die Hormone beeinflussen.

So reizt zum Beispiel Petersilie die Schleimhäute, Damiana, ein mexikanisches Kraut, kann euphorisch machen. Die ätherischen Öle in Muskatnuss, Pfeffer und Chili können den Stoffwechsel so anregen, dass dabei das Blut in Wallung geraten kann – auch an den entscheidenden Körperstellen. Da ist zunächst einmal viel Fantasie von Ihnen gefragt, und dann heißt es ausprobieren, um das richtige Aphrodisiakum für Sie beide zu finden.

? *Gibt es Aphrodisiaka, die bei Erektionsstörungen des Mannes wissenschaftlich nachweisbar Erfolg bringen?*

Die meisten Aphrodisiaka tragen ihren Namen zu unrecht. Eine Ausnahme bildet das Yohimbin, das früher aus der Yohimbe-Wurzel, aber heute chemisch hergestellt wird. Es wirkt direkt auf das Penisgewebe, wahrscheinlich über Gehirn und Rückenmark. Dieses Mittel wirkt am besten bei Erektionsstörungen, die weder eindeutig psychisch noch somatisch bedingt sind.
Es fragt sich, ob sich die Einnahme wirklich lohnt und ob nicht die gleichen Effekte mit Sexualberatung und -therapie zu erzielen sind, wenn man die mögliche unerwünschte Arzneimittelwirkung bedenkt. Yohimbin kann den Blutdruck senken und innere Unruhe verursachen. Gelegentlich kommt es zu Magen- und Darmbeschwerden. Auf ärztliche Begleitung und sexualtherapeutische Beratung (siehe Seite 69 ff.)sollten Sie auf keinen Fall verzichten.

? *Bei welchen Aphrodisiaka sollte man eher vorsichtig sein?*

Lassen Sie sich auf keinen Fall durch Aussagen in der Werbung täuschen. Die meisten Aphrodisiaka wirken nicht – manche können sogar gefährlich werden. Nahrungsmittel werden oft aufgrund ihres länglichen, »phallischen« Aus-

sehens als aphrodisierend beschrieben – und wirken oft nur wie ein Placebo, also durch die bloße Annahme, dass sie etwas ausrichten können.
Andere Stoffe wirken, indem sie Angst und Hemmungen verringern, und wieder andere, weil sie den Penis länger steif halten sollen. Was wirklich Lust macht, ist nicht erforscht: Noch ist die »Lustpille« nicht gefunden.
Das Pulver aus Rhinozeroshorn, das bei chinesischen Männern so beliebt ist, weil es aufgrund der Form des Horns an einen stark erigierten Penis erinnert, ist von seiner Substanz her absolut ohne Wirkung. Die spanische Fliege – dieses Mittel wird aus kleinen glühenden Käfern hergestellt – enthält eine Substanz, die schon in geringen Mengen tödlich sein kann. Es kann zu Priapismus (schmerzhafte, lang anhaltende Erektion des Penis, siehe Seite 153 f.) führen. In unserer Kultur wird gern Alkohol als »Aphrodisiakum« verwendet. Nur in geringen Mengen wirkt er enthemmend und aufreizend. Wenn Sie zu viel trinken, wirkt er weniger stimulierend, sondern eher dämpfend und hat einen negativen Einfluss auf die Erektion.

? *Was empfehlen Paartherapeuten ihren Klienten zur Anregung sexueller Lust?*

Alle sind sich darin einig, dass die Kommunikation eines Paares entscheidend ist, ob Beziehung und Sexualität gelingen. Vertrauen, das Gefühl, geliebt zu werden, eine gute, faire Kommunikation – all das, was in einer Paarbeziehung an Schönem passiert, kann häufigen, liebevollen, aufregenden und sehr befriedigenden Sex zur Folge haben. Der Paartherapeut Michael Lukas Moeller nennt zwei Formen der partnerschaftlichen Zwiegespräche – das ganz normale, nicht-themenzentrierte und das erotische Zwiegespräch (siehe Seite 34 f. und 39) – als seelische Aphrodiasika, die beide die Erotik und Sexualität eines Paares intensivieren.

Beide Gesprächsformen wirken unterschiedlich und ergänzen sich. Das nicht-themenzentrierte Zwiegespräch wirkt, weil es die Liebe mündiger und selbstbewusster macht, so dass sie sich freier entfalten kann. Bei manchen Paaren wirkt diese Art der verbesserten Kommunikation stärker auf das Liebesleben, weil unausgesprochene Ängste, Rivalitäten oder Selbstentwertungen, die erheblichen Einfluss auf das Liebesleben haben, aber nicht in direktem Zusammenhang mit der Erotik stehen, beseitigt werden können.
Das erotische Zwiegespräch wirkt normalerweise noch stärker auf das Liebesleben, weil sich das Paar darüber unterhält, was beide im Moment erotisch am stärksten bewegt. Das belebt die Liebe – denn nur, was man nicht tabuisiert, kann man gestalten! Die Erotik der meisten Menschen fristet eine karge Existenz in einem inneren Exil. Erst wenn man den Mut findet, erotisch offen zu sprechen, kann sich die Liebe wirklich frei und intensiv entfalten.

Das Vorspiel

? *Sind eigentlich Vorspiel und Petting das gleiche?*

Unter Petting versteht man die ersten intimen Tastspiele, das Erforschen des anderen Körpers, das Streicheln und Liebkosen, um sich gegenseitig zu befriedigen.
Ein Vorspiel ist sehr, sehr viel mehr. Es bezieht den ganzen Körper mit ein, beschränkt sich nicht nur auf Brüste und Genitalien. Es ist sehr wichtig, um den sexuellen Genuss zu steigern, weil jeder Mensch außer den bekannten erogenen Zonen auch verborgene Regionen der Lust besitzt, die bei zärtlicher Berührung sehr intensiv reagieren.
Die Körper beider Partner werden gestreichelt, berührt, erregt – zur gleichen Zeit, wechselweise, wie auch immer es beiden gefällt –, bis beide vibrieren vor Lust.

? *Wir haben den typischen Konflikt zwischen Mann und Frau. Ich wünsche mir sehr viel Zärtlichkeit – mein Partner möchte schnell zur Sache kommen. Wie finden wir eine befriedigende Lösung?*

Das Vorspiel sollte kein Luxus sein, den Sie sich gönnen, wenn Sie genug Zeit haben. Es ist für Sie als Frau unerlässlich, dass Sie in Stimmung kommen – und die Vagina sich auf den Geschlechtsverkehr vorbereiten kann, indem sie feucht wird. Und das ist eben manchmal ganz schnell der Fall – oft jedoch braucht man ein bisschen Zeit und entspannte Zärtlichkeit dafür.
Übrigens: Auch bei Männern kann ein gekonntes, langsames, erotisches »Vorspiel« die Empfindungen beim Verkehr ungeheuer steigern. Denken Sie immer daran: »Der Weg ist das Ziel«. Dieses Prinzip sollten Sie beim Vorspiel beachten und Ihre zärtlichen Spielereien mit dem Partner als einen »Rundgang über den ganzen Körper« betrachten. Es gilt, jedes Mal etwas Neues zu entdecken, zu verweilen, ein Gefühl, eine Erfahrung auszukosten. So können Sie sich im gemeinsamen Liebesspiel gegenseitig hochschaukeln, bis es Sie drängt, weiter zu gehen, auch Ihren Genitalbereich intensiv zu stimulieren – weil Sie sich beide in eine leidenschaftliche Stimmung versetzt haben.

? *Nach längerer Zeit möchten wir uns wieder körperlich annähern. Welche Techniken sind da geeignet, damit es wirklich aufregend wird?*

Einigen Sie sich zunächst, wer als erster »verwöhnt« werden will. Wenn das Ihr Partner ist, bitten Sie ihn, sich erst einmal auf den Bauch zu legen und Sie beginnen, jeden Körperteil zu streicheln, sanft zu berühren, aber auch intensiver zu bearbeiten.

Damit es noch etwas aufregender wird, können Sie natürlich auch Hilfsmittel verwenden, indem Sie zum Beispiel ein Tuch oder eine Pfauenfeder langsam über seine nackten Pobacken gleiten lassen. Setzen Sie auch Ihren Mund, Ihre Zunge, Ihre Lippen ein. Nachdem Sie seine Hände und Füße massiert haben, küssen Sie seine Zehen, saugen an seinen Fingern … Dann drehen Sie Ihren Partner um, fassen aber nicht gleich nach dem Penis. Erst einmal geht es nur darum, den ganzen Körper in all seinen sinnlichen Möglichkeiten zu erfahren.
Sie können auch Ihren eigenen Körper einsetzen, indem Sie sich auf Ihren Partner legen und sich kreisend bewegen: Auf diese Art massieren Sie ihn und genießen zugleich selbst das angenehme Gefühl des Körperkontaktes. Wenn Sie dazu noch Massageöl verwenden, steigert das Ihre erotischen Gefühle sicher weiter!
Nach etwa einer halben Stunde können Sie die Rollen tauschen, und Ihr Partner lässt sich nun etwas einfallen, Ihren Körper zu erforschen und Ihnen dabei Lust und Freude zu bereiten. Wichtig ist, dass Sie sich gegenseitig immer auch ein Feedback geben, wie es Ihnen damit geht: Stöhnen Sie wohlig, wenn es Ihnen gut tut oder führen Sie seine Hand dahin, wo Sie gern noch länger gestreichelt werden wollen und ähnliches. Wichtig dabei ist selbstverständlich immer auch, stets nur so weit zu gehen, wie es beide Partner mögen.

? ***Ich bin viel zu schüchtern, mich selbst zu befriedigen, während sie dabei zuschaut. Ist das für die gemeinsame Sexualität überhaupt wichtig?***

Vielen Männern, aber auch Frauen, ergeht es vor allem am Anfang einer Beziehung so wie Ihnen. Um aber die eigenen Hemmungen zu überwinden, brauchen Sie nur den Mut, es einfach zu tun. Schüchternheit und Hemmungen verfliegen. Natürlich ist die Selbstbefriedigung voreinander kein »Muss« in einer Beziehung. Aber die Vertrautheit in der Beziehung wächst, wenn Sie sich auch ab und zu auf Ungewohntes einlassen können. Wenn sich Ihr Partner in irgendeiner Form daran beteiligt, ist Masturbation vor dem Partner eine weitere Möglichkeit für guten, gemeinsamen Sex.

Dafür spricht, dass niemand Ihren Körper besser kennt als Sie. Ihr Partner kann Sie im Arm halten und streicheln, während Sie masturbieren, oder Sie beide masturbieren, während Sie Seite an Seite oder mit dem Gesicht einander zugewandt daliegen und einander anschauen.

Ein weiteres Plus der Selbstbefriedigung voreinander: Wenn Sie vor Ihrer Partnerin masturbieren, kann sie gleich sehen, wie Sie es bei sich selbst machen und auf was sie achten muss, wenn sie Sie befriedigt.

? *Ich möchte gern einen Vibrator ausprobieren: Wie benutzt man ihn eigentlich am besten?*

Die meisten Frauen, die einen Vibrator benutzen, führen ihn nicht in die Vagina ein, sondern stimulieren damit die Klitoris. Natürlich können Sie auch einen Vibrator in das Liebesspiel mit Ihrem Partner einbeziehen. Vielleicht macht es ihm Spaß, ihn gemeinsam mit Ihnen auszuprobieren, und vielleicht schätzt er auch die Vibrationen an seinem Penis.

Die besten Vibratoren werden in Kaufhäusern als Körpermassagegeräte verkauft. Sie funktionieren gut, weil sie eine glatte Oberfläche haben, die den Klitorisbereich wirkungsvoll stimuliert. In manchen Großstädten gibt es inzwischen auch spezielle Sex-Shops für Frauen, in denen Sie auch von Frauen gut beraten werden. Wenn Sie das nicht ausprobieren möchten, können Sie auch im Internet einen Vibrator bestellen.

Sinnliche Berührungen und Massage

?

Mein Partner wünscht sich so sehr eine sinnliche Massage von mir. Wie könnte ich sie in unser Liebesspiel einbauen, damit ich auch davon profitiere?

Wenn Ihre Badewanne groß genug dazu ist, beginnen Sie am besten mit einem Bad zu zweit. Sonst können Sie auch in der Dusche Ihr Liebesspiel beginnen. Nehmen Sie sich auf jeden Fall Zeit dazu: »Sauberwerden« ist nicht der Zweck des Ganzen. Baden oder duschen Sie sich gegenseitig. Schäumen Sie einander mit einem weichen Schwamm und duftendem Bade- oder Duschöl ein. Danach sollten kuschlige, angewärmte Handtücher bereitliegen, in die Sie sich einhüllen können. Nun geben Sie Ihrem Partner eine sinnliche Massage. Achten Sie darauf, dass das Zimmer gut beheizt ist, und dass Sie nicht gestört werden. Eine langsame, sinnliche Musik bringt zusätzlich Entspannung und spricht Ihre Sinne an.

Bitten Sie Ihren Partner, sich auf den Bauch zu legen und decken Sie ihn mit Handtüchern zu, bis auf den Körperbereich, den Sie gerade massieren. Nehmen Sie etwas Babyöl oder duftendes Massageöl und wärmen Sie es zwischen Ihren Handflächen an, bevor Sie sanft über seinen Rücken streichen. Sie können kreisende Bewegungen machen, von der Wirbelsäule ausgehend, dann gleitende Bewegungen und Streichbewegungen mit dem Daumen. Jeder Teil des Körpers kommt an die Reihe, außer dem Genitalbereich. Massieren Sie zuerst die Rückseite des Körpers, dann die Bauchseite. Vergessen Sie auch nicht Füße und Hände – zwischen den Zehen und den Fingern wirken Berührungen besonders intensiv. Massieren Sie auch den Nacken, den Hals und die Kopfhaut, die Ohren … schließlich ganz sanft das Gesicht Ihres Partners.

In der ersten halben Stunde sollte das Ganze eher entspannend als aufreizend sein. In der zweiten jedoch bringen Sie

Ihren Partner gnadenlos auf Touren. Nach 45 Minuten können Sie die Massage mit einer erotischen Genitalmassage abschließen – und danach sind Sie wahrscheinlich beide eingestimmt auf ein sinnliches »Mehr«.

? *Gibt es einige grundsätzliche Regeln zu beachten? Wie merke ich vor allem, ob die sinnliche Massage meiner Partnerin gefällt?*

Die sinnliche Massage ist ein »Geschenk«, das Sie Ihrer Partnerin machen. Am besten fragen Sie Ihre Partnerin, wenn Sie unsicher sind, welche Massagebewegungen sie am liebsten mag – zum Beispiel, ob sie feste oder eher leichte Berührungen genießt. Auch nonverbale Signale Ihrer Partnerin während der Massage – wohlige Laute, ein Stöhnen und ähnliches – können Ihnen den Weg weisen, was Ihrer Partnerin gefällt.
Beginnen Sie mit sanften Bewegungen. Sie können vorher auch Signale vereinbaren. Wenn Ihre Partnerin Ihre Hand drückt, wissen Sie, dass Sie etwas kräftiger massieren dürfen. Vielleicht führt sie auch Ihre Hand zu den Körperteilen und Stellen, wo sie eine Berührung jetzt am liebsten mag. Behalten Sie einen regelmäßigen Rhythmus bei, das wirkt entspannend. Wenn nun das Gesicht Ihrer Partnerin entspannt ist, ist es bestimmt der ganze Körper, und Sie wissen, dass Sie fortfahren können.

? *Um unseren Sex spannend zu gestalten, möchte ich Neues ausprobieren. Welche Genitalmassage könnte ich bei meinem Freund anwenden?*

Genitalmassagen gibt es seit Tausenden von Jahren. Ziel ist dabei nicht, dass Ihr Partner schnell zum Orgasmus kommt, sondern dass er sinnlichen Genuss erlebt.

Eine Möglichkeit ist das sogenannte »Rollen«: Ihr Partner liegt auf dem Rücken, und Sie knien zwischen seinen Beinen. Während Sie seine Hoden zwischen Fingerspitzen und Daumen halten, rollen Sie diese sanft, langsam und vorsichtig hin und her.
Nach einigen Minuten gehen Sie zu einem kitzelnden Streichen über: Legen Sie Ihre Hand unter seine Hoden, so dass diese auf Ihren Fingerspitzen ruhen. Dann kitzeln Sie die Hoden. Je leichter der Druck, desto angenehmer das Gefühl für Ihren Partner.

? *Kann ich durch bestimmte Streichelbewegungen die Erektion meines Partners fördern?*

Es gibt eine Technik, die in manchen Sex-Handbüchern als Spiral-Technik bezeichnet wird. Sie kann Ihrem Partner helfen, eine Erektion zu bekommen. Dazu halten Sie mit der einen Hand die Peniswurzel, während Sie mit der anderen den Penis umfassen.
Dann beginnen Sie mit einer kreisförmigen, drehenden Bewegung am unteren Ende des Penis und arbeiten sich bis zur Spitze vor. An der Penisspitze angekommen, streicheln Sie mit Ihrer Handinnenfläche die ganze Oberfläche, wobei Sie immer in Richtung Penisspitze massieren. Das alles können Sie am besten ganz entspannt in das Liebesspiel mit gegenseitigem Streicheln und Stimulieren integrieren.

? *Wie könnte ich mit einer besonders intensiven Massage G-Punkt und Klitoris meiner Partnerin gleichzeitig stimulieren?*

Dazu führen Sie einen Finger (oder zwei) in die feuchte Vagina Ihrer Freundin ein und krümmen ihn so, dass er die Vorderseite berührt. Dort lassen Sie ihn ein paar

Sekunden ruhen, ohne Druck auszuüben und beginnen dann mit einer sanft streichenden Bewegung. An dieser Stelle soll sich der G-Punkt befinden, den manche Frauen bei sich auch kennen und der sich bei Erregung mit Blut füllt und empfindlicher wird. Er kann vielleicht als kleine, schwammige Erhebung ertastet werden.
Gleichzeitig umkreisen Sie die Klitoris mit einem Finger oder dem Daumen. Kurz vor dem Höhepunkt Ihrer Partnerin gehen Sie dazu über, mit dem Finger in der Vagina hin- und herzureiben. Am besten hören, sehen und spüren Sie, wie Ihre Partnerin reagiert – und was ihr besonders gut gefällt.

Stellungen beim Geschlechtsverkehr

? ***Wie viele verschiedene Stellungen und Varianten für den Intimverkehr gibt es eigentlich?***

Angeblich soll es über 600 Stellungen geben, wie in einschlägigen Büchern behauptet wird. Es ist jedoch davon auszugehen, dass all diese doch mehr oder weniger Variationen der fünf Grundstellungen sind. Das durchschnittliche Paar wechselt in der Regel sogar nur zwischen zwei bis drei Lieblingsstellungen ab.
Die meisten Paare praktizieren die Missionarsstellung (Frau unten, Mann oben), dann die Stellung, in der die Frau auf dem Mann sitzt, und die Stellung, in der der Mann von hinten in die Frau eindringt. Dann gibt es noch die Position, wo die Frau am Bettende sitzt und der Mann vor ihr kniet und die Stellung Seite an Seite, die sogenannte »Löffelstellung«.
Was sich nun für Sie beide am besten anfühlt, hängt von Ihrer Figur, Ihrer Körpergröße, Ihrer Beweglichkeit, ebenso aber von Ihren individuellen Vorlieben und Ihrer jeweiligen Stimmung ab.

In welcher Stellung komme ich als Frau am leichtesten zum Orgasmus?

Während die meisten Männer in fast allen Stellungen zum Orgasmus kommen, ist es für Frauen oft etwas schwieriger. Es kann sein, dass Sie in der Lieblingsposition Ihres Partners nicht so einfach zum Orgasmus kommen. Dann können Sie sich jedoch Tricks und Varianten überlegen, wie zum Beispiel auch in dieser Stellung Ihre Klitoris stimuliert werden kann.

Noch vielseitiger wird es, wenn Sie als Frau bei sich zwischen einem vaginal und einem klitoral ausgelösten Orgasmus unterscheiden. So kann es sein, dass Sie einen vaginal ausgelösten Orgasmus bekommen, wenn Sie auf der Bettkante sitzen und Ihr Partner vor Ihnen kniet: Auf diese Art kann Ihr Partner vielleicht sehr tief eindringen und Ihre Klitoris und der G-Punkt werden optimal stimuliert – vor allem wenn Sie auch noch eine gut trainierte Scheidenmuskulatur haben (siehe Übungen Seite 129). Für einen klitoral ausgelösten Orgasmus bevorzugen Sie dann aber vielleicht wieder eine andere Stellung oder eher orale Sexualpraktiken. Probieren geht hier über Studieren.

Manchmal hätte ich gern einen Quickie. Ich habe aber Angst, meine Frau empfindet es als zu einseitig. Wie könnte ich sie dafür begeistern?

Ein Quickie ist schneller, intensiver Sex in jeder Form. Der Reiz liegt für Sie beide darin, dass er spontan geschieht und beide zur gleichen Zeit Lust darauf verspüren. Günstig ist, die Initiative für diese Art von Sex zu ergreifen, wenn Ihre Frau genauso angeregt ist wie Sie. Es können Situationen sein, die scheinbar unpassend sind, zum Beispiel wenn Sie beide sich eben ankleiden, um auszugehen. Gerade solche Situationen können Lust und Spannung zusätzlich erhöhen und Sie entschließen sich spontan: »Tun wir es gleich«. Ein Quickie kann zu einem richtigen sexuellen Highlight werden, wenn er ab und an in solchen Situationen stattfindet.

? *Welche Stellung eignet sich für einen Quickie besonders gut?*

Besonders gut eignet sich die Stellung von hinten (im Fachjargon »à tergo« genannt): So ist eine tiefe Penetration möglich und es werden wirklich animalische Instinkte geweckt. Die sehr erregende Situation führt wahrscheinlich dazu, dass Ihr Partner sehr schnell kommt, was aber bei einem Quickie kein Problem ist. Dabei kommt es ja gerade auf die pure körperliche Lust und Leidenschaft an.

? *Was ist eine »69er«-Stellung?*

Darunter versteht man eine Stellung, in der Sie sich beide gleichzeitig mit dem Mund befriedigen. Dafür können Sie einander zugewandt auf der Seite liegen, einer den Kopf zwischen den Beinen des anderen. Oder Sie liegen übereinander.

Weitere sexuelle Spielarten

? *Mein Partner wünscht sich Analsex. Eigentlich würde ich es gern ausprobieren. Aber ich habe ein bisschen Angst vor Schmerzen. Wie lassen diese sich vermeiden?*

Ihr Partner wünscht sich Analsex und Sie sind bereit und neugierig, es auszuprobieren. Das ist eine gute Voraussetzung, um in der Beziehung etwas Neues zuzulassen und miteinander zu experimentieren. Sie werden feststellen: Die Empfindungen, die anale Stimulation auslöst, unterscheiden sich erheblich von denen, die Sie schon kennen. Manche Paare kombinieren die Analstimulation mit dem Geschlechtsverkehr, wieder andere mit oralem Sex oder gegenseitiger Masturbation.

Gewöhnlich ist das untere Rektum leer. Sie müssen also keine Angst haben, es könnte schmutzig sein. Achten Sie darauf, dass Ihre Nägel kurzgeschnitten und ihre Finger sauber und gut eingecremt sind, so können auch keine Verletzungen entstehen. Vom Einführen von Gegenständen in das Rektum würde ich Ihnen abraten. Die Verletzungsgefahr ist hier einfach zu groß. Nach dem Analverkehr sollten Sie beide Ihre Hände unbedingt gründlich waschen, bevor Ihr Partner Ihre Vagina oder Sie seinen Penis berühren, sonst könnte es zur Übertragung von Bakterien kommen.

Wichtig ist vor dem ersten Mal, dass Sie mit Ihrem Partner darüber reden, was er sich vorstellt und wozu Sie selbst bereit sind. Vor allem sollten Sie die Zonen erfragen, an denen Ihr Partner berührt werden möchte und auch die, die für ihn tabu sind. Umgekehrt gilt das für Sie genauso. Die Bereiche, deren Berührung der andere besonders mag, sollten Sie genau in dem Augenblick stimulieren, wenn Ihr Partner sich dem Höhepunkt nähert. Einige Ideen und Tipps finden Sie im Kasten unten.

TIPP

Das erste Mal anal

- **Für sie:** Liebkosen und streicheln Sie seine Genitalien. Bei den meisten Männern ist die Eichel die empfindlichste Stelle, die deshalb auf jeden Fall auch berührt werden sollte. Beginnen Sie dann den Damm, also den Bereich zwischen Hoden und Anus zu streicheln. Das ist bei vielen Männern ein sehr sensibles Gebiet. Massieren Sie seinen Anus mit langsamen kreisförmigen Fingerbewegungen. Dann führen Sie einen oder zwei gut eingecremte Finger etwa fünf Zentimeter ein. Warten Sie, bis er sich entspannt, dann tasten Sie die Vorderwand seines Rektums ab, bis sie eine feste walnussgroße Gewebsmasse finden. Das ist die Prostata. Reiben Sie daran oder drücken Sie mit einer Abwärtsbewegung dagegen. Dabei können Sie mit Ihrem Handballen gegen seinen Hodensack drücken – das ist besonders lustvoll für ihn. Wichtig dabei ist, dass Ihr Partner Ihnen mit Worten, Lauten oder Bewegungen ein Feedback gibt, wie es ihm gefällt.

➤ **Für ihn:** Nachdem Sie die Genitalien Ihrer Partnerin liebkost und gestreichelt haben, beginnen Sie, ihren Damm zu stimulieren. Machen Sie zuerst sehr sanfte Streichelbewegungen, dann nehmen Sie drei Finger und massieren kräftiger. Fahren Sie mit Ihren Fingern leicht über ihren Anus und beobachten Sie, wie sie reagiert. Auch für Ihre Partnerin gilt, Ihnen möglichst viel Rückmeldung zu geben, was ihr besonders gut gefällt. Fahren Sie erst fort, wenn sie Ihnen ein eindeutiges Zeichen zum Weitermachen gegeben hat. Wichtig ist dann, dass Sie Ihre Finger und den Anus der Partnerin mit einem Gleitmittel eincremen und die Öffnung weiterstreicheln, bis sie entspannt ist. Erst dann führen Sie die Spitze eines Fingers in ihr Rektum ein. Warten Sie ein paar Sekunden. Versuchen Sie dann, kreisförmige Bewegungen zu machen oder Ihre Finger behutsam hinein- und hinauszuschieben. Ihre Handballen sollten Sie dabei immer gegen den Damm drücken. Fragen Sie auch Ihre Partnerin, ob es ihr gefällt, wenn Sie Ihren Finger weiter hineinschieben. Wenn Sie zur gleichen Zeit ihre Klitoris stimulieren, wird sie den doppelten Genuss haben.

Was versteht man unter Fellatio?

Fellatio kommt von fellare, dem lateineinischen Wort für saugen. Umgangssprachlich spricht man von »blasen«. Fellatio ist eine weit verbreitete Form des oralen Sexes, bei der mit Berührung des Penis durch Lippen und Zunge der Mann bis zum Orgasmus stimuliert wird.

Ich befriedige meinen Freund gern oral, aber ich weiß nicht so recht, was ich genau tun soll, damit es auch für ihn richtig toll ist. Wie funktioniert guter Oralsex?

Guter Oralsex kann eine Bereicherung für jede sexuelle Beziehung sein. Richtig befriedigend wird es für Ihren Partner, wenn Sie es gerne tun. Bauen Sie das Spiel mit dem Penis in ihr Vorspiel ein. Verwöhnen Sie Ihren Partner, indem Sie seinen ganzen Körper stimulieren. Ihr Mund sollte erst an seinen Penis, wenn er ganz steif ist. Konzentrieren Sie sich nicht nur auf seinen Penis: Der Anus, der Damm, die Hoden – das alles sind erogene Zonen, die sie lecken und streicheln können, bevor Sie den Penis in den Mund nehmen. Sie müssen auch nicht den ganzen Penis im Mund haben, denn die stärkste Lust verspürt Ihr Partner an der Eichel. Die grundlegende Technik besteht darin, mit Ihrer Hand an seinem Penis rauf- und runterzufahren. Schließen Sie die Hand, wenn Sie an der Eichel sind, öffnen Sie die Hand leicht, wenn Sie den Schaft hinuntergehen, dabei bewegt er sich in Ihrem Mund vor und zurück. Ihre Lippen bedecken Ihre Zähne und umfassen den Penis so, dass ein fester, aber angenehmer Druck entsteht. Sehr wichtig ist dabei ein gleichmäßiger Rhythmus. Beginnen Sie aufreizend langsam. Sobald er sich dem Orgasmus nähert, steigern Sie Druck und Rhythmus. Sie können den Samen schlucken oder Ihren Partner auf eine andere Stelle Ihres Körpers ejakulieren lassen.

? *Was versteht man unter Cunnilingus?*

Dies ist der korrekte Ausdruck für oralen Sex, wenn Sie Ihr Partner mit dem Mund, den Lippen und der Zunge befriedigt. Den Begriff verwendet jedoch heute kaum noch jemand. Man spricht einfach von oralem Sex.

TIPP

Orales Vergnügen: So kann die Frau verwöhnt werden
Manche Frauen mögen es sehr gern – andere gar nicht: Wenn Ihre Partnerin gern oral verwöhnt werden möchte, versuchen Sie es doch einmal damit: Stimulieren Sie ihre Klitoris und den Bereich um diese herum, indem sie hier lecken, sie berühren und streicheln. Sie können intensiver und heftiger werden. Achten Sie unbedingt darauf, was Ihre Partnerin mit Bewegungen, Lauten, aber auch Worten (»So ist es gut«) signalisiert. Wenn sie den Höhepunkt erreicht, fängt ihre Vagina an zu zucken und zu pulsieren. Wenn Sie behutsam weiterlecken, können sich in größeren Abständen kleinere Wellen anschließen.

GLEICHGESCHLECHTLICHE LIEBE

? *Ich lebe seit Jahren in einer heterosexuellen Partnerschaft, kämpfe aber immer wieder mit homosexuellen Tendenzen. Welche kompetente Beratung hilft mir, mein Problem zu lösen?*

Es gibt unterschiedliche psychologische Konzepte über Homosexualität. Die einen gehen von einer homosexuellen Kernidentität aus, wobei keiner weiß, was die neurobiologische Basis dieser Art von Homosexualität und die Ursache für die Abweichung von der üblichen Heterosexualität sein kann.

Andere gehen davon aus, dass die Geschlechtsorientierung bei allen Menschen ein Spektrum von Möglichkeiten darstellt, das beim Einzelnen unterschiedlich breit angelegt ist. Deshalb können homosexuelle Fantasien und Wünsche auch bei überwiegend heterosexueller Geschlechtsidentität vorkommen. So kann es sein, dass bei inneren psychischen Konflikten in homosexuelles Verhalten ausgewichen wird. Umgekehrt kann es auch sein, dass auf das Auftauchen homosexueller Empfindungen mit einer Heirat reagiert wird – damit man endlich »Ruhe« vor seinen homosexuellen Impulsen hat. Beide Strategien sind nicht wirklich hilfreich.

Was auch immer für Sie stimmt und passt, homosexuelle Impulse können zu Konflikten und auch zu schweren Krisen der Persönlichkeit führen. Kompetente Beratung bekommen Sie auf jeden Fall in Beratungsstellen für schwule Männer. Es kann dann gemeinsam überlegt werden, ob eine Psychotherapie für Sie sinnvoll und notwendig ist.

? *Auf Partys merke ich, dass ich mich als Frau eher zu Frauen erotisch hingezogen fühle. Ich würde mich gern mit anderen lesbischen Frauen darüber austauschen.*

Wenn Sie sich unsicher über Ihre sexuelle Orientierung sind, kann der Inhalt Ihrer Masturbationsfantasien ein wichtiger ganz entscheidender Hinweis sein, zu welchem Geschlecht Sie sich mehr hingezogen fühlen. Geht auch Ihr sexuelles Interesse im Alltag in dieselbe Richtung – Sie drehen sich nach Frauen um, Sie erleben Kontakte mit einer anderen Frau als erregend und ähnliches – , ist dies ebenfalls ein Signal für Ihre sexuelle Partnerorientierung. Möglichkeiten sich diesbezüglich auszutauschen gibt es im Internet in Kontaktbörsen und Diskussionsforen. Seriöse Internet-Adressen für hetero- wie homosexuelle

Menschen finden Sie in diesem Ratgeber (Links und Adressen ab Seite 245). Landesgrenzen spielen ja im Internetzeitalter keine große Rolle mehr. Oft gibt es auf den Seiten Hinweise auf Beratungsstellen in Ihrer Nähe.

Pornografie

? *Mein neuer Freund möchte mit mir Sexfilme anschauen, weil er meint, wir könnten davon profitieren. Mich stößt das ab. Bin ich zu prüde?*

In wissenschaftlichen Untersuchungen wurde festgestellt, dass Männer wie Frauen gleichermaßen vom Lesen oder Anschauen von Pornoheften und -filmen erregt werden können. Nun gibt es solche und solche Filme. Die sogenannten Hardcore-Pornos sind oft langweilig, eintönig und unglaubwürdig. Oft bringt einen solch ein Film eher zum Lachen, auch wenn einige Szenen dabei sein mögen, die sexuell stimulierend sein können.
Aber es gibt natürlich heute schon subtilere und weichere Pornos. Aber auch da müssen Sie das Experiment wagen und entscheiden, ob das alles nach Ihrem Geschmack ist. Denn wenn Sie der Film in Ihren Empfindungen eher hemmt und Abneigung hervorruft, sollte ihn sich Ihr Partner doch das nächste Mal besser allein anschauen.
Ein denkbarer Kompromiss: Es gibt sehr gute erotische Filme, dessen stimulierende Szenen sinnliche Seiten in Ihnen zum Schwingen bringen können. Solche Eindrücke können wie ein Langzeitaphrodisiakum nachwirken, weil sie immer wieder in Ihnen aufsteigen, Ihre sexuelle Fantasie bereichern und Sie sich gedanklich mit ihnen beschäftigen. Gute erotische Filme können auch Anregungen geben, etwa wie man ein intimes Zusammensein gestalten oder was man Neues, Aufregendes miteinander ausprobieren könnte.

? *Uns wurde als jungem Paar geraten, auf Pornofilme zu verzichten, weil sie sich längerfristig schädlich auf unsere gemeinsame Sexualität auswirken können. Ist das so?*

Ein Aspekt ist, dass es in diesen Filmen nicht um die sexuelle Realität geht, sondern um fiktive Sexualität – ein Fantasiemodell von Sexualität –, und auf diese Art und Weise ein völlig falsches Bild über Sexualität vermittelt wird. Es werden sexuelle Mythen transportiert, zum Beispiel: Wenn Sie als Frau einen Penis sehen, sind sie allzeit sofort erregt und bereit. Oder auch: Sexualität ist ausschließlich Geschlechtsverkehr, Reden ist nicht wichtig und Ähnliches. Solche Klischees sind die Grundlage vieler sexueller Probleme. In Sexualberatungen und Sexualtherapien (siehe Seite 69 ff.) müssen sie mühselig identifiziert und mit all ihren hinderlichen Folgen für die eigene Sexualität und für die Partnerschaft wieder beseitigt werden.

Sexuelle Spiele – Inszenierungen – sadomasochistische Arrangements

? *Mit meiner neuen Partnerin hat sich ein erotisches Spiel von Schmerz–Lust entwickelt. Ich glaube nicht, dass es pervers ist.*

Schmerz und Lust gehen manchmal eine Verbindung ein, in der Schmerz in der Liebe die Lust potenziert. Mäßiger Schmerz kann bitter-süß sein, und er ist besonders schön, wenn er nachlässt. Es gibt Paare – und dazu gehören auch Sie beide –, die damit spielen und Freude an sexuellen Inszenierungen haben.
Wenn Ihr sadomasochistisches Arrangement eingebaut ist in eine Vielfalt sexueller Ausdrucksmöglichkeiten, ist es auf keinen Fall »pervers« zu nennen. Manche Paartherapeuten behaupten sogar, es entspräche einer sexuellen

»Urbeziehung« mit den zwei entgegengesetzten Polen zu spielen: Einer wünscht sich, machtlos zu sein, sich auszuliefern, sich nicht wehren zu können und wird dabei erregt. Der andere findet Lust in der Vorstellung die Kontrolle und die Macht zu behalten.

? *Mein Freund und ich haben Lust an sexuellen Rollenspielen, in denen er mich ans Bett fesselt. Was müssen wir beachten, dass es ein erotisches Spiel bleibt?*

Ihr sadomasochistisches Ritual des gegenseitigen Fesselns – im Fachjargon Bondage genannt – hat sexuelle Erregung und Befriedigung zum Ziel. Damit es ein Spiel bleiben kann, sollten Sie auf die Anwendung gefährlicher und selbstverletzender Sexualpraktiken unbedingt verzichten. Sie fügen sich in Ihrem Spiel nicht real Schmerz zu. Auch Druck und Zwang für einen der Partner würde den Spielcharakter überschreiten. Es soll immer der »Als-ob-Charakter« erhalten bleiben und unbedingt auch das sichere Gefühl, dass jeder von Ihnen jederzeit aus dem Spiel aussteigen kann.

? *Wie könnte ich ein Fesselspiel in unser Liebesspiel einbauen?*

Sie können mit einem ganz »normalen« Vorspiel beginnen, indem Sie sich gegenseitig Lust auf mehr machen. Dann fesseln Sie ihn, zum Beispiel an das Bett.
Wenn Sie möchten, können Sie nun einen sinnlichen Strip vor seinen Augen hinlegen und anschließend vielleicht dazu übergehen, ihn an seinen Lieblingsstellen zu streicheln, bis er vor Lust laut stöhnt. Weiterführen können Sie das Ganze, indem Sie ihn nach und nach ausziehen und sich dann miteinander nackt im Bett wälzen und bis zur Extase stimulieren.

Liebe und neue Medien

Innerhalb der letzten 20 Jahre haben sich die Möglichkeiten, einen Partner zu finden, bei uns sehr verändert. Wo noch vor zwei Generationen Ehen mehr oder weniger arrangiert wurden oder die Auswahl an potenziellen Partnern einfach sehr gering war, gibt es heute ganz andere und vielfältige Möglichkeiten.

Sehr viele Menschen lernen heute einen Partner am Arbeitsplatz kennen. Auch der Freundeskreis ist eine »Fundgrube«, ebenso finden sich Paare beim Ausgehen oder dort, wo man gemeinsame Hobbys pflegen kann.

Eine neue Art des Kennenlernens hat sich aber über die rasante Entwicklung der neuen Medien ergeben: Das Internet bietet verschiedenste Wege zueinander. Kontaktbörsen, Singleportale, Chats … Ob über berufliche Themen, gemeinsame Hobbys oder konkrete Suche nach einem Partner – hier kann man schier unbegrenzt neuen Menschen begegnen.

Völlig anders als beim ersten Treffen in der Kantine oder bei gemeinsamen Bekannten ist der Weg des Kennenlernens im Internet: Während man sich im realen Leben zuerst an Äußerlichkeiten orientiert, lernt man im Internet einen Menschen sozusagen »umgekehrt herum« kennen – oft weiß man schon sehr viel über Einstellungen und Werte, bevor man sich wirklich trifft und sieht – und auch beurteilen kann, ob man vom Aussehen, der Körpersprache und dem Geruch des anderen ebenso begeistert ist wie von seinen Gedanken und Meinungen. Diese Art des virtuellen Kennenlernens birgt Chancen und Risiken.

Kontaktbörsen im Internet – neue Medien

? *Ich mag es nicht, unter vielen Menschen zu sein. Aufgrund meines persönlichen Lebensstils fällt es mir deshalb schwer, einen Partner zu finden. Meine Freundin riet mir, es im Internet zu probieren.*

In unserer Mediengesellschaft finden inzwischen immer größere Teile der Paarkommunikation – und auch Partnersuche – über das Internet statt. Das hat den Vorteil, dass die persönliche Kommunikation von Angesicht zu Angesicht erst einmal entfällt. Das empfinden nicht nur schüchterne Internetnutzer erst einmal als Erleichterung, weil das sonst so berüchtigte »Taxieren« fehlt.
Stattdessen lässt man sich zunächst sehr aufmerksam auf die verbale Selbstdarstellung ein. Oft ist über diese computervermittelte Kommunikation ein hochemotionaler und intimer zwischenmenschlicher Austausch möglich. Darüber hinaus kann man auch jemand wirklich Interessanten kennen lernen. Im Netz gelingt es manchmal auch, etwas gewagter als im Alltag mit virtueller Romantik und Erotik zu spielen und so das eigene Verhaltensspektrum zu erweitern. Das Risiko, das damit einhergeht, ist allerdings auch, dass man sich aufgrund einer Selbstdarstellung des anderen Menschen ein Bild von diesem macht, in das man allerlei hinein interpretieren kann – was unter Umständen bei einem realen Treffen zum bösen Erwachen führt.

? *Wie gehe ich ganz konkret vor, um solch eine Partnerkontaktbörse über das Internet ausfindig zu machen?*

Sie haben einmal die Möglichkeit über eine Suchmaschine wie Google Stichworte einzugeben (zum Beispiel: Single, Kontaktbörse, Dating …), um die Kontaktbörse zu finden, die Ihnen zusagt.

Eine andere Möglichkeit ist, auf Werbung (im Fernsehen, Zeitungen, Zeitschriften etc.) zu achten und so mögliche Kontaktbörsen ausfindig zu machen. Auch bei Freunden und Bekannten können Sie nachfragen: Inzwischen lernen sich nicht wenige Paare auf diesem Weg kennen!

? *In einem Chatroom lernte ich eine Frau kennen. Ich glaube, ich habe mich inzwischen sogar verliebt, und würde sie gern treffen. Ich habe aber Angst vor Enttäuschung. Wie gehe ich vor?*

Im Netz lernen Sie sich von innen nach außen kennen, wie eine Chatroombenutzerin einmal schrieb. Der erste Eindruck von Ihrer Internetbekanntschaft ist von der körperlichen Erscheinung abgekoppelt. Sie lassen sich zunächst sehr aufmerksam auf die verbale Selbstdarstellung des anderen ein, und Sie tauschen ausgiebig Gedanken und Gefühle miteinander aus. Unter den Bedingungen der Anonymität ist es für Sie auch risikoloser, persönliche Informationen preiszugeben oder offensiver zu flirten.
Wie gehen nun andere vor, wenn Sie den Kontakt im Chatroom vorsichtig erweitern wollen? In der Regel erfolgen auf die Begegnung im öffentlichen Chat oder Forum private Chats und E-Mails, dann ein Austausch von Fotos, Telefonate, SMS – und schließlich das persönliche Treffen. Jeder »Medienwechsel« ist dabei ein spannender Wendepunkt: Gefällt mir der andere noch? Hat man sich noch etwas zu sagen? Verweigert einer der beiden den »Medienwechsel«, gefährdet oder beendet das meist die Beziehung. Bestätigt sich der positive Eindruck, den man durch die Mails schon voneinander gewonnen hatte, durch Bilder, Telefonate und schließlich das direkte Treffen, festigt das die Beziehung natürlich sehr.
Sie haben natürlich Recht: Gerade beim Übergang von der virtuellen auf die reale Ebene des Kontaktes ist das Risiko

einer Enttäuschung besonders hoch. Zum einen, weil in Mails und auch noch beim Telefonieren jeder sich selbst natürlich auch ein Stück weit so darstellen kann, wie er gern sein möchte. Findet nun auf der einen Seite eine nicht ganz stimmige Selbstdarstellung statt – und wird diese auf der anderen Seite noch mit Projektionen weiter idealisiert – so kann natürlich ein reales Treffen sehr enttäuschend sein.
Um es aber zu relativieren: Nicht jede Internetbekannte ist die Frau fürs Leben. Aber auch nicht jede Frau, die Sie zum Beispiel beim Ausgehen als charmante, interessante Tänzerin kennen lernen, ist die wunderbare Lebenspartnerin, die Sie vielleicht gern in ihr sehen würden.
Ein Aspekt, der jedoch beim virtuellen Kennenlernen wirklich sehr verschieden von anderen Wegen der ersten Bekanntschaft ist, ist der folgende: Sie haben bereits ein Bild vom anderen, Gefühle haben sich aufgebaut. Bei einem realen Treffen kommen zu diesen geistigen und seelischen Gleichklängen, die Sie empfinden, die körperliche Anziehung hinzu – oder auch nicht. Wie jemand aussieht, wie er sich bewegt, wie er spricht, lacht und wie er riecht – all das sind Eindrücke, die in Sekundenbruchteilen auf uns wirken – und nicht willkürlich zu beeinflussen sind. »Passt« es auf dieser Ebene dann nicht, ist das natürlich sehr viel schmerzlicher, wenn man sich auf anderer Ebene bereits sehr nahe gekommen ist. Dieses Risiko ist aber einfach nicht auszuschließen – wenn Sie Ihre Traumfrau wirklich kennen lernen wollen, müssen Sie es eingehen.

? ***Meine Internetliebe hat sich als eine schmerzhafte Enttäuschung entpuppt. War ich zu naiv oder kommt das häufiger vor?***

Sie haben natürlich keine handfesten Anhaltspunkte, dass die Identität, die Ihnen Ihre Internetbekanntschaft präsentiert, wirklich den Tatsachen entspricht. Aber auch im wirklichen Leben entpuppt sich unter Umständen ein

potenzieller Partner als noch verheiratet, obwohl er vorgibt, schon geschieden zu sein. Wenn Ihre neue Bekanntschaft, die Sie in der Disco kennen gelernt haben, beim ersten Treffen allein zu zweit erzählt, wie aktiv und sportlich sie ist, kann sie sich später schnell in eine Stubenhockerin verwandeln.
Natürlich kann jeder im Internet mühelos ein fiktives Bild der eigenen Person abliefern. Aber die überwältigende Mehrzahl der Suchenden stellt sich authentisch dar. Lediglich kleinere Schönheitskorrekturen werden vorgenommen. Denn die meisten wollen sich die Chance auf eine Begegnung in der Offline-Welt nicht verbauen.
Probieren Sie es ruhig weiter, und seien auch Sie authentisch. Wenn es sich jedoch herausstellen sollte, dass es bei Ihnen jedes Mal so ist, dass Ihre virtuelle Liebe blitzschnell in Ernüchterung umschlägt, gehören Sie vielleicht zu den Personen, die sich regelmäßig in ein unrealistisches Idealbild verlieben. Dann sollten Sie eingehender mit Ihren inneren Bildern und Einstellungen auseinander setzen, vielleicht auch mit Hilfe eines Therapeuten oder Beraters.

? *Können Internetbekanntschaften gefährlich werden?*

Medienberichte von spektakulären Verbrechen dieser Art lassen diesen Eindruck zuweilen aufkommen. Aber Internetbekanntschaften sind auch nicht gefährlicher als andere Bekanntschaften, die Sie in der Disco oder sonst wo machen. Natürlich müssen Sie gerade bei einem ersten Treffen mit einem doch noch Unbekannten vernünftig vorgehen: Es sollte selbstverständlich sein, dass Sie für das erste Date allein mit jemandem, den Sie kaum kennen, keinen einsamen Ort wählen.
Man tastet sich ja bei einem ersten realen Kontakt mit der virtuellen Bekanntschaft vorsichtig an jemanden heran und lernt ihn aufs Neue in einem anderen Kontext kennen.

Zurückhaltung schützt
Bevor Sie in einem Internetforum, einer Kontaktbörse oder ähnlichem ein Profil erstellen, fragen Sie sich ruhig, ob die Bilder und Informationen, die Sie damit praktisch »jedem« zeigen, wirklich dafür geeignet sind. Oft verleitet die Anonymität dazu, freizügigere Bilder und deutlich mehr Informationen preiszugeben, als man eigentlich möchte.
Ebenso verhält es sich mit persönlichen Daten wie Telefonnummer oder Mailadresse: Seien Sie damit besser etwas zurückhaltend – und achten Sie auch auf Ihr Bauchgefühl: Wenn Sie Bedenken haben, halten Sie sich besser noch eine Zeitlang »bedeckt« und geben Sie Ihrem Gesprächspartner noch nicht zu viele persönliche Daten bekannt.

? *Welche Vorteile haben Online-Kontaktanzeigen? Ist auch mit Nachteilen zu rechnen?*

Im Unterschied zu den Kontaktanzeigen in herkömmlichen Printmedien haben Online-Kontaktanzeigen einige Vorteile. In der Regel sind sie sehr viel ausführlicher und enthalten oft Bilder. Außerdem sind über Online-Kontaktbörsen rund um die Uhr Tausende von Kontaktsuchenden zu finden. Dazu kommt, dass viele Plattformen automatisch Matchingfunktionen bieten, das heißt, es werden gemäß der eigenen Angaben zu Hobbys, Interessen und Vorlieben mögliche interessante Partner vorgeschlagen. Aber Nachteile gibt es auch. Da sich mehr Männer als Frauen beteiligen, sind die Erfolgsquoten entsprechend unterschiedlich. Manchmal werden Kontaktsuchende auch mit Werbung für 0190er-Nummern oder für professionelle Dienste behelligt.
Und manche Nutzer schalten Kontaktanzeigen nur zu Unterhaltungszwecken. Sie wollen lediglich ihren »Marktwert«

testen oder sich parallel zu einer festen Partnerschaft unverbindlich umsehen. Das erzeugt einerseits Frust bei den ernsthaft Suchenden, die immer wieder vertröstet und versetzt werden, andererseits gefährdet es bestehende Paarbeziehungen.

? ***Mein Partner reist sehr viel. Können wir die neuen Medien nutzen, um unsere Kommunikation trotzdem aufrecht zu erhalten und vielleicht sogar zu verstärken?***

Sicher hat Ihr Partner immer auch seinen Laptop dabei. So könnte er sich vom Hotelzimmer aus im Internet einloggen und Sie könnten sich zum Beispiel auf einer Online-Gamesite treffen, um miteinander zu spielen. Vor allem aber können Sie sich per Mail miteinander darüber austauschen, was in Ihrem Alltag gerade passiert. Sie können sich auch einfach liebevolle Nachrichten schicken oder einander erotische Fantasien mitteilen. Auf diese Weise können Sie das Internet nutzen, um Ihre Beziehung zu vertiefen und zu stärken. Neben dem Festnetztelefon ermöglichen Internet und Handy eine flexible und ortsunabhängige Kommunikation. Das ist in Zeiten wachsender Mobilität für die Pflege einer Beziehung wichtig.

? ***Am Anfang unserer Beziehung habe ich mich auf jede E-Mail und SMS von meinem Freund wahnsinnig gefreut. Heute darf ich kaum mein Handy ausmachen, sonst macht er Stress, weil ich angeblich fremdgehe. Wie kommen wir da raus?***

Alles Gute hat auch seine Schattenseiten. E-Mail und SMS bieten sich in Beziehungen geradezu an als Medien für romantische und erotische Botschaften. Sie lassen sich auch zur Rückversicherung nutzen, indem sich die Partner

per E-Mail oder SMS Guten-Morgen- oder Gute-Nacht-Grüße und im Tagesverlauf Lebenszeichen und Liebesgrüße »so zwischendurch« senden.
Was am Anfang einer Beziehung ganz nett ist, kann im Laufe der Beziehung zum Zwang werden, weil Sie ständig Ihr Handy dabeihaben und Ihre Kommunikationsbedürfnisse verstärkt koordinieren müssen. Gerade die ständige Erreichbarkeit kann zu Enttäuschung, Unsicherheit oder Angst führen: Sofort fragt man sich, wieso keine Reaktion kommt, wenn der andere sich unerwartet nicht meldet oder nicht antwortet, obwohl es doch technisch durchgängig möglich wäre. Vor allem das Handy kann zu einem wahren »Kontrollinstrument« werden.
Wenn diese Situation einmal so weit aus dem Ruder gelaufen ist, müssen Sie sich des Problems in einem gemeinsamen Gespräch bewusst werden und Abhilfe schaffen, indem Sie zum Beispiel Regeln vereinbaren, die nicht vom Zwang diktiert werden (etwa sich nur mehr im Notfall eine SMS schicken, kein Zwang zur sofortigen Antwort, wenn dringliche Arbeiten erledigt werden müssen).
Manchmal hilft jedoch nur eine Paartherapie, um tiefgreifende Ängste und Eifersucht anzugehen.

? *Seit ich mich von meiner Partnerin getrennt habe, werde ich von ihr geradezu mit E-Mails und SMS verfolgt. Gibt es eine Handhabe dagegen?*

Leider in Deutschland bisher nur unzureichend! Oft greifen Verlassene auf SMS-Terror und Cyberstalking zurück, wenn im Zusammenhang mit Enttäuschung oder Trennung Rachegefühle aufkommen. Mediale Übergriffe oder Verfolgungen lassen sich – je nachdem, über welche Medienkompetenz man verfügt – technisch mehr oder minder erfolgreich verhindern. Juristisch hat man dagegen in Deutschland leider kaum eine Handhabe.

Wenn aus Liebe Wahn wird: Stalking
Die neuen Medien können leider auch nach Beendigung einer realen Beziehung von einem der Partner missbraucht werden: Unter dem Begriff Stalking (auf deutsch: Nachstellung) wird hierzulande das absichtliche und beharrliche Verfolgen oder Belästigen einer Person verstanden, deren physische oder psychische Unversehrtheit dadurch unmittelbar, mittelbar oder langfristig bedroht und geschädigt werden kann. Stalking kann real erfolgen – oder mittels Mail, Telefon und ähnlichem. Der achtsame Umgang mit Informationen über sich selbst kann helfen, solchen Belästigungen vorzubeugen – wirklich gefeit ist dagegen aber leider niemand.

? *Gibt es Online-Foren, in denen ich mich über Liebe, Erotik, Sexualität und Partnerschaft austauschen kann? Manchmal würde mir das helfen.*

Selbstverständlich existieren solche Online-Foren, teils selbst organisiert, etwa als Newsboards auf persönlichen Homepages, als Mailinglisten oder als Newsgroups, teils werden sie auch von Medienunternehmen angeboten und betreut (Internetadressen siehe Seite 245 ff.). So organisieren etwa die Onlineableger etablierter Printzeitschriften neben dem redaktionellen Teil und der Werbung bisweilen einen Communitybereich mit Diskussionsforen, die unter anderem Partnerschaftsfragen ansprechen.
Auf den Websites bekannter Frauenzeitschriften finden sich beispielsweise gut frequentierte Foren zu partnerschaftlicher Treue, Sexualität, Trennung oder Liebe.
Über diese Foren entstehen dann oft privat Freundschaften zwischen den Diskutierenden, die sich auch außerhalb des Internets kontaktieren.

Sex im Internet

? *Was versteht man unter Cyber-Sex?*

Cyber-Sex ist der Begriff für Sex über das Internet. Diese neue Form der Sexualität wird mit Hilfe des Internets über entsprechende Angebote, zum Beispiel in Chatrooms, praktiziert. Die Sex-Partner befinden sich dabei an unterschiedlichen Orten und stimulieren sich über das Beobachten des anderen Partners über die Webcam oder durch Worte. Meist tauscht man unter einem Nickname verbalerotische Fantasien miteinander aus und befriedigt sich selbst. Eine andere Variante ist es, sich Webseiten mit pornografischen Inhalten auf den eigenen Bildschirm zu holen. Beim Betrachten der Bilder kann man seine sexuellen Fantasien ausleben und dabei masturbieren. Cybersex läuft meist anonym ab. In selteneren Fällen bleibt es jedoch nicht bei der Anonymität und man trifft sich, um reale sexuelle Beziehungen einzugehen. Eine Sonderform von Cybersex kann in Chat-Rollenspielen stattfinden. Die sexuellen Handlungen der beteiligten Spielercharaktere werden im Rahmen des Rollenspiels ausgeübt.

? *Nach 25 Ehejahren habe ich herausgefunden, dass mein Mann heimlich in Chatrooms im Internet mit Dutzenden von Frauen flirtet und Online-Sex hat. Ich bin tief verletzt und denke an Scheidung.*

Sie sind leider nicht das einzige Paar, das aufgrund von virtueller Untreue in die Krise geraten ist. Der virtuelle Seitensprung ist nicht minder schlimm als das reale Fremdgehen. Sie sind tief verletzt angesichts dieser heimlichen außerehelichen Aktivitäten, denen Ihr Mann in der gemeinsamen Wohnung nachgeht.
Auch wenn in Ihrem Fall die Affäre rein virtuell geblieben ist, schmerzt Sie der Vertrauensbruch und die ausgeprägte

verbale Intimität. Das sollten Sie Ihrem Mann verdeutlichen. So wie reales Fremdgehen muss auch das virtuelle miteinander verarbeitet werden, wenn Ihre Beziehung weiterhin Bestand haben soll. Die meisten Paare tun sich schwer, das allein zu schaffen und suchen den Weg in eine Paartherapie (siehe Seite 67 ff.), um sich intensiv mit der eigenen Beziehung auseinander zu setzen.

? ***Während meiner Dienstreise hat meine Frau sexuelle Rollenspiele im Internet entdeckt. Das hat unsere gemeinsame Sexualität belebt. Jetzt will meine Frau einen ihrer Rollenspielpartner auch real treffen.***

Sie beide gehören zu den Partnern, die einander virtuelle Seitensprünge erlauben, wenn bestimmte Spielregeln eingehalten werden, etwa um offene Wünsche oder anderweitig nicht zu behebende Defizite in der Partnerschaft zu kompensieren. Für Sie wirkte der mediale Kontakt weniger ernst und bedrohlich als das reale Fremdgehen, das Sie nun befürchten. Da Ihre Frau den Wunsch äußerte, diesen Chat-Partner zu treffen, um ihn kennen zu lernen, überschreitet sie die gemeinsam aufgestellten Spielregeln, die Sie nun neu verhandeln müssen.

? ***Seit mein Mann im Internet pornografische Seiten aufruft und sich dabei selbst befriedigt, hat er kein Interesse mehr an unserer gemeinsamen Sexualität. Inzwischen leidet mein Selbstwertgefühl darunter.***

Grundsätzlich wäre Selbstbefriedigung etwas, was die Beziehung durchaus bereichern kann. Es führt dazu, dass ich meinen Körper selbst besser kennen lerne, und durch häufige Selbstbefriedigung auch mehr Lust an gemeinsamer Sexualität entwickeln kann. Bei Ihrem Mann passiert

genau das Gegenteil. Psychologen haben festgestellt, dass dem Cybersex ein gewisses Suchtpotenzial innewohnt. Die betroffenen Personen verlieren jedes Interesse an ihrer Umwelt, nutzen jede freie Minute, um im Internet auf den Sexseiten zu surfen und sich selbst zu befriedigen – und benötigen ständig neue, stärkere Reize.
Hinzu kommen häufig finanzielle Probleme, da die Abhängigen in ihrer zwanghaften Suche nach immer neuen Reizen auch vor hohen Preisen für kostenpflichtige Dienste nicht zurückschrecken. Da hilft nur eine Therapie. Sie sollten mit Ihrem Mann dringend darüber reden, was die Ursache für sein Verhalten ist.

? *Mein Mann hat über das Internet eine Frau kennen gelernt, mit der er virtuell mehr Zeit verbringt als mit mir. Als ich neulich eine seiner E-Mails lesen konnte, musste ich feststellen, dass er unsere Beziehung mit ihr bespricht.*

Grundsätzlich ist an Freundschaften, auch wenn man in einer Paarbeziehung lebt, nichts auszusetzen. Freunde sind notwendig, denn der Partner kann einem nicht alles geben. Außerdem benötigt jeder in einer Partnerschaft auch einen gewissen Freiraum.
Aber Ihre Beziehung scheint in eine Schieflage geraten zu sein, weil die Grenzen der Beziehung nicht deutlich sind. Außerdem scheinen Sie beide die Auseinandersetzung zu scheuen. So sind Heimlichkeiten und Kontrolle dieser Heimlichkeiten entstanden, was in der Beziehung zu Entfremdung, Misstrauen und Enttäuschung führt.
Wenn es Ihnen selbst sehr schwer fällt, sich mit Ihrem Mann auseinander zu setzen, können Sie sich zuerst auch ganz alleine in eine Partnerberatung begeben. Dort kann man überlegen, wie Ihr Mann einbezogen werden kann.

Andere Seiten der Sexualität: Anderssein und Grenzen

Sexualität ist ein sehr komplexes Thema – und eines, bei dem wir alle sehr sensibel sind. Sie fragen sich vielleicht manchmal, ob Sie »normal« sind – oder wissen nicht einzuschätzen, was Sie moralisch bei sich und anderen noch tolerieren können und was eben nicht mehr. Die Grenzen sind fließend und die Fragen sind oft gar nicht einfach zu beantworten: Was gilt heute als »pervers«? Ab welchem Punkt wird Sexualität schädlich oder gar gefährlich?
Sicher ist auf jeden Fall: Sie sollten immer dort nicht weiter gehen, wo die Sexualität Ihren eigenen Werten und Interessen, Lust und Leidenschaft, individueller und partnerschaftlicher Erfüllung, Liebe und Vertrauen, und – nicht zuletzt – Ihrer Gesundheit zuwiderläuft. Dasselbe gilt selbstverständlich auch für jeden anderen Menschen: Jeder hat individuelle Grenzen, die von niemandem überschritten werden dürfen.
Auf den folgenden Seiten finden Sie Antworten auf Fragen rund um Perversionen, Abweichungen von einer sexuellen Norm, aber auch zu speziellen Vorlieben wie etwa Genitalpiercings.

Sexueller Sadomasochismus

?

Mein Mann und ich kommen sexuell nicht mehr zueinander. Er besteht auf sadomasochistischen Sexualpraktiken. Unsere Beziehung steht auf der Kippe.

Bei Ihrem Partner könnte sich eine innere Abhängigkeit von sadomasochistischen Aktivitäten entwickelt haben. Dahinter steht ein dranghaftes sexuelles Verlangen, das er so nicht mehr steuern kann, ohne die Beziehung zu gefährden. Da es bei dieser Art von sadomasochistischen Aktivitäten um ein stereotypes, ritualisiertes sexuelles Verhalten geht – dasselbe sexuelle Verhalten wird immer wieder erneut durchgespielt und nur dadurch ist sexuelle Befriedigung möglich –, müssen Sie als Partnerin zum Objekt werden und dürfen nicht mehr Sie selber sein. Außerdem geht es oft um reale, nicht simulierte Akte der Demütigung, des Geschlagen- und Gefesseltwerdens, bei denen das psychische oder physische Leiden des Opfers sexuell erregend ist. Kein Wunder, dass Sie da nicht mehr mitkönnen. Sie sollten sich auf jeden Fall beraten lassen, um für sich eine Lösung zu überlegen.

?

Seit Jahren führe ich ein Doppelleben. Einmal im Monat habe ich »normalen« Sex mit meiner Freundin, ansonsten habe ich in Clubs SM-Sex. Nun ist meine Freundin dahintergekommen. Wie kann ich mich von meiner Neigung befreien?

Da in Ihnen ein Leidensdruck entstanden ist, kann es auch eine Chance geben, im Rahmen einer Psychotherapie, bedeutende Entwicklungs- und Reifungsschritte zu vollziehen, so dass Sie Ihre perversen Impulse, Fantasien und Handlungen irgendwann nicht mehr benötigen werden. Wegen einer Behandlung würde ich mich an Ihrer Stelle an einen Spezialisten wenden. Die gibt es an Universitäts- und Polikliniken für Psychiatrie und Psychotherapie, in denen oft auch zu sexualtherapeutischen Themen geforscht wird. Dort kann man Ihnen sicher auch empfehlen, an welchen Therapeuten Sie sich wenden sollen.

Sind Sadismus und Masochismus Perversionen?
Perversionen sind sexuelle Verhaltensstörungen, Abweichungen im Sexualverhalten, bei denen die sexuelle Erregung und Befriedigung fast oder sogar nur durch unübliche Handlungen erreicht werden kann.
Beim sexuellen Sadismus und Masochismus wird die sexuelle Erregung durch Zufügen oder Erleiden von Schmerzen, Demütigungen und Erniedrigungen erlangt.
In der Regel besteht ein gegenseitiges Einverständnis, wobei es typisch ist, dass die Handlungen nicht gespielt sind (wie etwa in eher noch spielerischen sadomasochistischen Arrangements, siehe Seite 212 ff.), sondern real: Es wird also tatsächlich unter Umständen erheblicher Schmerz zugefügt – und gewünscht.

Andere Perversionen

? *Mein Mann bekam eine Strafanzeige wegen Exhibitionismus. Kann man das überhaupt therapieren?*

Beim Exhibitionismus geht es Ihrem Mann darum, vor zumeist überraschten Unbeteiligten seinen Penis zu zeigen. Anschließend wird in der Regel ein Orgasmus durch Masturbation erreicht.
Dieses Verhalten erzeugt, wie die Erfahrung zeigt, nicht das Gefühl, »krank« zu sein. Deshalb fehlt den Betroffenen auch die Motivation für eine Psychotherapie.

Eine Strafanzeige erzeugt zwar einen gewissen Druck, etwas zu tun. Dieser reicht aber oft nicht aus, um die Bereitschaft für eine psychoanalytische Langzeitbehandlung zu erzeugen, in der eine Nachreifung der Persönlichkeit erreichbar wird, die neue Möglichkeiten der sexuellen Befriedigung eröffnen kann.
Am ehesten ist eine Verhaltenstherapie geeignet, in der es darum geht, Einfluss auf das unangepasste Verhalten zu nehmen. Hier könnte Ihr Mann dabei unterstützt werden, neue Möglichkeiten zu finden, seine sexuellen Bedürfnisse zu befriedigen – legal, ohne straffällig zu werden.

? *Nachdem ich von den exhibitionistischen Tendenzen meines Mannes erfuhr, bin ich schockiert. Ich möchte mich nach langjähriger Ehe jedoch nicht von ihm trennen. Wie kann ich damit umgehen?*

Nachdem Sie jetzt davon wissen, verändert das einiges in der Beziehung. Da Perversionen nach Abklingen der Erregung oft als beschämend erlebt werden und Schuldgefühle verursachen, werden sie in der Regel verborgen, so dass der Partner oder Angehörige keine Ahnung davon haben, bis eine Strafanzeige ins Haus flattert.
Die Beziehung ist nun gestört, und eine gemeinsame Sexualität ist oft nicht mehr möglich. Zudem müssen Sie beide das Ganze verarbeiten. Das passiert am besten in einer Paartherapie. Beziehungsrettend kann es auch sein – das ist meine Erfahrung in der Partnerberatung – ungewöhnliche Arrangements zu treffen. Das heißt: Wenn das Symptom auch nach einer langfristigen Therapie nicht aufgegeben werden kann, könnten Sie vereinbaren, dass eine »legale« Befriedigung der erotischen Wünsche Ihres Mannes möglich wird. Er könnte zum Beispiel regelmäßig zu einer erotischen Massage gehen, wo er »nebenbei« seinen Exhibitionismus befriedigen kann.

Welche anderen sexuellen Perversionen gibt es außerdem noch?

Neben dem sexuellen Sadismus und Masochismus, bei dem beide Personen besonders auf schmerzhafte Gefühle konzentriert sind, gibt es noch – vor allem bei Männern – den Fetischismus, Transvestitismus, den Exhibitionismus und Voyeurismus bis hin zu Zoophilie und Nekrophilie (siehe Glossar ab Seite 240).

Noch weitaus tragischer als Exhibitionismus oder ähnliches ist die Pädophilie, da hierbei die Konsequenzen für die Opfer sehr schlimm sind: Missbrauchte Kinder leiden oft lange, manchmal ihr Leben lang unter den schrecklichen Nachwirkungen eines Missbrauchs auf ihre Psyche.

Eine Perversion wird von Fachleuten auch als psychische Strategie bezeichnet, die aus traumatischen Themen der frühen Kindheit entstanden ist und sozusagen in verkleideter, symbolischer Form in zwanghaften Ritualen auf und ausgeführt werden muss. Die Betonung hierbei liegt auf dem »Muss«. Es wird viel Energie und ein beträchtlicher Teil der Zeit auf diese Aktivitäten verwandt, mit dem Ziel, Emotionen und Affekte zu beherrschen, die in der Kindheit überwältigend und unkontrollierbar waren. Eine Perversion ist, so lange sie andauert, eine zentrale Handlung im Leben der betroffenen Person.

Perversionen haben immer auch eine Tendenz zur Steigerung der Häufigkeit der perversen Handlungen. Gleichzeitig nimmt die Befriedigung ab. Die Handlungen erscheinen zunehmend stereotyp und ritualisiert. Die eigenen Bedürfnisse rücken ganz in den Vordergrund, die des Partners werden immer unwichtiger. Dadurch kann es zu einer Verflachung des gemeinsamen sexuellen Erlebens kommen.

? *Mein Freund und ich wollen eine Familie gründen. Er bezeichnet sich sexuell in erster Linie als Stiefelfetischist, in zweiter Linie als homosexuell. Mit der Stiefelsache könnte ich mich arrangieren. Er will sich erst beraten lassen, ob er sich auf eine Ehe einlassen soll.*

Die Bedenken Ihres Freundes sind durchaus berechtigt und verdienen auch, von Ihnen wahrgenommen zu werden. Frauen neigen oft aufgrund ihrer Erziehung dazu, sich anzupassen und die Bedürfnisse anderer zu erfüllen. Eine monogame Beziehung ist jedoch nur möglich, wenn es gelingt, lebhafte, beglückende Lust mit dem einen Partner immer wieder zu erleben. Ob Sie in dieser Beziehung zu Ihrer eigenen sexuellen Entwicklung kommen können, möchte ich bezweifeln. Auch die homosexuelle Tendenz Ihres Partners ist sehr ernst zu nehmen. Ich würde ihm raten, sich in einer Beratungsstelle für schwule Männer – in allen Großstädten gibt es so eine Einrichtung – damit auseinanderzusetzen, um zu seiner eigentlichen sexuellen Orientierung zu finden. Auf jeden Fall können Sie ja immer noch miteinander befreundet bleiben.

? *Schon länger habe ich den Verdacht – nun wird es immer offensichtlicher: Mein Mann trägt gern Damenkleidung. Immer wieder finde ich neue Sachen, die mir nicht gehören. Ich komme damit nicht mehr zurecht.*

Wenn Ihr Partner Kleidung des anderen Geschlechts benutzt, um sich zu verkleiden, spricht man von Transvestitismus. Dieser wird als Perversion bezeichnet, wenn das Verkleiden der sexuellen Erregung dient. Es ist eine Form des Fetischismus, bei dem durch leblose Objekte wie Wäsche oder Schuhe sexuelle Erregung angestrebt wird.

Verkleidet sich aber ein Mann, um die Erfahrung zu machen, wie er sich in der Rolle des anderen Geschlechts fühlt, handelt es sich um eine sexuelle Identitätsstörung. Letzteres könnte auch bei Ihrem Mann der Fall sein. Zumindest haben Sie inzwischen ein Problem mit der Tendenz Ihres Mannes und müssen es deshalb in der Beziehung zum Thema machen, um mehr Klarheit zu bekommen, was mit Ihrem Mann los ist.

? ***Mein Partner steht zu seinen transvestitischen Neigungen und fährt mindestens einmal im Monat in die Großstadt: als Frau verkleidet und geschminkt. Ich möchte, dass er eine Therapie macht, denn wie sollen wir sein Bedürfnis unseren pubertierenden Kindern erklären?***

Es wird Sie im Moment wenig trösten, zu erfahren, dass es ein weites Spektrum transvestitischen Verhaltens gibt, hinter dem ganz unterschiedliche Motive stecken können. Die Bewertung der Neigung als »abweichend« ist in erheblichem Maße von der Kultur und der darin herrschenden Mode abhängig. Wenn in Kulturen die Kleidung von Männern und Frauen einander ähnlicher wird, können sich viele Männer und auch Frauen – ganz legitim und der Kultur gemäß – ihren Wunsch nach der Kleidung des anderen Geschlechts erfüllen. Es gibt auch kreative Lösungen, transvestitische Neigungen in das berufliche Leben zu integrieren, etwa als Damenimitator.
Offenbar will sich Ihr Mann seine Bedürfnisse nicht nehmen lassen und besteht darauf, sie auszuleben. Eine Psychotherapie kommt für ihn deshalb im Moment nicht in Frage. Aber vielleicht gelingt es Ihnen gemeinsam, in einer Paar- oder Sexualtherapie (Seite 67 ff.) das Problem in Ihrer Beziehung erst einmal genau anzuschauen, und miteinander nach Lösungen zu suchen.

Piercings und Genitalpiercings

? *Was versteht man unter Piercing? Hat das mit sadomasochistischen Praktiken zu tun?*

Das Wort Piercing leitet sich her von to pierce (englisch für durchstechen). Beim Piercing wird eine Stück Haut durchstochen und mit Schmuck verziert. Piercings ist eine Sammelbezeichnung für Körperschmuck, der nach Durchstechen der Haut dauernd getragen wird. In Europa sind traditionell Ohrringe üblich. In einzelnen Epochen waren bei Frauen auch Brustwarzenringe üblich. In anderen Kulturen sind Nasenscheidewand, Lippen, Bauchnabel und männliche Sexualorgane traditionell Körperstellen, an denen ein Piercing angebracht wird. In modernen Industriegesellschaften werden Piercings als Ausdruck wachsenden Körperbewusstseins, der Individualität oder der Zugehörigkeit zu einer Subkultur interpretiert. Manchmal ist das Stechen von Piercings auch Teil sadomasochistischer Handlungen (zum Beispiel Nadelspiele).

? *Was versteht man unter Genitalpiercing?*

Beim Genitalpiercing wird ein Stück Haut im Genitalbereich – meist Penis, Hodensack oder Vulva – durchstochen und mit Schmuck verziert. Meist wird der endgültige Schmuck (Zweitschmuck) erst nach Abheilen der Wunde und Entfernung des Erstschmucks eingesetzt.

? *Welche Gründe sprechen denn dafür, sich ein Genitalpiercing machen zu lassen?*

Die Gründe können ganz verschieden sein. Den einen gefällt es, wie es aussieht. Andere wollen so die sexuelle Erregung steigern. Genitalpiercing kann den Oralsex aufregender machen und sogar während des Gehens die sexuellen Empfindungen erhöhen, meinen die Befürworter.

? *Meinem Partner zuliebe würde ich ein Genitalpiercing machen lassen. Ich selbst bin nicht so überzeugt davon und habe auch Angst, dass es sehr schmerzhaft werden könnte. Gibt es noch andere Nachteile?*

Wenn Sie es nur Ihrem Partner zuliebe tun möchten, dann sollten Sie es bleiben lassen. Die psychologische Seite ist nicht zu unterschätzen. Frauen, die auf Genitalpiercing stehen, fühlen sich in ihrer Weiblichkeit aufgewertet und wollen die Aufmerksamkeit ihres Partners bewusst darauf lenken. Wenn Sie all das auf diese Art und Weise gar nicht brauchen und wünschen, dann werden auch die positiven Aspekte ausbleiben, die andere Frauen mit ihrem Genitalpiercing erleben. Selbstverständlich wird ein Piercing auch schmerzhaft. Der Heilungsprozess dauert bis zu einem halben Jahr, darüber hinaus bleibt die gepiercte Stelle auch noch länger empfindlich. Genitalpiercing kann den Geschlechtsverkehr schmerzhaft machen. Außerdem ist ein solches Piercing nachteilig, wenn Sie ein Kondom verwenden, denn dieses kann leichter einreißen.

? *Ich würde gern im Genitalbereich einen kleinen Diamanten tragen. Welche Genitalpiercings kommen für Frauen überhaupt in Frage und wie lange dauert denn der Heilungsprozess?*

Bei Frauen sind Piercings durch die äußeren Schamlippen, durch die inneren Schamlippen oder horizontal durch den Kitzler bzw. durch die Oberseite (Haube) des Kitzlers möglich.
Das »Christina«-Piercing wird senkrecht am vorderen Treffpunkt der äußeren Schamlippen gestochen. Das setzt voraus, dass Sie ausreichend große Schamlippen haben,

die die inneren vollständig bedecken. Hierbei dauert die Wundheilung mindestens 6 Monate.
Beim »Fourchette« – Heilungszeit etwa 6 Wochen – wird ein Ring oder ein gebogener Stift senkrecht an dem Punkt gestochen, an dem die inneren Schamlippen hinten zusammentreffen.
Dann gibt es noch das horizontale Vorhautpiercing, bei dem ein Ring waagrecht durch die Klitorisvorhaut gestochen wird. Die Heilungszeit beträgt bei diesem Piercing etwa 8 Wochen.
Selbstverständlich gibt es noch weitere Möglichkeiten. Auf jeden Fall sollten Sie sich zuvor mit einem Arzt über die Gefahren unterhalten. Wenn Sie danach sicher sind, dass Sie ein solches Piercing wünschen, gehen Sie unbedingt zu einem erfahrenen Piercing-Fachmann und lassen Sie sich auch dort noch einmal umfassend über die Möglichkeiten und Risiken beraten.

? *Ich würde mir gern ein Piercing am Penis oder Hodensack machen lassen. Welche Möglichkeiten gibt es für mich?*

Beliebt bei Männern ist das »Prinz Albert«-Piercing, ein vertikales Piercing an der Unterseite des Penis. Es führt durch die Öffnung der Harnröhre und kommt am Rand der Eichel nach außen, entweder an der unteren Seite oder an einer Seite des Vorhautbändchens.
Das »Hafada«-Piercing geht durch die Hodensackhaut, und das »Guiche« ist ein horizontales Piercing durch den Damm. Beim »Ampallang« handelt es sich um ein horizontales Piercing durch das äußere Ende des Penis, das wie eine Hantel angebracht ist.
Das »Frenum« ist ein horizontales Piercing durch das lose Hautgewebe der Vorhaut und der Eichel. Das »Dydoe«, ein Piercing durch den Kranzrand der Eichel ist nur für beschnittene Männer geeignet.

? *Was sollte ich auf jeden Fall beachten, wenn ich mir ein Piercing stechen lasse?*

Gehen Sie auf jeden Fall in ein erfahrenes Piercingstudio und erkundigen Sie sich im Voraus nach den Desinfektionsvorschriften. Die Nadeln dürfen nur einmal verwendet werden (Gefahr von AIDS und Hepatitis B und C). Die Instrumente müssen an Ort und Stelle mit einem Hochdrucksterilisator gereinigt werden. Sie dürfen in einem guten Piercingstudio auch schriftliche Anweisungen für die Nachbehandlung erwarten.
Während der Heilungsperiode dürfen Sie keinen Geschlechtsverkehr haben und Sie dürfen die Piercingstelle nicht mit ungewaschenen Händen berühren. Außerdem sollten Sie sehr vorsichtig beim Austausch von Körperflüssigkeiten sein.

? *Kann ein Piercing für meine Gesundheit gefährlich werden?*

Piercing, das Durchstechen der Haut beziehungsweise Schleimhaut, um ein meist metallenes Schmuckelement zu befestigen, wird vor allem bei jungen Leuten immer beliebter.
Dabei wird oft übersehen, dass diese beliebte Technik, um den eigenen Körper zu verschönern, verschiedene unerwünschte Nebenwirkungen – besonders in Form von Infektionen – haben kann. Sie können infiziert werden mit dem Staphylococcus aureus, A-Streptokokken und Pseudomonas aeruginosa und vor allem Hepatitis-B- und Hepatitis-C-Viren.
Neben bakteriellen Lokalinfektionen kann es auch zu systemischen Infektionen (Sepsis, Endokarditis) kommen. So ein Piercing kann also – wenn es ganz schlimm kommt – lebensgefährlich werden.

? *Von anderen im Genitalbereich gepiercten Frauen habe ich erfahren, dass durch ein Klitorispiercing die Erregungsfähigkeit gesteigert werden kann. Ist das so? Ich stelle mir das eher schmerzhaft vor.*

Es gibt zweierlei Arten von Klitorispiercing: Das Piercing ist so angelegt, dass es durch die Klitorisspitze führt – das ist aufgrund der anatomischen Einschränkungen ein sehr seltenes Piercing – oder aber das Piercing, das durch die Klitorisvorhaut geht (das ist das lose Gewebe, das den Klitorisschaft umgibt).
Einige Frauen berichten, dass sie eine völlig neue Ebene und Art sexueller Empfindungen während Selbstbefriedigung, partnerschaftlichem Sex und sogar während ganz alltäglicher Aktivitäten erleben. Manche dieser Frauen kommen leichter zum Orgasmus. Manchmal sind diese Orgasmen auch intensiver.
Aber anderen Frauen geht es wiederum so, dass ihnen diese Empfindungen zu intensiv sind, um während der täglichen Arbeit damit umgehen zu können. Sie müssen den Schmuck wieder entfernen. Andere Frauen wiederum erleben diese neuen sexuellen Gefühle überhaupt nicht. Wie es bei Ihnen sein wird, können Sie nur über »Versuch und Irrtum« herausfinden.
Zu bedenken ist aber, dass genitale Piercings immer mit gewissen Risiken verbunden sind: Es gibt ein Infektionsrisiko, die richtige Platzierung ist für den Erfolg wichtig, das Piercing kann aus dem Gewebe herauswandern, da beim Gehen das Gewebe stark bewegt wird und anderes. Deshalb würde ich Ihnen zuerst eine intensive Körperselbsterfahrung (eventuell unter Anleitung eines Sexualtherapeuten oder einer Sexualtherapeutin) empfehlen. Vielleicht lassen sich die von Ihnen angestrebten sexuellen Gefühle auch ohne Genitalpiercing erzielen.

Sexueller Missbrauch – Missbrauchserfahrungen

? *Jahrelang wurde ich als heranwachsender Junge von meinem Stiefvater sexuell missbraucht. Das hat mich sehr geprägt. Ich hatte lange eine Partnerin, die sexuell nichts von mir wollte. Nachdem ich mich jetzt in eine andere Frau verliebt habe, tauchten die Erinnerungen aus meiner Kindheit wieder auf.*

Auch Jungen können durch sexuelle Übergriffe traumatisiert werden und Schädigungen für ihr weiteres Leben davontragen. Offenbar konnten Sie auch damals und bis heute niemand etwas erzählen, so dass Sie es nicht verarbeiten konnten.
Homosexuelle Spiele unter Jungen sind ein ganz normales Entwicklungsstadium. Aber anders ist es zu bewerten, wenn Ihr Stiefvater sie zu sexuellen Handlungen zwingt und die Abhängigkeit eines Kindes ausnützt. Die sexuelle Entwicklung wird immer gestört. Hinzukommt, dass in unserer Gesellschaft homosexuelle Handlungen tabuisiert sind und sozial geächtet werden, was es Jungen oftmals erschwert, sich jemandem anzuvertrauen, so dass sie es vorziehen, darüber zu schweigen, was ihnen angetan wurde. Ich würde es Ihnen wünschen, dass Sie sich zu einer Psychotherapie (siehe Seite 67 ff.) entschließen könnten, um Ihre sexuellen Traumatisierungen aufzuarbeiten.

? *Meine Eltern haben sich getrennt, als ich ein kleines Mädchen war. Bei den Besuchen missbrauchte mein Vater mich später sexuell. Heute möchte ich nie Sex: Wenn es doch sein muss, entferne ich mich innerlich aus mir selbst, um nichts zu spüren.*

Alle Verhaltensweisen, die Sie als Mädchen als Überlebensstrategien in der Missbrauchssituation entwickelt haben, gingen Ihnen sozusagen in »Fleisch und Blut« über und sind Teil ihres Verhaltensrepertoires als Frau geworden, auch wenn der Missbrauch nun schon viele Jahre zurückliegt und Sie dieses Verhalten zu Ihrem Schutz nicht mehr brauchen, sich meist sogar dadurch behindert und eingeschränkt fühlen.

Das bedeutet: Sexueller Missbrauch in der Kindheit und Jugend bleibt nicht auf diese Zeit beschränkt. Auch wenn die Übergriffe aufhören, müssen die Betroffenen mit den schädigenden Folgen der Gewalterfahrung weiterleben, es sei denn, sie entschließen sich, eine Psychotherapie aufzusuchen.

Sollte es bereits Probleme mit Ihrem Partner geben, würde es zusätzlich Ihnen beiden als Paar helfen, diese sexuellen Vorerfahrungen in einer Paarberatung zu besprechen, damit Verständnis wachsen kann und Sie lernen, in der Beziehung damit umzugehen.

? *Wann macht es Sinn mit Sexualhormonen zu therapieren?*

Nur wenn unter sexuell abweichendem Verhalten eine Straftat verübt wurde (zum Beispiel Vergewaltigung oder Kindesmissbrauch), kann es sinnvoll sein, die Psychotherapie mit einer medikamentösen Behandlung zu kombinieren. Mit dieser CPA-Behandlung sinkt nicht nur der Testosteronspiegel im Blut, auch das sexuelle Verlangen nimmt ab. Das aber auch nur so lange, wie diese Behandlung vorgenommen wird.

Die der Behandlung zugrunde liegende Hoffnung ist, dass der Patient in der Zeit lernt, seine sexuelle Abweichung besser unter Kontrolle zu bekommen und eine adäquatere zwischenmenschliche Kommunikation zu entwickeln, damit ihm diese Abweichung nicht mehr passiert.

Zum Nachschlagen

Bücher, die weiterhelfen

Beziehung, Liebe, Partnerschaft

Bauriedl, T.: *Leben in Beziehungen. Von der Notwendigkeit, Grenzen zu finden.* Herder

Beck, U. / Beck-Gernsheim, E.: *Das ganz normale Chaos der Liebe.* Suhrkamp

Fabisch, N. / Zarbock, G.: *Treue ohne Reue. Die neue Lust am Leben zu zweit.* Herder

Fromm, E.: *Die Kunst des Liebens.* Ullstein

Johnson, R. A.: *Traumvorstellung Liebe. Der Irrtum des Abendlandes.* Knaur

Jordan, W.: *Aus Eifersucht kann Liebe werden. Wie Partner zu neuem Vertrauen finden.* Herder

Kast, V.: *Neid und Eifersucht. Die Herausforderung durch unangenehme Gefühle.* Dtv

Keen, S.: *Die Lust an der Liebe. Leidenschaft als Lebensform.* Goldmann

Kreppold-Gröger, G. / Kreppold, J.: *Der Weg zu zweit. Liebe ohne Selbstaufgabe.* Herder

Lenz, G. / Osterhold, G. / Ellebracht, H.: *Erstarrte Beziehung – Heilendes Chaos.* Herder

Nuber, U.: *Was Paare wissen müssen – 10 Grundregeln für das Leben zu zweit.* Krüger Verlag

Privitera, C. (Hrsg.): *Denkanstöße über die Liebe.* Piper

Richterich, L.: *Glücklich – auch nach sieben Jahren. Das Geheimnis einer guten Partnerschaft.* Herder

Schmid-Fahrner, C.: *Vertrauen und sich anvertrauen. Geborgensein in der Partnerschaft.* Herder

Schmidbauer, W.: *Die heimliche Liebe. Ausrutscher, Seitensprung, Doppelleben.* Rororo

Tannen, D.: *Du kannst mich einfach nicht verstehen. Warum Männer und Frauen aneinander vorbeireden.* Kabel

Welter-Enderlin, R.: *Deine Liebe ist nicht meine Liebe. Partnerprobleme und Lösungsmodelle aus systemischer Sicht.* Herder

Witte, Erich H. / Wallschlag, H.: *Die fünf Säulen der Liebe. Wie Paare glücklich bleiben.* Herder

Erfüllende Sexualität

Cox, T.: *Hot Sex. Das kleine Handbuch für die schönsten Liebeslagen.* Goldmann

Poschenrieder, B.: *Der beste Sex aller Zeiten. Eine Expertin verrät, wie Sie jede Frau glücklich machen.* Rororo

Familie, Leben mit Kindern

Bullinger, H.: *Wenn Paare Eltern werden. Die Beziehung zwischen Frau und Mann nach der Geburt ihres Kindes.* Rowohlt

Canziani, W. / Meili-Lehner, D.: *Was Sie Ihrem Kind schon lange über Liebe und Sex sagen wollten … Sexualerziehung in der Familie.* Verlag pro juventute

Ehrenberg, M. u. O.: *Erziehungsproblem Sexualität. Wie Eltern mit ihren Kindern darüber sprechen.* Heyne

Grossmann, T.: *Eine Liebe wie jede andere. Mit homosexuellen Jugendlichen leben und umgehen.* Rowohlt

Kentler, H.: *Eltern lernen Sexualerziehung.* Rowohlt

Kentler, H.: *Taschenlexikon Sexualität.* Schwann

Kinderwunsch

Zeller-Steinbrich, G.: *Wenn Paare ohne Kinder bleiben. Kinderwunsch zwischen Reproduktionsmedizin und psychosozialem Verständnis.* Brandes & Apsel

Körper und Sexualität

Masters, W. H. / Johnson, W. E.: *Die sexuelle Reaktion.* Rowohlt

Kommunikation

Fischaleck, F.: *Bevor die Fetzen fliegen.* Herder

Fischaleck, F.: *Lass uns miteinander reden. Offenheit und Fairness in der Partnerschaft.* Herder Spektrum

Möller, M. L.: *Worte der Liebe. Erotische Zwiegespräche. Ein Elixier für Paare.* Rowohlt

Möller, M. L.: *Die Wahrheit beginnt zu zweit. Das Paar im Gespräch.* Rowohlt

Rosenberg, M. B.: *Gewaltfreie Kommunikation. Eine Sprache des Lebens.* Junfermann Verlag

Watzlawick, P. / Beaven, J. H. / Jackson, D. D.: *Menschliche Kommunikation.* Verlag Hans Huber

Krankheit und Sexualität

Dunde, S. R.: *Positiv weiterleben. Seelische Selbsthilfe bei HIV-Infektion.* Fischer

Männliche Sexualität

Zilbergeld, B.: *Die neue Sexualität der Männer. Was Sie schon immer über Männer, Sex und Lust wissen wollten.* Dgvt-Verlag

Sexueller Missbrauch

Steinhage, R.: *Sexueller Missbrauch an Mädchen. Ein Handbuch für Beratung und Therapie.* Rororo

Tao und Tantra

Anand, M. / Petersen, K.: *Tantra oder Die Kunst der sexuellen Ekstase.* Goldmann Verlag

Chang, J.: *Das Tao für liebende Paare. Leben und Lieben im Einklang mit der Natur.* Rororo

Chia, M.: *Tao Yoga der Liebe. Der geheime Weg zur unvergänglichen Liebeskraft.* Ansata Verlag

Chia, M. / Chia, M.: *Tao Yoga der heilenden Liebe. Der geheime Weg zur weiblichen Liebesenergie.* Ansata Verlag

Douglas, N. / Slinger, P.: *Das große Buch des Tantra. Sexuelle Geheimnisse und die Alchemie der Ekstase.* Ariston Verlag

Lysebeth van A.: *Tantra für Menschen von heute. Geistige und körperliche Entfaltung durch Erotik und Sexualität.* Mosaik

Osho: *Tantra, Spiritualität und Sex.* Innenwelt Verlag

Weibliche Sexualität und Körpererfahrung

Barbach, L.: *Die dritte Weiblichkeit. Ein aufregender Neuanfang ab vierzig.* Ullstein

Barbach, L.: *For Yourself.* Ullstein

Gotved, H.: *Kräftiger Beckenboden – erfüllte Sexualität.* Karl F. Haug Fachbuchverlag

Haarmann, C.: *Unten rum. Die Scham ist nicht vorbei.* Innenwelt Verlag

Kästner, H.: *Wechseljahre als Chance. Veränderungen verstehen, Beschwerden behandeln, neue Kräfte entdecken.* Dtv

Ergänzende Bücher aus dem Gräfe und Unzer Verlag

Holzgreve, Dr. med. B.: *300 Fragen zur Schwangerschaft*

Gillessen, Dr. med. R. / Huft, G. W. / Lehnert, S.: *300 Fragen zum Baby*

Kettenring, M. M.: *Erotische Partnermassage*

Hooper, A.: *Sex – Lust, Leidenschaft, Ekstase*

Bailey, N.: *69 heiße Sex-Tipps*

Reichelt, K. / Uhl, D.: *Homöopathie für die Partnerschaft*

Meier, N.: *Kamasutra Box*

Leibenger P.: *Sexy Body – Workout für straffe Kurven und mehr Spaß an der Liebe*

Lang-Reeves, I.: *Beckenboden – Wie Sie den Alltag zum Training nutzen*

Lang-Reeves, I.: *Beckenboden – Das Training für mehr Energie (mit CD)*

Schutt, K.: *Massagen*

Engelbrecht, S.: *Heiße Jahre – Voller Energie durch die Wechseljahre*

Grillparzer, M.: *KörperWissen – Entdecken Sie Ihre innere Welt*

Adressen und Links, die weiterhelfen

Allgemeine Informationen zum Thema Sexualität

Viele Verbände bzw. Träger der institutionellen Ehe-, Partnerschafts-, Familien-, und Sexualberatung präsentieren sich mit einem seriösen, professionellen Angebot im Internet und bieten Online-Beratung an. Eine der bekanntesten ist die von Pro Familia:

Pro Familia
Deutsche Gesellschaft für Familienplanung, Sexualpädagogik und Sexualberatung e. V.
Stresemannallee 3
60596 Frankfurt am Main
www.profamilia.de
Bietet Information und Beratung zu den Themen Partnerschaft, Sexualität und Familie.

Eltern werden

www.eltern.de
Umfassende Informationen zu Themen, die Sie während der Schwangerschaft und in der Zeit mit dem Baby interessieren werden.

Gleichgeschlechtliche Liebe

www.gay-web.de
Arbeitsgemeinschaft unabhängiger und nichtkommerzieller Regionalwebseiten für Schwule und Lesben.
www.lsvd.de
Website des Lesben- und Schwulenverbandes in Deutschland.
www.schwulenberatung.de
Beratung und Hilfe für alle, die Fragen und Probleme wegen ihrer eventuellen Homosexualität haben und für Homosexuelle, die hier Tipps, Informationen und Hilfe in verschiedensten Angelegenheiten finden.

Jugendliche und Sexualität

www.kids-hotline.de
Beratung zu allen Themen (auch Liebe, Beziehungen, Sexualität) für junge Leute bis zum Alter von 21 Jahren.
www.Sextra.de
Unter dieser Internetadresse bietet Pro Familia Information und Beratung per E-Mail und auch per SMS speziell für Jugendliche an.

Kommunikation und partnerschaftliche Gespräche

Institut für Forschung und Ausbildung in Kommunikationstherapie München e. V.
Rückertstraße 9
80336 München
www.institutkom.de
Hier finden Sie alle Informationen zu Kursen für Paare, um eine partnerschaftliche Kommunikation zu erlernen.

Natürliche Familienplanung

Arbeitsgruppe NFP
MW Malteser Werke GmbH
Kalker Hauptstraße 22–24
51103 Köln
www.nfp-online.de
Qualifizierte Informationen und Beratungen rund um die Natürliche Familienplanung.

Safer Sex und Aids

www.aidshilfe.de
Alles zum Thema AIDS.

Sex und Gesundheit

www.cardiologe.de
Aktuelles Informationsforum für Kardiologen und deren Patienten. Wird von einem niedergelassenen Kardiologen und einem Online-Publishing-Team betrieben.

www.diabetes-psychologie.de
Informationen und Hilfe rund um das Thema Diabetes, körperlich und psychisch bedingte sexuelle Störungen bei Diabetes, Sexualität und Partnerschaft. Viele Informationen zu geeigneten Behandlungsmöglichkeiten.

www.herzstiftung.de
Website der Deutschen Herzstiftung mit Informationen rund um das Thema Herz – wie man einen Herzinfarkt erkennt, wie man in dem Fall handelt etc.

www.impotenz-selbsthilfe.de
Umfassende Informationen zu Ursachen, Behandlungsmöglichkeiten, körperlichen und psychischen Aspekten von Erektionsproblemen. Von Betroffenen initiierte Website mit der Möglichkeit, über Mail, Telefon oder Brief Kontakt aufzunehmen; Auflistung einiger Selbsthilfegruppen.

www.isg-info.de
Ärzte und Wissenschaftler aus unterschiedlichen Fachrichtungen gründeten 1999 das Informationszentrum für Sexualität und Gesundheit e. V. Auf der Website gibt es Information, Adressen und Hilfe vor allem bei sexuellen Störungen.

www.kontinenz-gesellschaft.de
Alles Wichtige und Wissenswerte zum Thema Inkontinenz, wie die Deutsche Kontinenz Gesellschaft arbeitet und welche praktische Hilfe es für Betroffene gibt.

www.krebsinformationsdienst.de
Sehr umfassende Seite zu allen Krebserkrankungen, u.a. auch Brust- und Unterleibskrebs sowie Prostatakrebs. Sehr offene und ausführliche Information zu den Aspekten Sexualität und Partnerschaft bei Krebserkrankungen.

www.luna-yoga.de
Luna-Yoga als lustvolle Körperkunst und Heilweise. Auf dieser Website finden Sie Informationen zu dieser Methode.

www.lust-und-menopause.de
Tipps für Frauen, die nach einer Totaloperation vorzeitig in die Wechseljahre gekommen sind.

www.netdoktor.de
Vielseitige Informationen zu Krankheit, Gesundheit und Medizin.

www.rauchfrei.de
Nichtraucher werden – Informationen und Links zu Kursen deutschlandweit. Unabhängiges deutschsprachiges Nichtraucher Portal und seit 1999 online. Das Informationsangebot richtet sich an alle Menschen, die sich im Internet über Rauchen informieren oder rauchfrei werden wollen.

www.rauchfrei-online.de
Mit speziellem, ambitionierten Stufenprogramm zur Raucherentwöhnung. Eine private Seite mit Informationen und Forum.

www.wissen-gesundheit.de
Umfassende Information zu verschiedenen Gesundheitsthemen, unter anderem Sexualität im Alter sowie Sexualleben bei verschiedenen Erkrankungen.

Sexueller Missbrauch

www.gegen-missbrauch.de

Ehrenamtliches Projekt des Vereins gegen-missbrauch e. V.; Informationen, Kontakte und Hilfe vor allem zum Leben nach einer Missbrauchserfahrung (z. B. zu Fragen der Therapie und vieles mehr).

www.wildwasser.de

Die Website von Wildwasser wendet sich vor allem an Mädchen und Frauen, die von sexuellem Missbrauch betroffen sind, aber auch an Freunde und Angehörige. Sie finden hier Informationen, Kontaktadressen und ein Forum. Wichtig: Es gibt in vielen Orten Deutschlands Wildwasser-Beratungsstellen, deren Ziel die Beratung und Unterstützung von sexuellem Missbrauch Betroffener, in erster Linie Mädchen und Frauen ist. Diese Vereine sind unabhängige, eigenständige Organisationen, die unter dem Namen Wildwasser ihr jeweils eigenes Angebot und ihre eigenen Schwerpunkte etabliert haben.

Therapie und Beratung

www.dajeb.de

Die Deutsche Arbeitsgemeinschaft für Jugend- und Eheberatung e. V. (DAJEB) ist ein überparteilicher, konfessionell nicht gebundener Verband mit den Arbeitsschwerpunkten Fort- und Weiterbildung sowie Forschung im Bereich Ehe und Familie. Auf den Seiten findet sich ein Beratungsführer, der ständig aktualisiert wird und Beratungsstellen bundesweit auflistet. Außerdem können über die Website Broschüren zu verschiedenen Themen bestellt werden.

www.dajeb.de/bwtel

Unter diesem Link sind verschiedene Telefonhotlines aufgelistet, unter denen Beratung zu verschiedenen Lebensthemen angeboten wird.

www.eheberatung-bayern.de

Psychologischer Beratungsdienst der Katholischen Kirche in Bayern: Mailberatung unabhängig vom Wohnort, persönliche Beratung in zahlreichen Städten Bayerns.

www.ekir.de/beratung-nrw

Beratungsportal der evangelischen Kirche zu verschiedenen Lebensbereichen, unter anderem auch zu Partnerschaft und Ehe. Das Beratungsangebot ist offen für jedermann, unabhängig von weltanschaulicher Orientierung, Nationalität, Konfession, Familienstand und Alter. Kontaktadressen zu Beratungsstellen in zahlreichen Städten Nordrhein Westfalens.

www.evangelische-beratung.info

Ein Beratungsangebot der Evangelischen Konferenz für Familien- und Lebensberatung e.V., hier finden Sie Informationen und Beratungsstellen deutschlandweit.

www.katholische-eheberatung.de

Psychologische Beratung der Katholischen Kirche in Deutschland. Das Beratungsangebot ist offen für jedermann, unabhängig von weltanschaulicher Orientierung, Herkunft, Konfession, Familienstand und Alter. Beratungsstellen deutschlandweit, Kontakt und Anmeldung zur Beratung über diese Website möglich.

www.telefonseelsorge.de

Krisen- und Lebensberatung als Angebot der Kirchen. Neben den bekannten Telefonhotlines stehen auch Beratungsstellen in verschiedenen deutschen Städten zur Verfügung sowie die Möglichkeit, sich per Mail oder im Chat beraten zu lassen. Alle Informationen dazu auf der Website.

www.therapie.de

Hier können Sie – sortiert nach Wohnort und fachlichem Schwerpunkt – einen geeigneten Therapeuten finden.

www.theratalk.de

Theratalk® ist ein wissenschaftliches Projekt am Institut für Psychologie der Georg-August-Universität Göttingen. Ziel dieses Projektes ist es, Paaren ein leicht zugängliches abgestuftes Unterstützungs-Angebot auf dem neuesten Stand der Forschung anzubieten. Das Konzept für die Onlineberatung wurde nach wissenschaftlichen Kriterien seit 1996 sorgfältig entwickelt und erprobt.

Österreich

www.aidshilfen.at

Alles zum Thema AIDS.

http://www.epl-kek.info/pages/anbieter.php

Hier können Sie Anbieter für Paarkurse in partnerschaftlicher Kommunikation im gesamten deutschen Sprachraum (also auch in Österreich) finden.

www.netdoktor.at/sex_partnerschaft/

Informationen zu Gesundheitsthemen, auch Sexualität und Partnerschaft. Hier auch ein Forum, in dem verschiedene Aspekte thematisiert werden.

www.psychotherapie.at/

Hier können Sie nach Wohnort und fachlichem Schwerpunkt einen Therapeuten finden.

Schweiz

www.aids.ch

Alles zum Thema AIDS.

www.eheberatung-ostschweiz.ch

Auf dieser Seite stellen sich 7 Eheberatungsstellen der Ostschweiz vor.

http://www.epl-kek.info/pages/anbieter.php

Hier können Sie Anbieter für Paarkurse in partnerschaftlicher Kommunikation im gesamten deutschen Sprachraum (also auch in der Schweiz) finden.

www.haz.ch

Homosexuelle Arbeitsgruppen Zürich.

www.paarberatung.ch

Hier können Sie nach Wohnort und fachlichem Schwerpunkt einen Therapeuten finden.

www.pinkcross.ch

Beratung und Hilfe zum Thema gleichgeschlechtliche Liebe.

www.postnatale-depression.ch

Seite des Vereins Postnatale Depression Schweiz: Informationen über die Krankheit und über die Möglichkeiten, Hilfe zu finden.

Register

A

B

C

D

E

Impressum

Programmleitung: Ulrich Ehrlenspiel
Redaktion: Anja Schmidt
Lektorat: Ina Raki
Illustrationen: Detlef Seidensticker
Gestaltung und Layout: independent Medien-Design
Herstellung: Markus Plötz
Satz: Filmsatz Schröter, München
Druck und Bindung: Druckerei Auer, Donauwörth

ISBN 978-3-8338-0381-9

1. Auflage 2007

GRÄFE UND UNZER 100 JAHRE GANSKE VERLAGSGRUPPE

Ein Unternehmen der
GANSKE VERLAGSGRUPPE

Die **GU Homepage** finden Sie im Internet unter
www.gu-online.de

Umwelthinweis:
Dieses Buch wurde auf chlorfrei gebleichtem Papier gedruckt.
Um Rohstoffe zu sparen, haben wir auf Folienverpackung verzichtet.